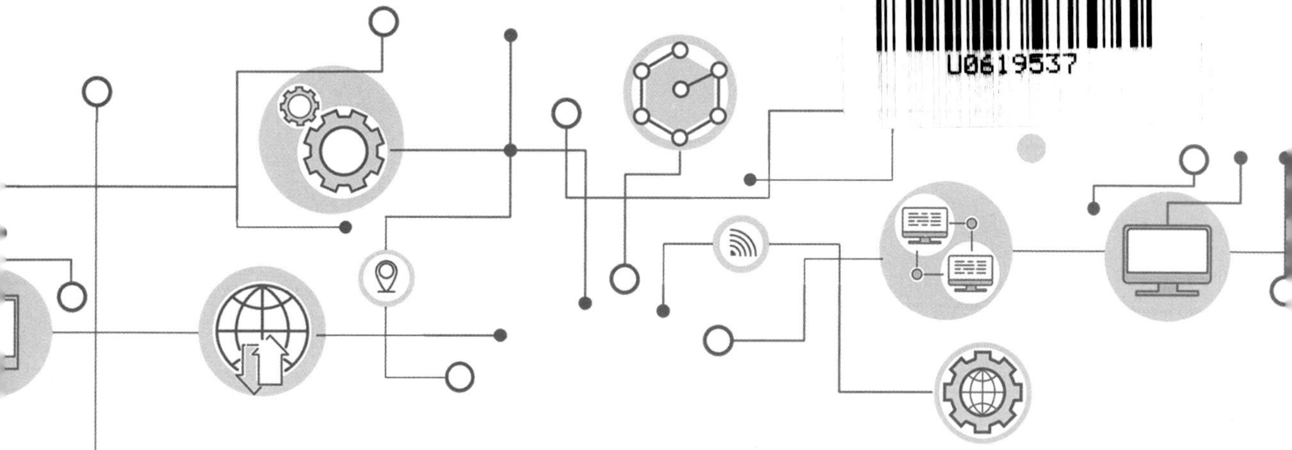

"人工智能与大数据+"财经类融媒体系列教材

ACCOUNTING INFORMATIONIZATION TRAINING COURSE

# 会计信息化实训教程

方 平 陶熙文 夏 岩 ◎主编

ZHEJIANG UNIVERSITY PRESS
浙江大学出版社
·杭州·

**图书在版编目（CIP）数据**

会计信息化实训教程 / 方平，陶熙文，夏岩主编.
杭州 ： 浙江大学出版社，2025. 1. -- ISBN 978-7-308
-25850-0

Ⅰ. F232

中国国家版本馆CIP数据核字第202544MQ96号

**会计信息化实训教程**
KUAIJI XINXIHUA SHIXUN JIAOCHENG
方　平　陶熙文　夏　岩　主编

---

**策划编辑**　李　晨
**责任编辑**　李　晨
**责任校对**　杨　茜
**封面设计**　春天书装
**出版发行**　浙江大学出版社
（杭州市天目山路148号　邮政编码310007）
（网址：http://www.zjupress.com）
**排　　版**　杭州林智广告有限公司
**印　　刷**　杭州捷派印务有限公司
**开　　本**　787mm×1092mm　1/16
**印　　张**　13
**字　　数**　285千
**版 印 次**　2025年1月第1版　2025年1月第1次印刷
**书　　号**　ISBN 978-7-308-25850-0
**定　　价**　55.00元

---

# 前 言

在信息化高速发展的今天，会计信息化已成为企业管理信息系统的重要组成部分，是企业提升竞争力、实现高效管理的重要手段。本教材旨在通过系统的实训，帮助学习者掌握会计信息系统的应用技能，理解其背后的管理理念，并具备解决实际问题的能力。

党的二十大报告明确指出，要构建高水平社会主义市场经济体制，充分发挥市场在资源配置中的决定性作用，并强调创新在现代化建设全局中的核心地位。这为会计信息化的发展提供了重要的政策导向和实践指引。本教材以用友ERP-U8等主流会计信息系统为蓝本，通过模拟真实的业务场景，引导学习者逐步掌握会计信息系统的操作流程。从系统初始化、基础档案设置，到总账管理、报表生成，再到采购与应付、销售与应收等各个环节，都进行了详细的介绍和实训设计。这种全局性的视角将有助于学习者在未来的工作中更好地融入企业整体运营，提升企业的管理效率和经济效益。

此外，本教材还积极响应党的二十大报告中关于“实施科教兴国战略，强化现代化建设人才支撑”①的号召，致力于培养具备创新精神和实践能力的会计信息化人才。通过实训，学习者将能够独立思考、解决问题，并具备持续学习和创新的能力，为企业的长远发展提供有力的人才保障。

本教材具有以下特点：

（1）本教材突出会计信息化处理的连续性，重点培养会计职业应用能力。以实账为主线，按照会计工作顺序，依次进行系统管理、财务软件初始设置、薪资管理系统设置、固定资产系统设置、应收款管理系统设置、应付款管理系统设置、供应链管理初始设置、总账期初设置、日常经济业务操作、UFO报表编制等工作。以任务为基础，以项目为导向，连续实训，培养学生会计信息化实操能力。

（2）在总体设计上，本教材充分体现项目导向、任务驱动，基于会计工作过程的课程设计理念。本书以项目作为教学的基本组织单元，以任务设计作为引领和激励目标，以企业会计基本业务为载体，以培养学生综合职业能力为核心，以训练项目为途径，把教、学、做融为一体，满足学生就业与发展的需要。

（3）在体例和结构的编排上，本教材采用项目式的编写模式，改变了过去教材的章节编写模式，通过设置“职业能力目标”“任务描述”“操作指导”等栏目，既方便教师教学，也

① 习近平. 高举中国特色社会主义伟大旗帜 为全面建设社会主义现代化国家而团结奋斗——在中国共产党第二十次全国代表大会上的报告[R].北京：人民出版社，2022:33.

便于学生把握学习目标、了解教学内容中的知识点和技能点；同时，突出实际操作的内容，注重培养学生分析业务、解决问题的能力。

本教材既可作为高等职业院校财经商贸类相关专业的专业课教材，也可作为在职人员培训及自学的参考书，对于广大社会读者也是一本非常有益的读物。建议授课学时为 36～72 学时，不同专业在使用时可根据自身特点和需要加以取舍。

本教材编写团队由具有多年教学经验的一线教师组成。本教材由方平、陶熙文和夏岩担任主编，杨月锋、刘鲁佳担任副主编。具体分工如下：方平编写项目二，杨月锋编写项目五、项目六，陶熙文编写项目一，夏岩编写项目三、项目四，侯晓博编写项目七、项目八，刘鲁佳编写项目九，田乃心编写项目九，王莉涵编写项目九，吴超璇编写项目十。

本教材在编写过程中，参考了大量文献资料、教材及网络资源，在此向作者们表示衷心的感谢！本教材也是河南省教育科学规划 2023 年度一般课题“数字化背景下高职院校大数据与会计专业人才培养模式研究”（课题批准号 2023YB0509）的教学实践成果。

注册会计师、高级会计师朱振恒参与了本教材体系的构建，审阅了全书并负责了部分内容的编写。浙江大学出版社李晨编辑给予了大力支持，在此表示诚挚的感谢！

由于编者水平有限，加之时间仓促，难免有疏漏之处，欢迎广大同仁及读者批评指正。

编者

2025 年 1 月

# 目　录

# 项目一 系统管理

## 职业能力目标

1. 能力目标：能建立、修改、引入、备份、删除账套，能增、减操作员并进行权限的赋予。

2. 知识目标：熟悉操作员及权限的管理流程及作用。

3. 素质目标：能自主完成账套的建立及用户权限的赋予。

## 项目背景资料

### 1. 系统操作员（见表 1-1）

表 1-1 系统操作员

| 编号 | 姓名 | 口令 | 所属部门 |
| --- | --- | --- | --- |
| 201 | 罗强 | 201 | 财务部 |
| 202 | 徐静 | 222 | 财务部 |
| 203 | 赵敏 | 203 | 财务部 |
| 204 | 张三 | 204 | 财务部 |
| 301 | 王辉 | 301 | 采购部 |
| 401 | 朱丹 | 401 | 销售部 |
| 601 | 董乐 | 601 | 仓管部 |

### 2. 企业账套信息

（1）账套信息。

账套号：666；账套名称：众德实业有限公司；采用默认账套路径；启用会计期：2017 年 1 月；会计期间设置：1 月 1 日至 12 月 31 日。

（2）单位信息。

单位名称：众德实业有限公司；单位简称：众德实业；单位地址：楚州人民路 18 号；法人代表：林峰；联系电话及传真：66668888；电子邮件：ZDSY@163.com；税号：521016521977777。

（3）核算类型。

记账本位币：人民币（RMB）；企业类型：工业；行业性质：2007 年新会计制度科目；科目预置语言：中文（简体）；账套主管：罗强；建账时按行业性质预置会计科目。

（4）基础信息。

存货有分类，供应商、客户均不分类，无外币核算。

（5）编码方案。

科目编码：4222；其他采用系统默认。

（6）数据精度。

采用系统默认。

（7）系统启用。

启用总账、应收款管理、应付款管理、固定资产、薪资管理、库存管理、存货核算、采购管理、销售管理模块，启用日期均为 2017 年 1 月 1 日。

### 3. 操作员权限（见表 1-2）

表 1-2　操作员权限

| 操作员 | 职务 | 操作分工 |
|---|---|---|
| 201 罗强 | 财务经理 | 账套主管 |
| 202 徐静 | 会计 | 公共单据、公共目录设置、总账（填制凭证、科目汇总，查询凭证、账表，期末处理，记账）、应付款和应收款管理（不含收付款单处理）、固定资产、薪资管理、存货核算的所有权限 |
| 203 赵敏 | 出纳 | 收付款单处理、票据管理、总账出纳签字、出纳 |
| 301 王辉 | 采购员 | 公共单据、公共目录设置、采购管理的所有权限 |
| 401 朱丹 | 销售员 | 公共目录设置、销售管理的所有权限 |
| 601 董乐 | 仓管员 | 公共单据、库存管理的所有权限 |

### 4. 众德实业账套备份计划（见表 1-3）

表 1-3　账套备份计划

| 计划编号 | 001 | 计划名称 | 2017 众德实业账套备份 |
|---|---|---|---|
| 备份类型 | 账套备份 | 发生频率 | 每周 |
| 发生天数 | 7 | 开始时间 | 00:00:00 |
| 有效触发 | 2 小时 | 保留天数 | 60 天 |
| 备份路径 | D：\ 账套备份 \ | | |

# 任务 1 启动系统管理

系统管理在用友 ERP-U8V10.1 中是一个独立的模块，对系统所属的各子模块进行统一的操作管理和数据维护，可以在系统管理中进行账套的建立、修改、引入、备份，年度账的管理，增加操作员并对操作员分配权限，建立统一的安全机制（如设置数据的备份计划、清除系统运行过程中的异常任务等）。

## 任务描述

请以系统管理员 admin 的身份登录到系统管理模块。

## 操作指导

### 以系统管理员 admin 的身份登录到系统管理模块

（1）选择“开始→所有程序→用友 U8V10.1 →系统服务→系统管理”按钮，或者双击桌面上的系统管理图标，打开“系统管理”窗口。

（2）选择“系统→注册命名”按钮，打开登录对话框。

（3）在登录到文本框中输入服务器名称，在操作员文本框中输入“admin”，密码为空，在账套文本框中选择“default”，如图 1-1 所示。

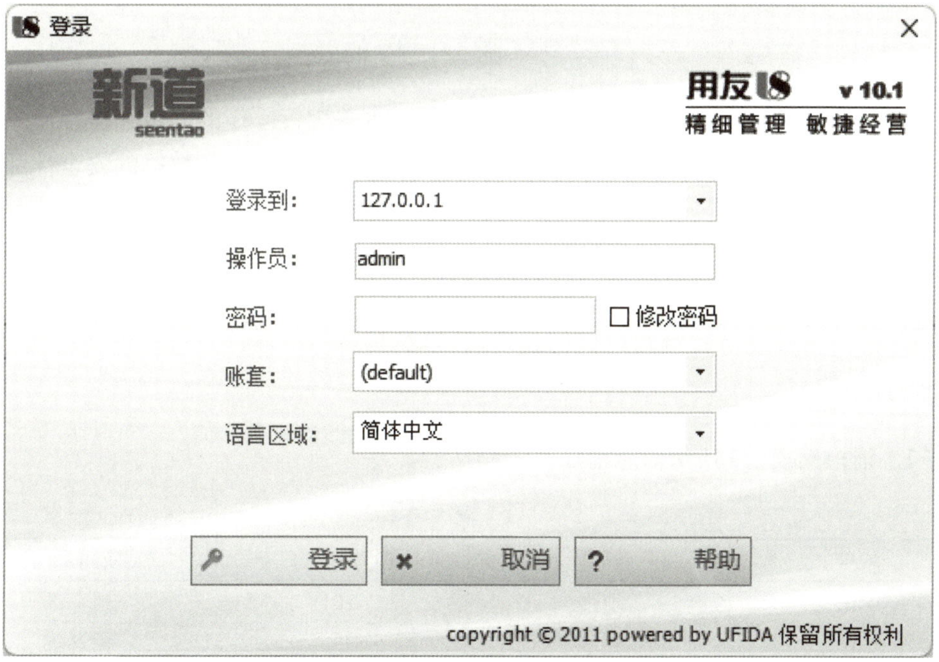


图 1-1 登录窗口

（4）单击“登录”按钮，打开“系统管理”窗口，在该窗口左下角显示当前的操作员为“admin”，如图 1-2 所示。

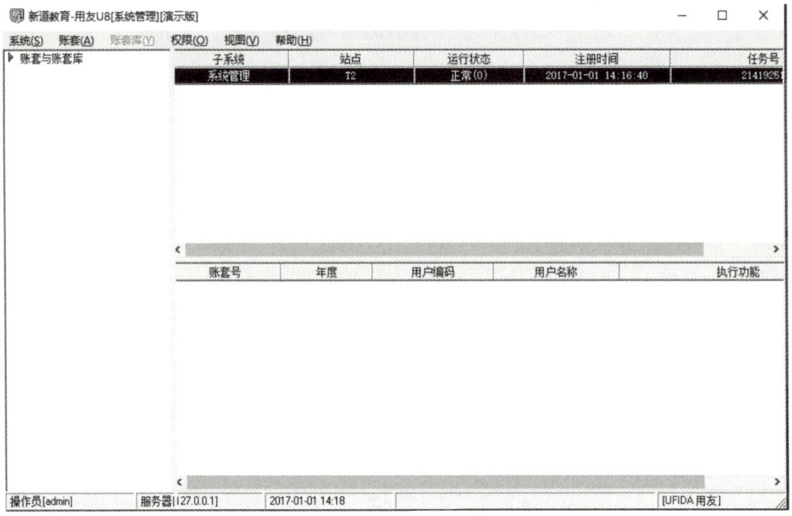


图 1-2　系统管理窗口

操作要点

◆admin是默认的系统管理员，在登录时不区分大小写。admin的默认密码为空，为了保证系统安全，可以对admin设定密码，在登录界面，输入完用户名“admin”后，勾选修改密码，进行登录，则可以设定密码。

◆只有系统管理员和账套主管才能进入系统管理，其他人员无权进入。

## 任务 2　增、减操作员

操作员又称为用户，是指有权登录企业应用平台并进行操作的人员，操作员每次登录企业应用平台都要进行身份验证。为了保障整个软件系统和财务数据的安全性和保密性，需要对这些用户进行设置，只有系统管理员才有权设置操作员。在操作员设立完成后，后期可能因为前期数据录入错误、操作员忘记密码、工作变动等原因，需要对操作员进行修改或删除。

### 任务描述

（1）请根据表 1-4 所给信息增加系统操作员。

表 1-4　操作员信息

| 编号 | 姓名 | 口令 | 所属部门 |
|---|---|---|---|
| 201 | 罗强 | 201 | 财务部 |
| 202 | 徐静 | 222 | 财务部 |
| 203 | 赵敏 | 203 | 财务部 |
| 204 | 张三 | 204 | 财务部 |
| 301 | 王辉 | 301 | 采购部 |

续表

| 编号 | 姓名 | 口令 | 所属部门 |
|---|---|---|---|
| 401 | 朱丹 | 401 | 销售部 |
| 601 | 董乐 | 601 | 仓管部 |

（2）将操作员 202 徐静的口令改为“202”。

（3）因工作调动，删除尚未启用的操作员 204 张三。

## 操作指导

### 1. 增加操作员

（1）以系统管理员admin的身份登录到系统管理模块。

（2）选择“权限→用户”按钮，打开“用户管理”窗口，单击“增加”按钮，弹出“操作员详细情况”窗口，输入编号为“201”，姓名为“罗强”，口令及确认口令均为“201”，所属部门为“财务部”，如图 1-3 所示。

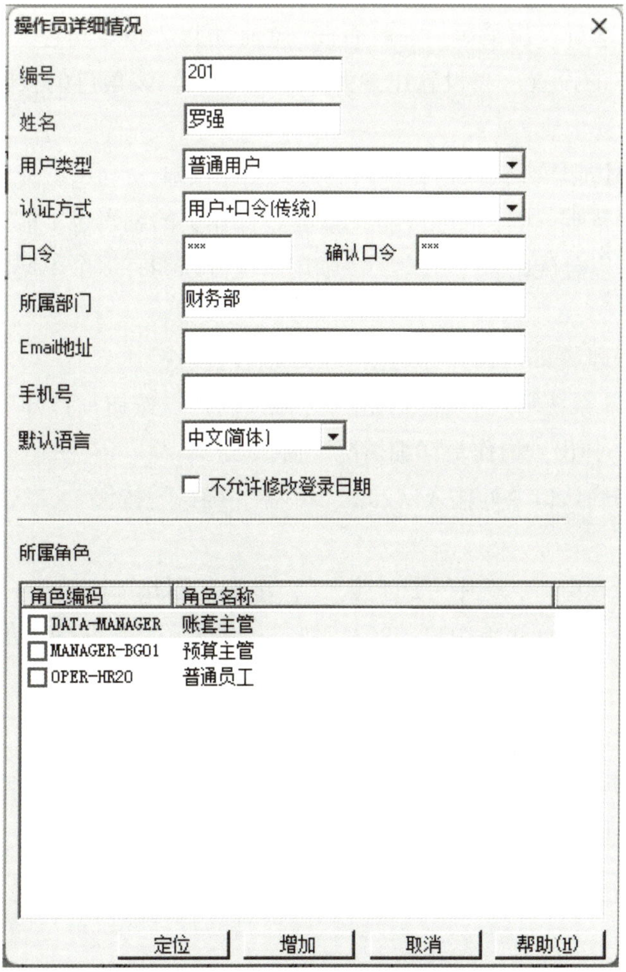


图 1-3　操作员详细情况窗口

（3）单击“增加”按钮，按照业务资料要求增加其他操作员。设定完毕后，单击“取消”按钮退出。在用户管理窗口显示 7 名新增的操作员，如图 1-4 所示。

| 用户编码 | 用户全名 | 部门 | Email地址 | 手机号 | 用户类型 | 认证方式 | 状态 | 创建时间 | 最后登录时间 | 退出时间 |
|---|---|---|---|---|---|---|---|---|---|---|
| 201 | 罗强 | 财务部 | | | 普通用户 | 用户+口令(传统) | 启用 | 2017-01-01 14:... | 2017-01-01 16:21:00 | 2017-01-01 16:22:44 |
| 202 | 徐静 | 财务部 | | | 普通用户 | 用户+口令(传统) | 启用 | 2017-01-01 14:... | | |
| 203 | 赵敏 | 财务部 | | | 普通用户 | 用户+口令(传统) | 启用 | 2017-01-01 14:... | | |
| 204 | 张三 | 财务部 | | | 普通用户 | 用户+口令(传统) | 启用 | 2017-01-01 16:... | | |
| 301 | 王辉 | 采购部 | | | 普通用户 | 用户+口令(传统) | 启用 | 2017-01-01 14:... | | |
| 401 | 朱丹 | 销售部 | | | 普通用户 | 用户+口令(传统) | 启用 | 2017-01-01 14:... | | |
| 601 | 董乐 | 仓管部 | | | 普通用户 | 用户+口令(传统) | 启用 | 2017-01-01 14:... | | |
| admin | admin | | | | 管理员用户 | 用户+口令(传统) | 启用 | | 2017-01-01 16:25:05 | 2017-01-01 16:25:05 |
| demo | demo | | | | 普通用户 | 用户+口令(传统) | 启用 | | | |
| SYSTEM | SYSTEM | | | | 普通用户 | 用户+口令(传统) | 启用 | | | |
| UFSOFT | UFSOFT | | | | 普通用户 | 用户+口令(传统) | 启用 | | | |

图 1-4　增加用户

操作要点

◆操作员又称用户，注意区分用户和角色。角色是指在企业管理中拥有某一类职能的组织，如往来会计、出纳等。一般而言，企业可以先设定角色，然后分配权限给角色，最后进行用户的设置。当设置用户并选择角色后，该角色的权限会自动传递到该用户。

◆只有admin才能增、减操作员，其他人员无此权限。

◆操作员编码是唯一的，即使不同的账套，操作员的编码也不能重复。

◆一个角色可以分配给多个用户，一个用户也可以拥有多个不同的角色。

## 2. 修改操作员

（1）以系统管理员admin的身份登录到系统管理模块。

（2）在用友 U8 系统管理界面，单击“权限→用户”按钮，打开“用户管理”窗口，双击“202 徐静”，弹出“操作员详细情况”窗口。

（3）在口令和确认口令处输入“202”，单击“确认”按钮。

## 3. 删除操作员

（1）在用户管理窗口，选中“204 张三”，单击“删除”按钮。

（2）系统提示“确认删除用户：[204]吗？”，单击“是”按钮，如图 1-5 所示。

操作要点

◆除编码以外的信息均可进行修改。

◆未经启用的操作员可直接删除，但是操作员一经启用，则无法删除，只能将其注销，被注销的操作员无权再进入该系统。

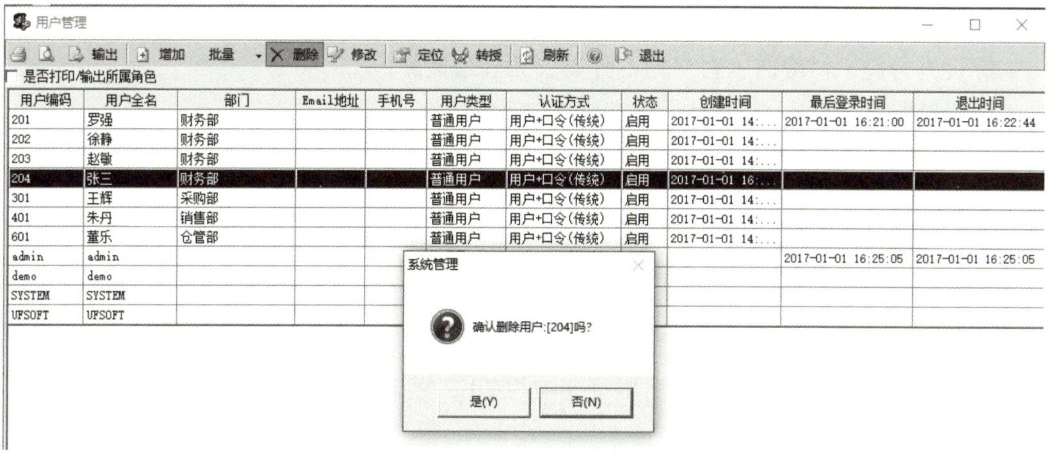


图 1-5 删除用户

## 任务 3 建立与修改账套

账套是一组相互关联的数据，每个进行独立核算的企业都应该建立一套完整的账簿体系。各账套间的数据相互独立，互不影响。企业使用用友ERP-U8V10.1进行业务处理之前，首先需要在系统中将企业的基本信息、核算方法、业务处理规则等加以设置，这个过程称为建立账套。

当系统管理员admin将账套建立完成之后，由于建立时的操作失误、企业信息变更或者其他原因，可能需要对账套信息进行修改调整。只有账套主管才有权修改账套，其中账套号、账套语言、账套路径、启用会计期、是否集团账、本币代码、本币名称等信息无法进行修改。

### 任务描述

请根据企业的以下信息建立账套。

#### 1. 账套信息

账套号：666；账套名称：众德实业有限公司；采用默认账套路径；启用会计期：2017 年 1 月；会计期间设置：1 月 1 日至 12 月 31 日。

#### 2. 单位信息

单位名称：众德实业有限公司；单位简称：众德实业；单位地址：楚州人民路 18 号；法人代表：林峰；联系电话及传真：66668888；电子邮件：ZDSY@163.com；税号：521016521977777。

#### 3. 核算类型

记账本位币：人民币（RMB）；企业类型：工业；行业性质：2007 年新会计制度科目；科目预置语言：中文（简体）；账套主管：罗强；建账时按行业性质预置会计科目。

### 4.基础信息

存货有分类，供应商、客户均不分类，无外币核算。

### 5.编码方案

科目编码：4222；其他采用系统默认。

### 6.数据精度

采用系统默认。

### 7.系统启用

启用总账、应收款管理、应付款管理、固定资产、薪资管理、库存管理、存货核算、采购管理、销售管理模块，启用日期均为2017年1月1日。

## 操作指导

### 1.建立账套

（1）以系统管理员admin的身份登录到系统管理模块。

（2）在用友U8系统管理界面，单击“账套→建立”按钮，弹出“创建账套”窗口，单击“新建空白账套”按钮，单击“下一步”按钮。

（3）打开“创建账套→账套信息”窗口，输入账套号为“666”，输入账套名称为“众德实业有限公司”，账套语言和账套路径选择默认，输入启用会计期为“2017年1月”，如图1-6所示。

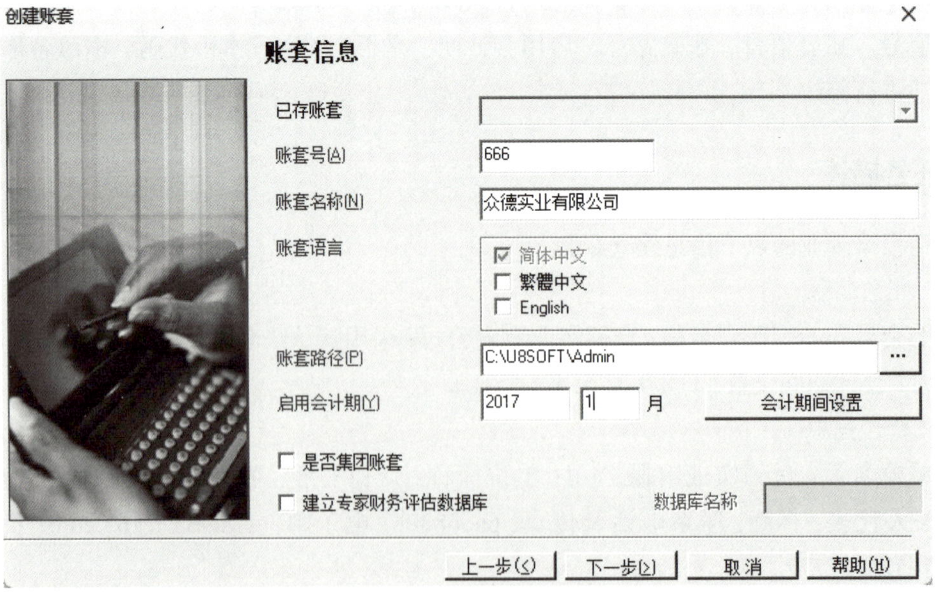


图1-6　创建账套

操作要点

◆账套号是账套的唯一标识，账套号设置后不允许修改，新建的账套号与系统内已经存在的账套号不可以重复。

◆在建立该账套时，不得启用“是否集团账套”。

（4）单击“下一步”按钮，打开“创建账套→单位信息”窗口，输入单位名称、单位简称、单位地址、联系电话、电子邮件、税号等信息，如图 1-7 所示。

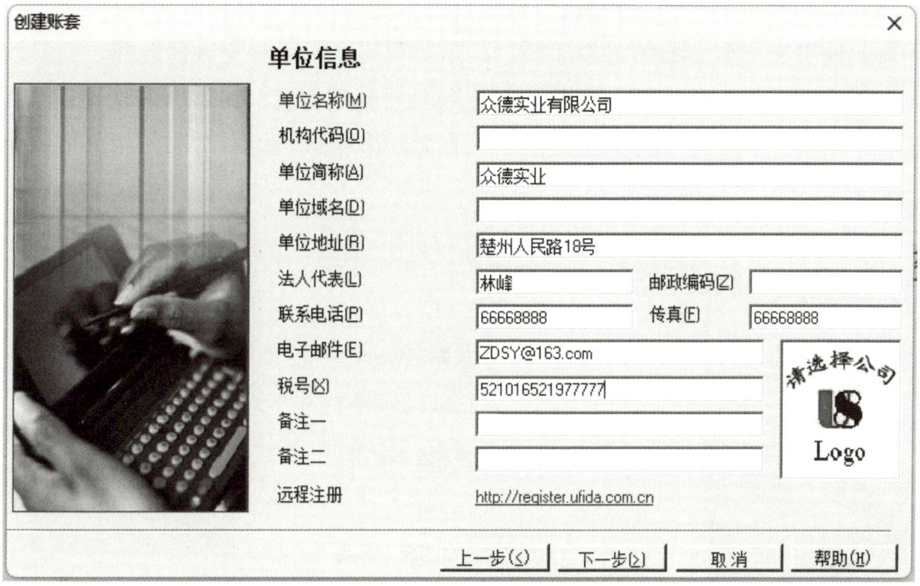


图 1-7　单位信息窗口

（5）单击“下一步”按钮，打开“创建账套→核算类型”窗口，本币代码、本币名称的信息选择默认，选择企业类型为“工业”，选择行业性质为“2007 年新会计制度科目”，选择账套主管为“201 罗强”，勾选“按行业性质预置科目”，如图 1-8 所示。

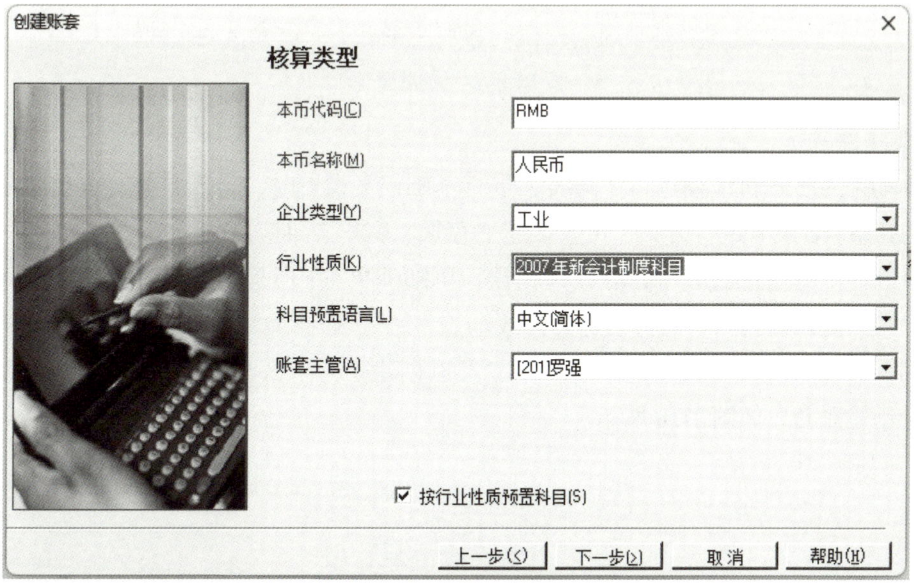


图 1-8　核算类型窗口

操作要点

◆填写信息时，蓝字部分必须填写。

◆因打印发票时会用到企业名称，因此企业名称应为全称。

◆企业类型包括工业、商业和医药流通三种，在不启用供应链的前提下，工业和商业的区别不大。

◆行业性质决定账套的预置会计科目，因此在建立账套时应认真选择。

（6）单击“下一步”按钮，打开“创建账套→基础信息”窗口，勾选“存货是否分类”，“客户是否分类”“供应商是否分类”“有无外币核算”均不勾选，如图 1-9 所示。

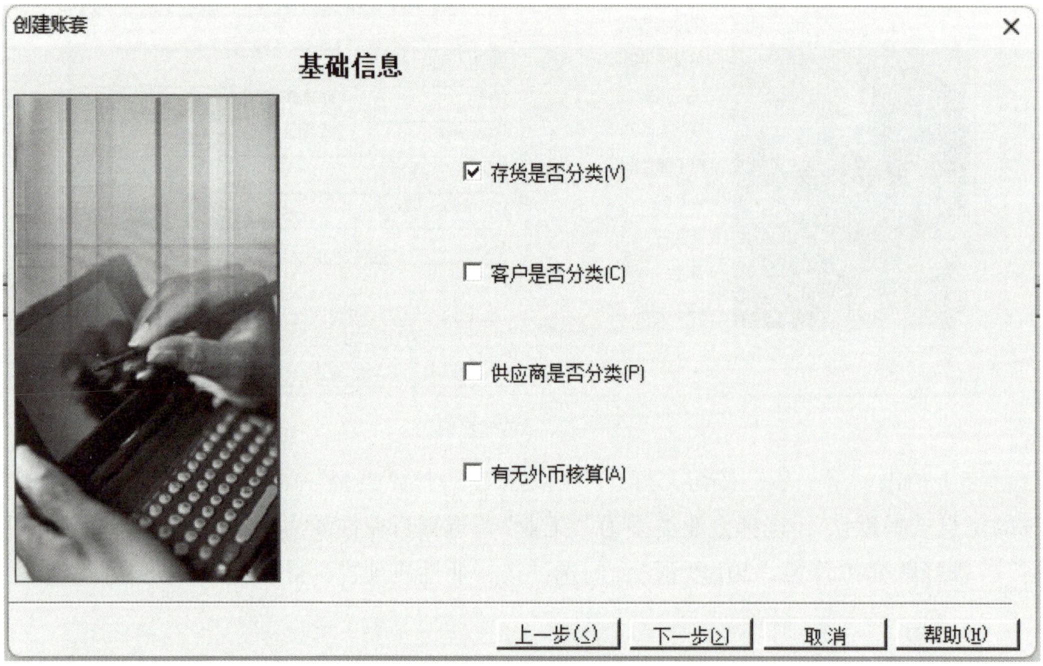


图 1-9　基础信息窗口

操作要点

◆如果对客户供应商进行了分类，进行基础档案设置时，需要先进行分类才能建立相应的档案；若没有进行分类，可直接建立存货、客户、供应商的档案。

◆在建立账套的过程中，若发现错误，可随即更正；但是若账套建立完成后才发现错误，则只能以账套主管的身份进行修改。

（7）单击“完成”按钮，系统提示“可以创建账套了么？”，单击“是”按钮，系统开始创建账套，如图 1-10 所示。

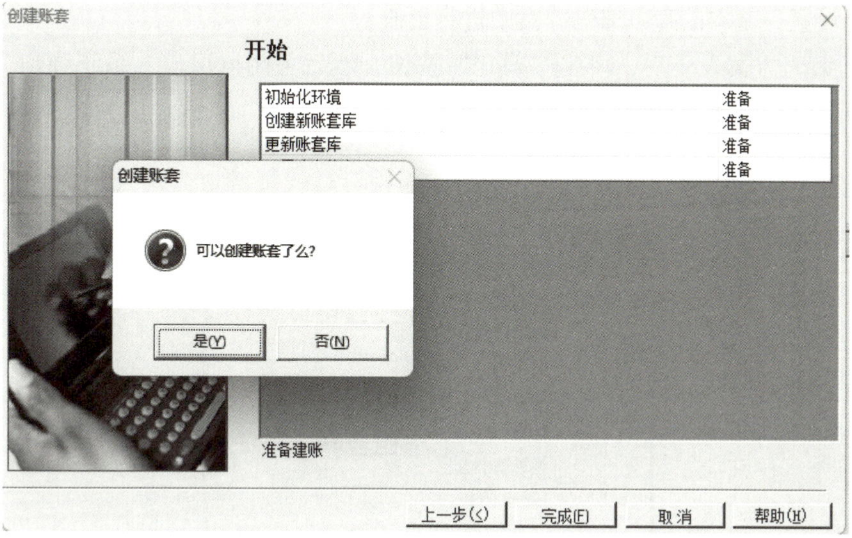


图 1-10　系统创建账套

（8）经过 2~3 分钟的时间，系统弹出“编码方案”窗口，根据资料所给信息，输入或者修改编码方案，如图 1-11 所示。

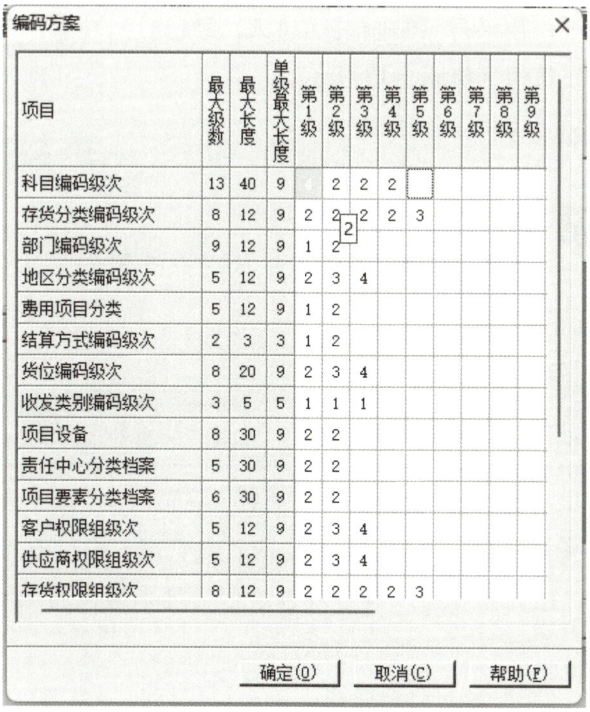
编码方案

| 项目 | 最大级数 | 最大长度 | 单级最大长度 | 第1级 | 第2级 | 第3级 | 第4级 | 第5级 | 第6级 | 第7级 | 第8级 | 第9级 |
|---|---|---|---|---|---|---|---|---|---|---|---|---|
| 科目编码级次 | 13 | 40 | 9 | [illegible] | 2 | 2 | 2 | | | | | |
| 存货分类编码级次 | 8 | 12 | 9 | 2 | 2 | 2 | 2 | 3 | | | | |
| 部门编码级次 | 9 | 12 | 9 | 1 | 2 | | | | | | | |
| 地区分类编码级次 | 5 | 12 | 9 | 2 | 3 | 4 | | | | | | |
| 费用项目分类 | 5 | 12 | 9 | 1 | 2 | | | | | | | |
| 结算方式编码级次 | 2 | 3 | 3 | 1 | 2 | | | | | | | |
| 货位编码级次 | 8 | 20 | 9 | 2 | 3 | 4 | | | | | | |
| 收发类别编码级次 | 3 | 5 | 5 | 1 | 1 | 1 | | | | | | |
| 项目设备 | 8 | 30 | 9 | 2 | 2 | | | | | | | |
| 责任中心分类档案 | 5 | 30 | 9 | 2 | 2 | | | | | | | |
| 项目要素分类档案 | 6 | 30 | 9 | 2 | 2 | | | | | | | |
| 客户权限组级次 | 5 | 12 | 9 | 2 | 3 | 4 | | | | | | |
| 供应商权限组级次 | 5 | 12 | 9 | 2 | 3 | 4 | | | | | | |
| 存货权限组级次 | 8 | 12 | 9 | 2 | 2 | 2 | 2 | 3 | | | | |

确定(O)　取消(C)　帮助(F)

图 1-11　编码方案窗口

操作要点

◆编码方案会影响基础信息设置中相应内容的编码级次以及编码长度。

◆账套建立完成后，可以通过修改账套的方式修改编码方案，也可以在企业应用平台的基础设置→基本信息→编码方案中进行更改。

（9）编码方案设置后，单击“确定”按钮，然后关闭该窗口，系统弹出“数据精度”窗口，默认系统的设置，如图 1-12 所示，单击“取消”按钮。

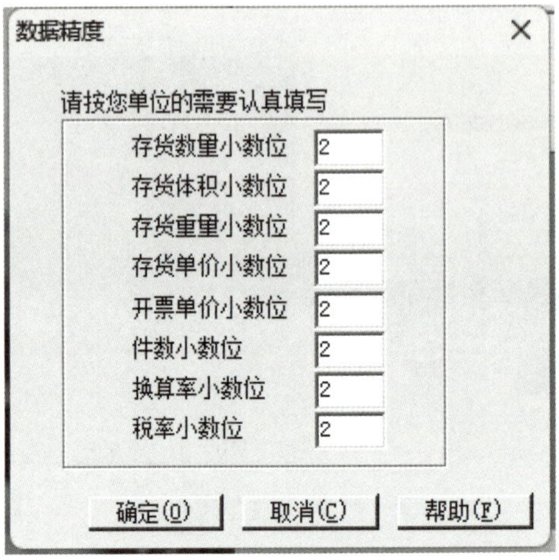


图 1-12　数据精度窗口

（10）系统提示“众德实业有限公司：[666]建账成功，您可以现在进行系统启用的设置，或以后从[企业应用平台_基础信息]进入[系统启用]功能，现在进行系统启用的设置？”，选择“是”按钮，如图 1-13 所示。

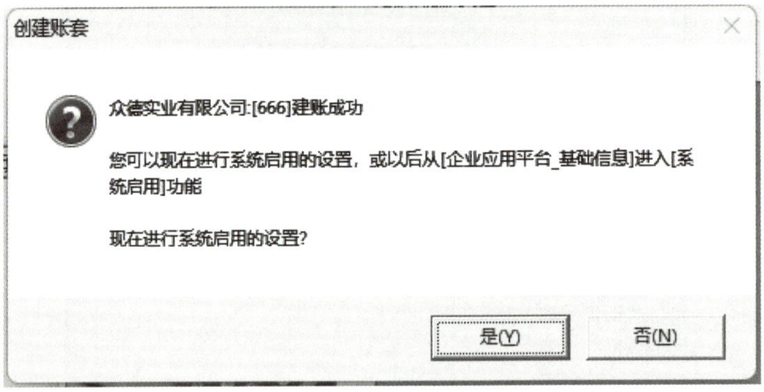


图 1-13　系统提示窗口

（11）根据任务所给的信息，启用总账、应收款管理、应付款管理、固定资产、薪资管理、库存管理、存货核算、采购管理、销售管理系统，启用时间均为“2017-01-01”，如图 1-14 所示。

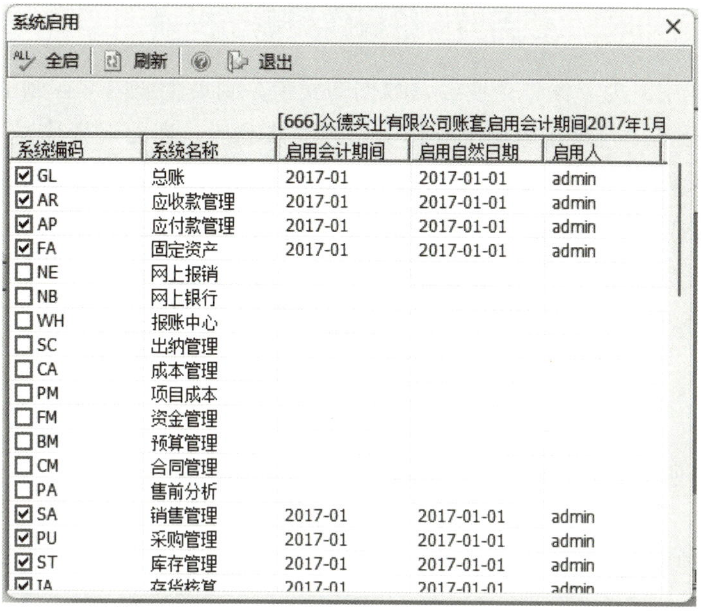


图 1-14　系统启用窗口

操作要点

◆系统启用日期是 2017-01-01，在选择 2017 年 1 月后，不能选择系统默认的当天。

◆如果系统启用日期错误，但系统尚未使用，则可以通过双击按钮，注销已经启用的系统。

◆如果在建立账套时，没有启用系统，则后期可以以账套主管的身份登录企业应用平台，通过基础设置→基本信息→系统启用命令来完成系统的启用。

### 2. 修改账套

（1）在用友 U8 系统管理界面，选择“系统→注销”按钮，再选择“系统→注册”按钮，以账套主管 201 罗强的身份登录。

（2）进入用友 U8 系统管理界面，单击“账套→修改”按钮，根据实际需要进行修改。

（3）单击“完成”按钮，系统提示“确认修改账套了么”，选择“是”；在编码方案和数据精度窗口中单击“取消”按钮，系统提示“修改账套成功”。

操作要点

◆账套建立成功后，只有账套主管才能修改账套，其他人均无权限。

◆只有黑色的信息可以修改，灰色的信息不能修改。因此，在建立账套时，财务人员应认真谨慎。

## 任务 4　给操作员赋予权限

在实际工作中，为了保障企业经营数据的安全，满足企业内部控制的需求，需要进行合理的财务分工。因此在增加了操作员、建立账套后，需要对操作员进行权限赋予，这是对系统内操作员进行授权分配的过程，以确定操作员对账套数据的处理权限及操作范围。用友ERP-U8V10.1提供集中权限管理，除了提供用户对模块操作的权限之外，还相应地提供了金额权限管理和对数据的字段级和记录级的控制，不同的组合方式为企业的控制提供了有效的方法。

### 任务描述

根据表 1-5 所给信息，给本企业的操作员赋予权限。

表 1-5　操作员权限

| 操作员 | 职务 | 操作分工 |
| --- | --- | --- |
| 201 罗强 | 财务经理 | 账套主管 |
| 202 徐静 | 会计 | 公共单据、公共目录设置、总账（填制凭证，科目汇总，查询凭证、账表，期末处理，记账）、应付款和应收款管理（不含收付款单处理）、固定资产、薪资管理、存货核算的所有权限 |
| 203 赵敏 | 出纳 | 收付款单处理、票据管理、总账出纳签字、出纳 |
| 301 王辉 | 采购员 | 公共单据、公共目录设置、采购管理的所有权限 |
| 401 朱丹 | 销售员 | 公共目录设置、销售管理的所有权限 |
| 601 董乐 | 仓管员 | 公共单据、库存管理的所有权限 |

### 操作指导

#### 给本企业的操作员赋予权限

（1）在用友U8系统管理界面，选择“系统→注销”按钮，再选择“系统→注册”按钮，以系统管理员admin的身份登录。

（2）在用友U8系统管理界面，选择“权限”菜单，在下拉列表中单击“权限”，进入“操作员权限”窗口。

（3）单击窗口右上角的下拉框，选中“[666]众德实业有限公司”账套，在左侧的操作员列表中，选中“201 罗强”，显示已经勾选了账套主管，即201已经拥有了该账套的所有权限，如图 1-15 所示。

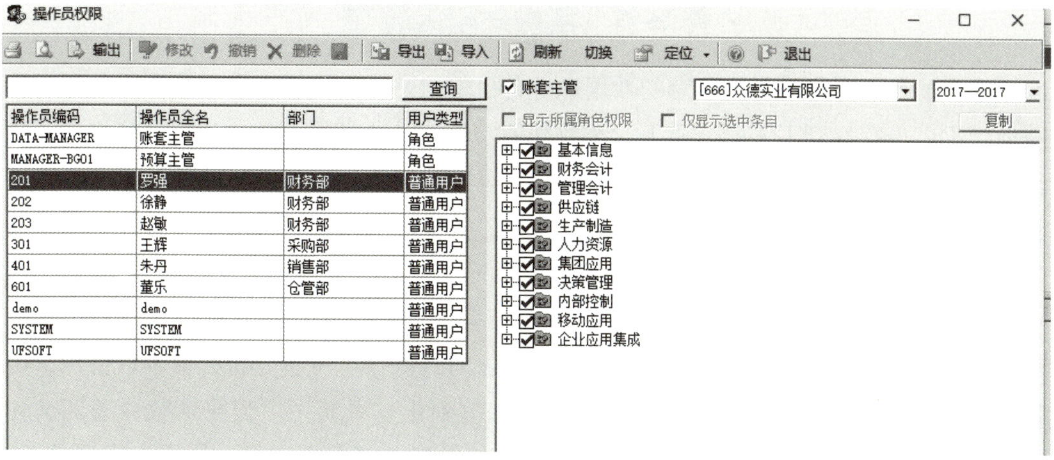


图 1-15　操作员权限窗口 1

（4）在左侧的操作员列表中（见图 1-15），选中“202 徐静”，单击“修改”按钮，然后单击右侧权限列表中的权限进行逐项勾选，如图 1-16 所示。单击“保存”按钮返回。

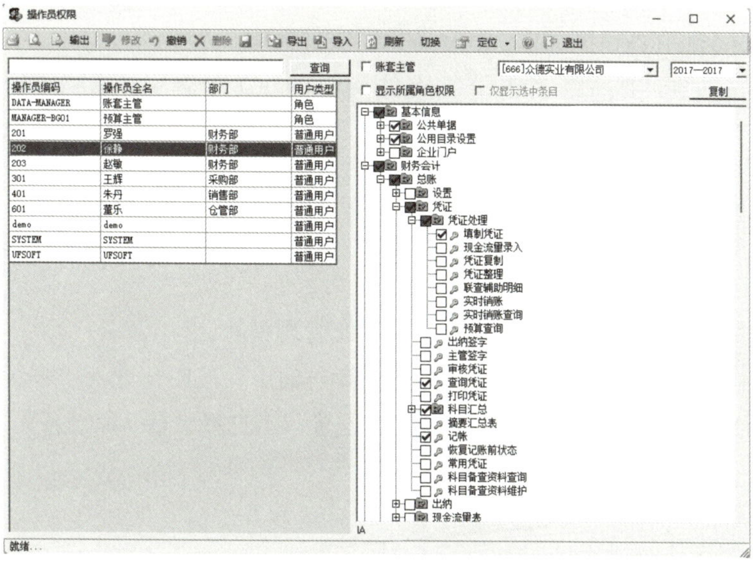


图 1-16　操作员权限窗口 2

（5）按照同样的操作，给其他操作员赋予权限，保存后退出。

操作要点

◆一个账套可以设定多个账套主管，每个账套主管自动拥有该账套的所有权限。

◆拥有不同权限的操作员进入系统后，所看到的系统界面及可操作的功能是不同的。

◆除系统管理员admin可以给操作员授权外，账套主管可以对所辖账套除账套主管以外的其他操作员进行授权。

## 任务5 备份与引入账套

账套的备份是指将所选账套的数据进行备份输出。对企业系统管理员来讲，定时将企业数据备份存储到不同的介质上，对数据的安全性是非常重要的。当因计算机病毒攻击、人为错误操作、自然灾害等不可预知的事件需要对数据进行恢复时，数据备份可以将企业的损失降到最低。对于异地管理的公司，数据的备份也可以解决审计和数据汇总等问题。

账套引入也称为账套恢复，是指将硬盘等存储媒介中的备份数据恢复到指定路径中，当对系统进行升级改造，或者遭遇病毒侵害时，操作员可首先将账套予以备份，再根据业务需要，使用引入功能将备份的账套恢复到用友系统中。当账套数据遭到破坏时，将最近备份的账套数据引入系统中，可尽量保持业务数据完好，使损失降到最低。对于启用集团账的企业，该功能有利于集团公司的操作，子公司的账套数据可以定期被引入母公司的系统中，以便进行有关账套数据的分析和合并工作。

### 任务描述

（1）将666账套备份到“D:\账套备份”文件夹中。

（2）将存储在“D:\账套备份”文件夹中的007账套引入用友ERP-U8V10.1系统中。

### 操作指导

#### 1.备份账套

（1）以系统管理员admin的身份登录到系统管理模块。

（2）在用友U8系统管理界面，选择“账套→输出”按钮，进入“账套输出”窗口，选择账套号为“666众德实业”，在输出文件位置双击选择“D:\账套备份”，如图1-17所示。

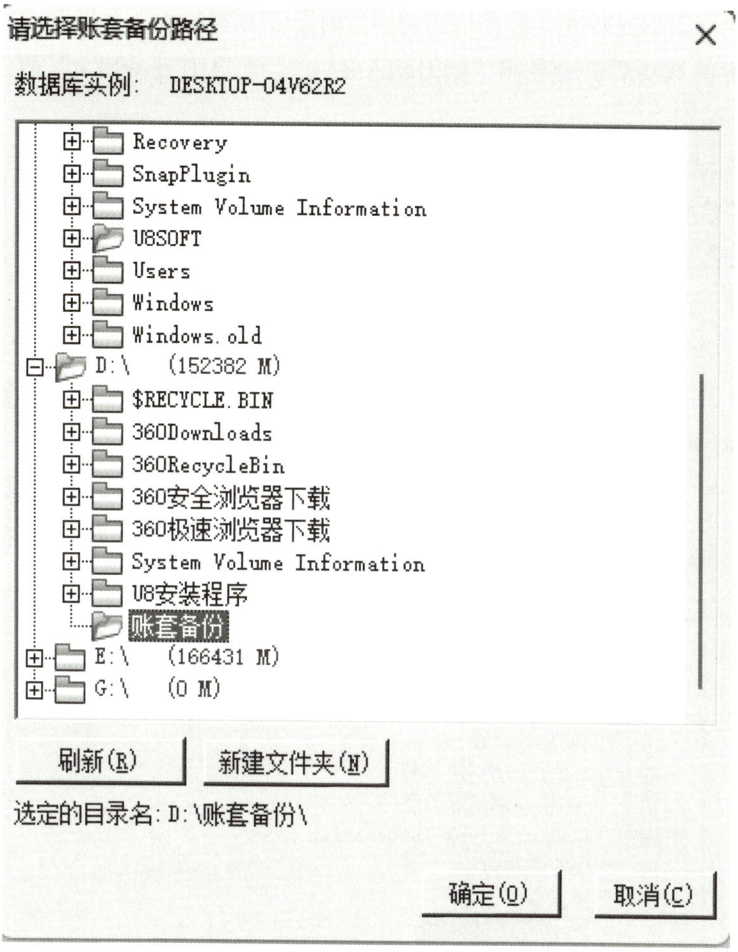


图 1-17　账套备份路径窗口

（3）经过 2~3 分钟，系统提示“输出成功”，单击“确定”按钮，如图 1-18 所示。

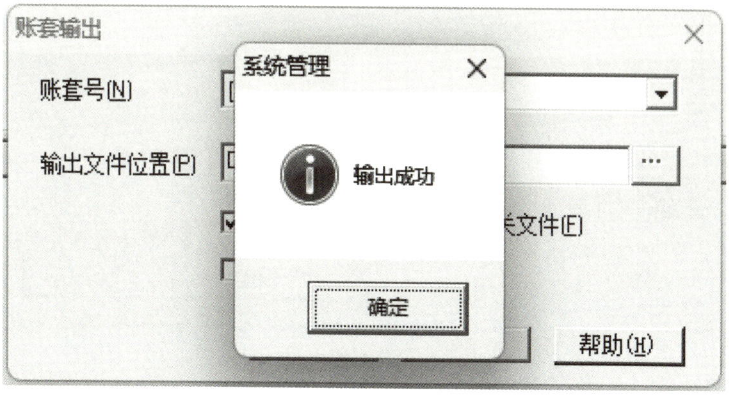


图 1-18　“输出成功”提示

操作要点

◆在选择账套备份路径时，要双击“账套备份”文件夹，保证其处于打开状态。

◆由于账套数据比较大，在进行账套备份时，需要等待 2~3 分钟的时间。

◆账套备份成功后，会导出“UFDATA.BAK”和“UfErpAct.Lst”两个文件，两者缺一不可。

◆账套在输出时，如果勾选了“删除当前输出账套”复选框，则账套在输出完毕后，系统内的该账套一并删除。

### 2. 引入账套

（1）以系统管理员 admin 的身份登录到系统管理模块。

（2）在用友 U8 系统管理界面，选择“账套→引入”按钮，系统弹出“请选择账套备份文件”窗口，根据任务信息，选择正确路径，选择要恢复的账套数据备份文件“UfErpAct.Lst”，单击“确定”按钮，如图 1-19 所示。

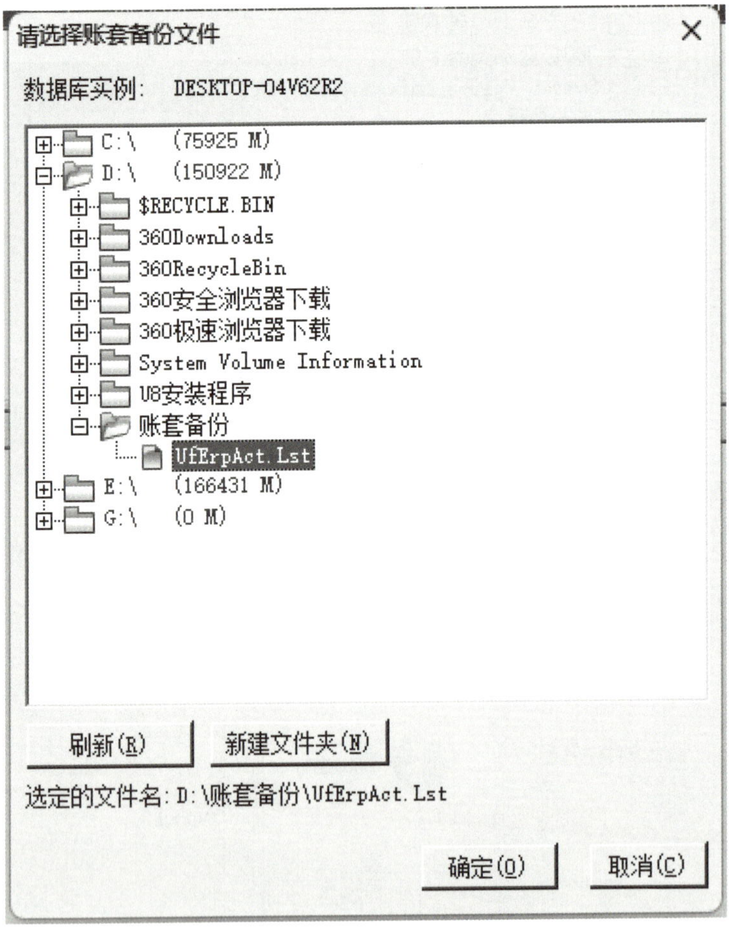


图 1-19　账套备份文件窗口

（3）系统提示“请选择账套引入的目录”，当前默认路径为 C:\U8SOFT\Admin\，单击“确定”按钮，如图 1-20 所示。

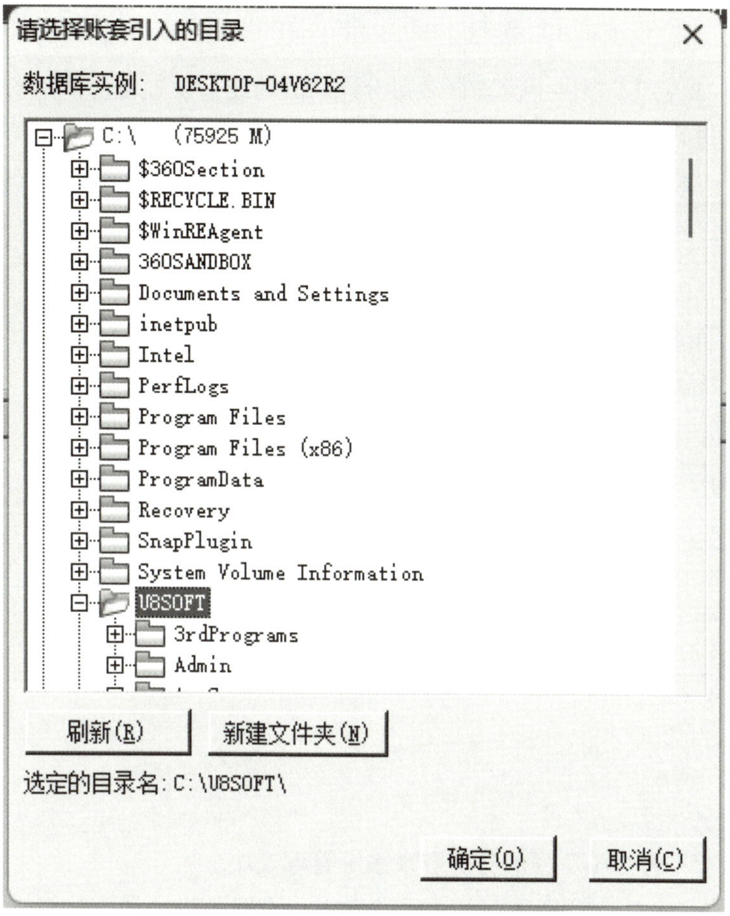


图 1-20　账套引入的目录窗口

（4）系统弹出“账套引入”窗口，提示“正在引入[666]的[2017-2017]账套库，请等待”。

（5）经过 2~3分钟的等待，系统弹出提示“账套[666]引入成功”，单击“确定”按钮，如图 1-21 所示。

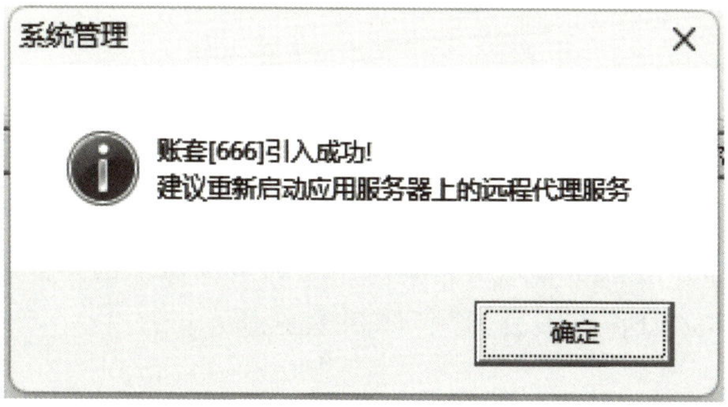


图 1-21　“引入成功”提示

## 任务 6　制订账套备份计划

用友 ERP-U8V10.1 提供了设置自动备份计划的功能，设置备份计划的作用是自动对设置好的账套进行定时输出（备份）。通过设置定时备份账套功能，实现了账套的无人干预自动输出，减轻了系统管理员的工作量，同时可以更好地对系统进行管理。

### 任务描述

众德实业有限公司的账套备份计划如表 1-6 所示，为了保障企业账套数据的安全，请按要求完成备份计划的制订。

表 1-6　众德实业账套备份计划

| 计划编号 | 001 | 计划名称 | 2017 众德实业账套备份 |
|---|---|---|---|
| 备份类型 | 账套备份 | 发生频率 | 每周 |
| 发生天数 | 7 | 开始时间 | 00:00:00 |
| 有效触发 | 2 小时 | 保留天数 | 60 天 |
| 备份路径 | D：\ 账套备份 \ | | |

### 操作指导

#### 制订账套备份计划

（1）以账套主管 201 罗强的身份登录系统管理模块。

（2）在用友 U8 系统管理界面，选择“系统→设置备份计划”按钮，打开“备份计划设置”窗口，如图 1-22 所示。

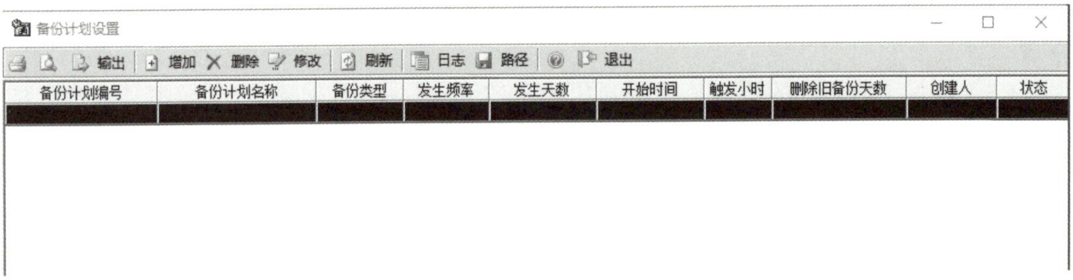


图 1-22　备份计划设置窗口

（3）单击“增加”按钮，弹出“备份计划详细情况”窗口，按照所给任务信息，将计划编号、计划名称等信息填写完整，单击“增加”按钮，选择备份路径为 D：\账套备份\，选择账套为“666 众德有限公司”，如图 1-23 所示。

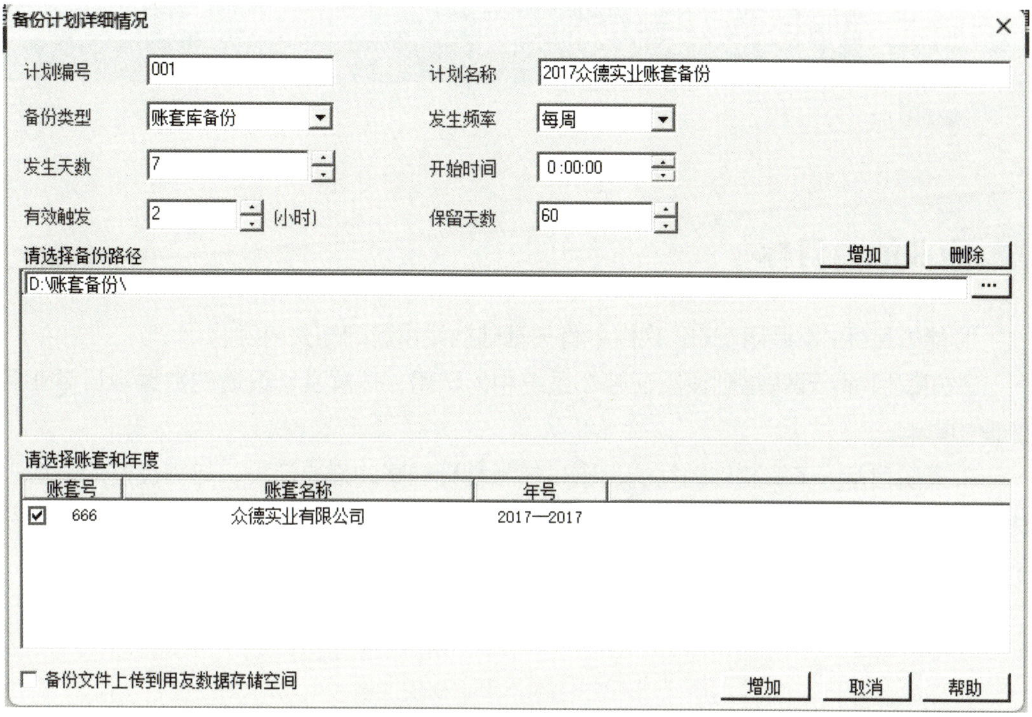


图 1-23　备份计划详细情况窗口

（4）单击“增加”按钮，账套自动备份计划完成，关闭窗口退出。

# 项目二 财务软件初始设置

## 职业能力目标

1. 能力目标：掌握用友 U8 软件中有关基础档案设置的相关内容。

2. 知识目标：理解基础设置在整个系统中的作用，理解基础设置的数据对日常业务处理的影响。

3. 素质目标：了解基础档案的设置，熟悉基础档案的增减流程，培养良好的语言表达、会计职业沟通和协调能力。

## 项目背景资料

### 1. 部门档案（见表 2-1）

表 2-1 部门档案

| 部门编码 | 部门名称 |
| --- | --- |
| 1 | 经理办 |
| 2 | 财务部 |
| 3 | 采购部 |
| 4 | 销售部 |
| 5 | 生产部 |
| 6 | 仓管部 |

### 2. 人员档案（见表 2-2）

表 2-2 人员档案

| 人员编号 | 人员名称 | 性别 | 所属部门 | 人员类别 | 是否操作员、业务员 | 银行账号 |
| --- | --- | --- | --- | --- | --- | --- |
| 101 | 林峰 | 男 | 经理办 | 正式工 | 业务员 | 62203180101 |
| 102 | 叶芳 | 女 | 经理办 | 正式工 | 业务员 | 62203180102 |
| 201 | 罗强 | 男 | 财务部 | 正式工 | 操作员、业务员 | 62203180201 |
| 202 | 徐静 | 女 | 财务部 | 正式工 | 操作员、业务员 | 62203180202 |
| 203 | 赵敏 | 女 | 财务部 | 正式工 | 操作员、业务员 | 62203180203 |
| 301 | 王辉 | 男 | 采购部 | 正式工 | 操作员、业务员 | 62203180301 |
| 302 | 吕超 | 男 | 采购部 | 正式工 | 业务员 | 62203180302 |
| 401 | 朱丹 | 女 | 销售部 | 正式工 | 操作员、业务员 | 62203180401 |
| 402 | 刘倩 | 女 | 销售部 | 合同工 | 业务员 | 62203180402 |

续表

| 人员编号 | 人员名称 | 性别 | 所属部门 | 人员类别 | 是否操作员、业务员 | 银行账号 |
| --- | --- | --- | --- | --- | --- | --- |
| 501 | 李涛 | 男 | 生产部 | 正式工 | 业务员 | 62203180501 |
| 502 | 张浩 | 男 | 生产部 | 合同工 | 业务员 | 62203180502 |
| 503 | 孙莉 | 女 | 生产部 | 合同工 | 业务员 | 62203180503 |
| 504 | 陈伟 | 男 | 生产部 | 合同工 | 业务员 | 62203180504 |
| 505 | 杨依 | 女 | 生产部 | 合同工 | 业务员 | 62203180505 |
| 601 | 董乐 | 男 | 仓管部 | 合同工 | 操作员、业务员 | 62203180601 |

注：所有人员的雇佣状态均为“在职”，银行均为“中国工商银行”。有操作员属性的人员，对应操作员编码与系统管理一致。

### 3. 结算方式（见表 2–3）

表 2–3　结算方式

| 结算方式编码 | 结算方式名称 | 票据管理 |
| --- | --- | --- |
| 1 | 现金结算 | 否 |
| 2 | 支票结算 | 否 |
| 201 | 现金支票 | 否 |
| 202 | 转账支票 | 否 |
| 3 | 商业汇票 | 否 |
| 4 | 电汇结算 | 否 |
| 5 | 其他 | 否 |

### 4. 付款条件（见表 2–4）

表 2–4　付款条件

| 付款条件编码 | 付款条件名称 | 信用天数 | 优惠天数 1 | 优惠率 1 | 优惠天数 2 | 优惠率 2 | 优惠天数 3 | 优惠率 3 | 优惠天数 4 | 优惠率 4 |
| --- | --- | --- | --- | --- | --- | --- | --- | --- | --- | --- |
| 01 | 2/10，1/20，*n*/30 | 30 | 10 | 2 | 20 | 1 | 30 | 0 | | |
| 01 | 3/10，2/30，1/60，*n*/90 | 90 | 10 | 3 | 30 | 2 | 60 | 1 | 90 | 0 |

### 5. 本单位开户银行

编码：1；账户名称：众德实业有限公司；开户银行：中国工商银行楚州分行人民路分理处；币种：人民币（RMB）；银行账号：622202315816；所属银行编码：01 中国工商银行。

### 6. 客户档案（见表 2–5）

表 2–5　客户档案

| 客户编号 | 客户简称 | 税号 | 开户银行 | 账号 | 付款条件 | 分管部门 | 专营业务员 |
| --- | --- | --- | --- | --- | --- | --- | --- |
| 0001 | 天成公司 | 587634569870 | 中国工商银行 | 622208663258 | 01 | 销售部 | 朱丹 |
| 0002 | 同达公司 | 587658900984 | 中国工商银行 | 622208116647 | 02 | 销售部 | 朱丹 |
| 0003 | 科远公司 | 102227896542 | 中国工商银行 | 622206153678 | | 销售部 | 刘倩 |
| 0004 | 鸿丰公司 | 288945659876 | 中国工商银行 | 622203477346 | | 销售部 | 刘倩 |

## 7. 供应商档案（见表 2-6）

表 2-6　供应商档案

| 供应商编号 | 供应商简称 | 税号 | 开户银行 | 账号 | 分管部门 | 专营业务员 |
|---|---|---|---|---|---|---|
| 1001 | 中原公司 | 310303826108444 | 中国工商银行 | 622203140410 | 采购部 | 王辉 |
| 1002 | 华兴公司 | 330144826754666 | 中国工商银行 | 622203170209 | 采购部 | 吕超 |
| 1003 | 楚州自来水公司 | 330153821167888 | 中国工商银行 | 622203170205 | | |
| 1004 | 楚州电业公司 | 330103611257222 | 中国工商银行 | 622203071002 | | |

## 8. 存货分类（见表 2-7）

表 2-7　存货分类

| 存货分类编码 | 存货分类名称 |
|---|---|
| 01 | 原材料 |
| 02 | 产成品 |
| 03 | 应税劳务 |

## 9. 计量单位（见表 2-8）

表 2-8　计量单位

<table>
<tr><th colspan="3">计量单位组</th><th colspan="2">计量单位</th></tr>
<tr><td rowspan="5">01</td><td rowspan="5">自然单位</td><td rowspan="5">无换算率</td><td>编码</td><td>名称</td></tr>
<tr><td>01</td><td>吨</td></tr>
<tr><td>02</td><td>件</td></tr>
<tr><td>03</td><td>度</td></tr>
<tr><td>04</td><td>元</td></tr>
</table>

## 10. 存货档案（见表 2-9）

表 2-9　存货档案

| 存货编码 | 存货名称 | 计量单位 | 存货分类 | 税率 /% | 存货属性 |
|---|---|---|---|---|---|
| 101 | A 材料 | 吨 | 01 | 17 | 外购、生产耗用 |
| 102 | B 材料 | 吨 | 01 | 17 | 外购、生产耗用 |
| 103 | C 材料 | 吨 | 01 | 17 | 外购、生产耗用 |
| 104 | D 材料 | 吨 | 01 | 17 | 外购、生产耗用 |
| 201 | 甲产品 | 件 | 02 | 17 | 自制、内销 |
| 202 | 乙产品 | 件 | 02 | 17 | 自制、内销 |
| 301 | 运输费 | 元 | 03 | 11 | 外购、应税劳务 |
| 302 | 水费 | 元 / 吨 | 03 | 13 | 外购、应税劳务 |
| 303 | 电费 | 元 / 度 | 03 | 17 | 外购、应税劳务 |

## 11.修改会计科目（见表 2-10）

表 2-10 会计科目

| 科目编码 | 科目名称 | 辅助核算 | 受控系统 |
|---|---|---|---|
| 1121 | 应收票据 | 客户往来 | 应收系统 |
| 1122 | 应收账款 | 客户往来 | 应收系统 |
| 1123 | 预付账款 | 供应商往来 | 应付系统 |
| 1403 | 原材料 | | 存货核算系统 |
| 1405 | 库存商品 | | 存货核算系统 |
| 2201 | 应付票据 | 供应商往来 | 应付系统 |
| 2203 | 预收账款 | 客户往来 | 应付系统 |
| 6403 | 税金及附加 | | |

## 12.新增会计科目（见表 2-11）

表 2-11 新增会计科目

| 科目编码 | 科目名称 | 余额方向 | 辅助核算 | 受控系统 |
|---|---|---|---|---|
| 100201 | 工行 | 借 | 日记账、银行账 | |
| 122101 | 应收个人款 | 借 | 个人往来 | |
| 122102 | 应收单位款 | 借 | 客户往来 | |
| 220201 | 一般应付账款 | 贷 | 供应商往来 | 应付系统 |
| 220202 | 暂估应付账款 | 贷 | 供应商往来 | |
| 221101 | 工资 | 贷 | | |
| 221102 | 五险一金 | 贷 | | |
| 222101 | 应交增值税 | 贷 | | |
| 22210101 | 进项税额 | 贷 | | |
| 22210102 | 销项税额 | 贷 | | |
| 22210103 | 已交税金 | 贷 | | |
| 22210104 | 进项税额转出 | 贷 | | |
| 22210105 | 转出未交增值税 | 贷 | | |
| 222102 | 未交增值税 | 贷 | | |
| 222103 | 应交城市维护建设税 | 贷 | | |
| 222104 | 应交教育费附加 | 贷 | | |
| 222105 | 应交个人所得税 | 贷 | | |
| 222106 | 应交企业所得税 | 贷 | | |
| 410415 | 未分配利润 | 贷 | | |
| 500101 | 直接材料 | 借 | 项目核算 | |
| 500102 | 直接人工 | 借 | 项目核算 | |
| 500103 | 制造费用 | 借 | 项目核算 | |
| 510101 | 职工薪酬 | 借 | | |

续表

| 科目编码 | 科目名称 | 余额方向 | 辅助核算 | 受控系统 |
|---|---|---|---|---|
| 510102 | 水电费 | 借 | | |
| 510103 | 折旧费 | 借 | | |
| 510104 | 五险一金 | 借 | | |
| 510105 | 修理费 | 借 | | |
| 660101 | 职工薪酬 | 借 | | |
| 660102 | 水电费 | 借 | | |
| 660103 | 折旧费 | 借 | | |
| 660104 | 五险一金 | 借 | | |
| 660105 | 广告费 | 借 | | |
| 660106 | 差旅费 | 借 | | |
| 660201 | 职工薪酬 | 借 | | |
| 660202 | 水电费 | 借 | | |
| 660203 | 折旧费 | 借 | | |
| 660204 | 五险一金 | 借 | | |
| 660205 | 业务招待费 | 借 | | |
| 660206 | 办公费 | 借 | | |
| 660207 | 其他费用 | 借 | | |

### 13. 指定会计科目

现金总账科目：1001 库存现金。银行总账科目：1002 银行存款。

### 14. 凭证类别：记账凭证

### 15. 项目目录（见表 2-12）

表 2-12　项目目录

| 项目大类 | 核算科目 | 项目分类 | 项目名称 |
|---|---|---|---|
| 生产成本 | 直接材料（500101）<br>直接人工（500102）<br>制造费用（500103） | 1 产品制造 | 101 甲产品<br>102 乙产品 |

### 16. 仓库档案（见表 2-13）

表 2-13　仓库档案

| 仓库编码 | 仓库名称 | 计价方式 |
|---|---|---|
| 1 | 原材料库 | 移动平均法 |
| 2 | 产成品库 | 移动平均法 |

### 17. 收发类别（见表 2-14）

表 2-14　收发类别

| 编码 | 名称 | 收发标志 |
|---|---|---|
| 1 | 入库 | 收 |
| 11 | 采购入库 | 收 |
| 12 | 产成品入库 | 收 |
| 2 | 出库 | 发 |
| 21 | 销售出库 | 发 |
| 22 | 生产领用出库 | 发 |

### 18. 采购类型（见表 2-15）

表 2-15　采购类型

| 采购类型编码 | 采购类型名称 | 入库类别 | 是否默认值 |
|---|---|---|---|
| 01 | 普通采购 | 采购入库 | 是 |

### 19. 销售类型（见表 2-16）

表 2-16 销售类型

| 销售类型编码 | 销售类型名称 | 销售出库 | 是 |
|---|---|---|---|
| 01 | 普通销售 | 销售出库 | 是 |

### 20. 单据设置

（1）单据格式设置。“采购入库单”单据格式的采购类型、入库类别设为必输项；“产成品入库单”单据格式的入库类别设为必输项；“销售出库单”单据格式的出库类别设为必输项；“材料出库单”单据格式的出库类别设为必输项。

（2）单据编号设置。设置销售专用发票、销售普通发票、采购专用发票的发票号为完全手工编号。

### 21. 权限设置

设置数据权限控制，记录级，不对任一业务对象进行控制。

## 任务 1　启用系统

企业根据自身业务需要启用适用的系统（或模块），系统可以在建立账套的时候启用，也可以在账套建立完毕后，通过企业应用平台来启用。

### 任务描述

请在企业应用平台中找到系统并启用。

## 操作指导

### 启用系统

（1）双击桌面上的企业应用平台图标，打开“登录”窗口。

（2）选择登录的服务器（在“登录到”下拉列表中选择），录入操作员为“201”，录入密码为“201”，账套选择“[666]（default）众德实业有限公司”，操作日期选择“2017-01-01”，如图 2-1 所示。单击“登录”按钮，进入企业应用平台。

（3）在基础设置选项卡中，选择“基本信息→系统启用”按钮，打开“系统启用”窗口。

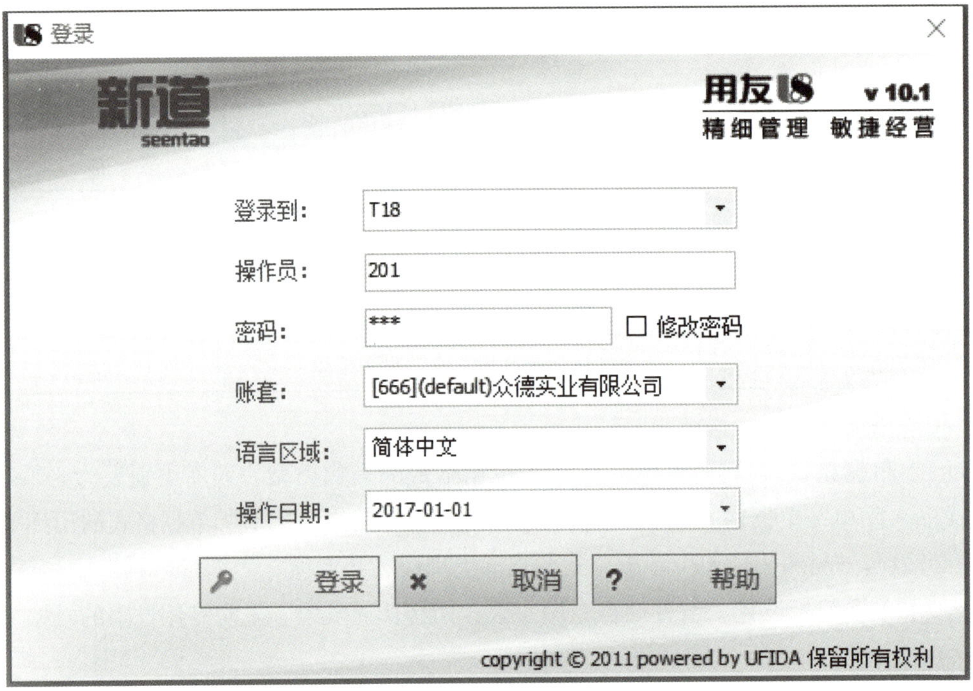


图 2-1 登录窗口

# 任务 2 建立机构人员档案

基础档案是用友 ERP-U8V10.1开展会计核算的基础数据，各子系统共享公共的基础档案信息。企业根据实际情况，结合基础信息数据的要求，做好基础档案的整理设计工作。由于基础数据之间存在先后承接关系，因此基础档案的设置应遵循一定的顺序，使设置好的基础档案为各个子系统通用。

## 任务描述

（1）根据表 2-17 建立企业的部门档案。

表 2-17　部门档案

| 部门编码 | 部门名称 |
|---|---|
| 1 | 经理办 |
| 2 | 财务部 |
| 3 | 采购部 |
| 4 | 销售部 |
| 5 | 生产部 |
| 6 | 仓管部 |

（2）根据表 2-18 建立人员档案的设置。

表 2-18　人员档案

| 人员编号 | 人员名称 | 性别 | 所属部门 | 人员类别 | 是否操作员、业务员 | 银行账号 |
|---|---|---|---|---|---|---|
| 101 | 林峰 | 男 | 经理办 | 正式工 | 业务员 | 62203180101 |
| 102 | 叶芳 | 女 | 经理办 | 正式工 | 业务员 | 62203180102 |
| 201 | 罗强 | 男 | 财务部 | 正式工 | 操作员、业务员 | 62203180201 |
| 202 | 徐静 | 女 | 财务部 | 正式工 | 操作员、业务员 | 62203180202 |
| 203 | 赵敏 | 女 | 财务部 | 正式工 | 操作员、业务员 | 62203180203 |
| 301 | 王辉 | 男 | 采购部 | 正式工 | 操作员、业务员 | 62203180301 |
| 302 | 吕超 | 男 | 采购部 | 正式工 | 业务员 | 62203180302 |
| 401 | 朱丹 | 女 | 销售部 | 正式工 | 操作员、业务员 | 62203180401 |
| 402 | 刘倩 | 女 | 销售部 | 合同工 | 业务员 | 62203180402 |
| 501 | 李涛 | 男 | 生产部 | 正式工 | 业务员 | 62203180501 |
| 502 | 张浩 | 男 | 生产部 | 合同工 | 业务员 | 62203180502 |
| 503 | 孙莉 | 女 | 生产部 | 合同工 | 业务员 | 62203180503 |
| 504 | 陈伟 | 男 | 生产部 | 合同工 | 业务员 | 62203180504 |
| 505 | 杨依 | 女 | 生产部 | 合同工 | 业务员 | 62203180505 |
| 601 | 董乐 | 男 | 仓管部 | 合同工 | 操作员、业务员 | 62203180601 |

注：所有人员的雇佣状态均为“在职”，银行均为“中国工商银行”。有操作员属性的人员，对应操作员编码与系统管理一致。

## 操作指导

### 1.建立企业的部门档案

（1）在基础设置选项卡中，选择“基础档案→机构人员→部门档案”按钮，进入“部门档案”窗口。

（2）单击“增加”按钮，录入部门编码为“1”，部门名称为“经理办”。

（3）单击“保存”按钮，单击“增加”按钮，继续输入其他部门档案，如图 2-2 所示。

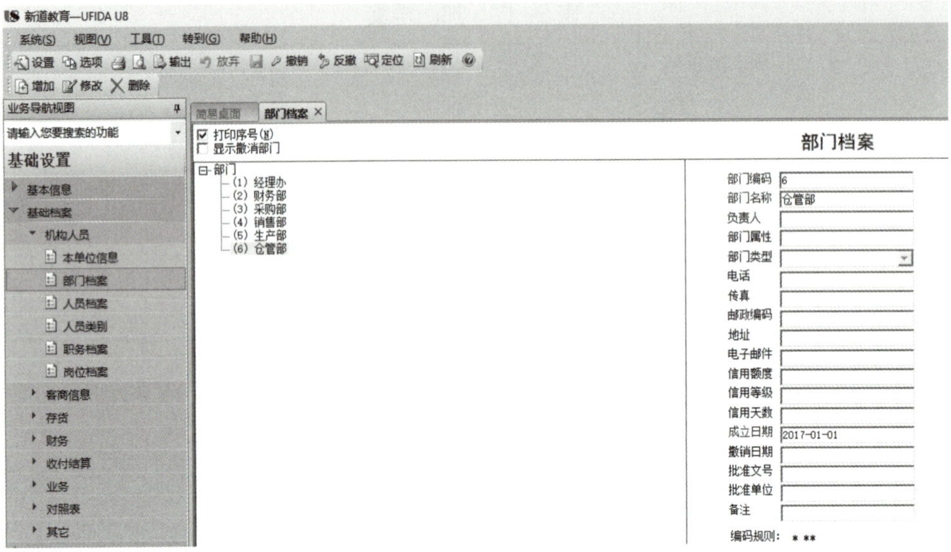


图 2-2　部门档案窗口

操作要点

◆部门编码必须和编码方案中的编码级次一致，否则无法保存。

◆在增加部门档案时，应先增加上级再增加下级；删除时应先删除下级再删除上级。

◆由于此时人员档案尚未设置，所以负责人暂时不能填写，如果需要设置，待人员档案设置完成后，再回到部门档案中通过修改命令补充完成。

◆在录入部门档案时，可用快捷键“F6”替代保存按钮，用快捷键“F5”替代增加按钮。

◆建立好的部门档案，如需修改，可通过修改按钮实现，但是部门编号无法修改。

◆如果某个部门因为单位机构调整而被削减，可以对其进行撤销。在撤销部门时，该部门不能有在职和未注销的职员。选中要撤销的部门，然后单击工具栏中的撤销按钮，即可撤销此部门。

### 2.建立人员档案

（1）在基础设置选项卡中，选择“基础档案→机构人员→人员档案”按钮，进入人员列表，单击“增加”按钮，进入“人员档案”窗口，输入人员编码为“101”，输入人员姓名为“林峰”，性别选择“男”，行政部门选择“经理办”，雇佣状态选择“在职”，人员类别选择“正式工”，银行为“中国工商银行”，账号为“62203180101”，勾选“是否业务员”复选框，如图 2-3 所示。

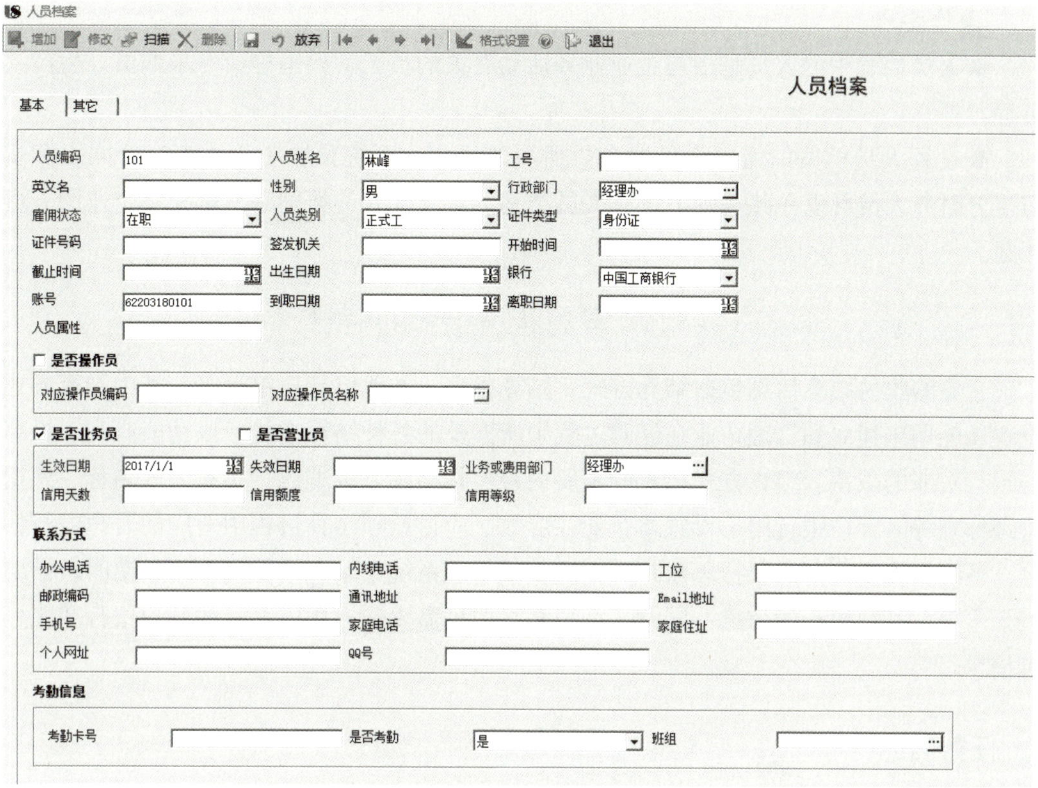


图 2-3　人员档案窗口

（2）单击“保存”按钮，继续为企业中的其他人员建立档案。人员档案建立完毕后，如图 2-4 所示。

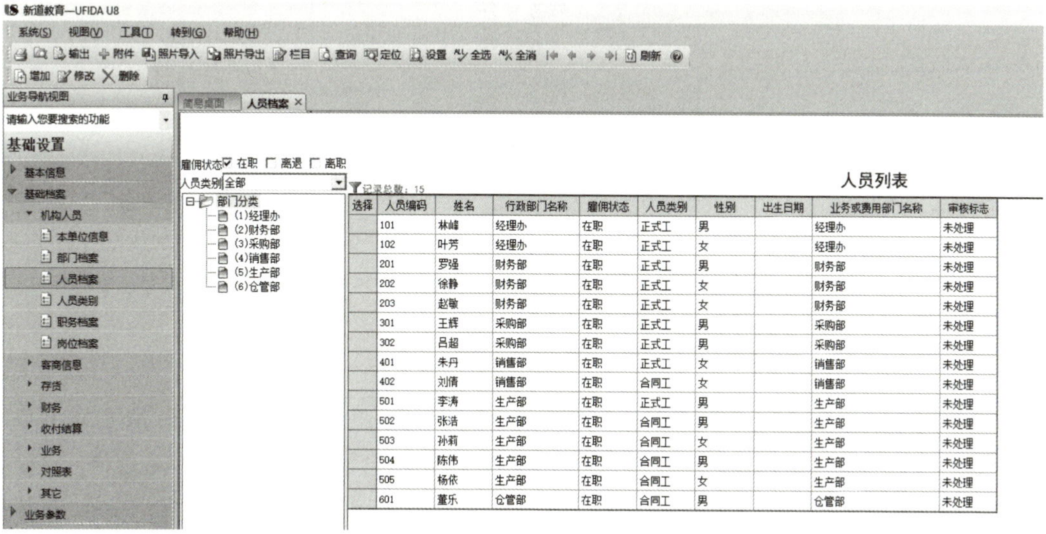


| 选择 | 人员编码 | 姓名 | 行政部门名称 | 雇佣状态 | 人员类别 | 性别 | 出生日期 | 业务或费用部门名称 | 审核标志 |
|---|---|---|---|---|---|---|---|---|---|
| | 101 | 林峰 | 经理办 | 在职 | 正式工 | 男 | | 经理办 | 未处理 |
| | 102 | 叶芳 | 经理办 | 在职 | 正式工 | 女 | | 经理办 | 未处理 |
| | 201 | 罗强 | 财务部 | 在职 | 正式工 | 男 | | 财务部 | 未处理 |
| | 202 | 徐静 | 财务部 | 在职 | 正式工 | 女 | | 财务部 | 未处理 |
| | 203 | 赵敏 | 财务部 | 在职 | 正式工 | 女 | | 财务部 | 未处理 |
| | 301 | 王辉 | 采购部 | 在职 | 正式工 | 男 | | 采购部 | 未处理 |
| | 302 | 吕超 | 采购部 | 在职 | 正式工 | 男 | | 采购部 | 未处理 |
| | 401 | 朱丹 | 销售部 | 在职 | 正式工 | 女 | | 销售部 | 未处理 |
| | 402 | 刘倩 | 销售部 | 在职 | 合同工 | 女 | | 销售部 | 未处理 |
| | 501 | 李涛 | 生产部 | 在职 | 正式工 | 男 | | 生产部 | 未处理 |
| | 502 | 张浩 | 生产部 | 在职 | 合同工 | 男 | | 生产部 | 未处理 |
| | 503 | 孙莉 | 生产部 | 在职 | 合同工 | 女 | | 生产部 | 未处理 |
| | 504 | 陈伟 | 生产部 | 在职 | 合同工 | 男 | | 生产部 | 未处理 |
| | 505 | 杨依 | 生产部 | 在职 | 合同工 | 女 | | 生产部 | 未处理 |
| | 601 | 董乐 | 仓管部 | 在职 | 合同工 | 男 | | 仓管部 | 未处理 |

图 2-4　建立人员档案

操作要点

◆人员档案中的人员是指与企业业务活动有关的员工，如销售员、采购员、生产人员等。

◆设置人员档案前需要先设置人员所属的类别。系统预置了正式工、合同工和实习生。财务人员可以在此基础上扩充人员类别。建立好人员类别后，再建立企业的人员档案。

## 任务 3　设置收付结算的信息

企业的收付结算信息包括结算方式、结算条件、本单位开户银行等。其中结算方式设置功能用来建立和管理企业在经营过程中所涉及的各种结算方式，该功能有利于提高与银行对账的效率。结算方式设置的主要内容包括结算方式编码、结算方式名称、票据管理标志等。开户银行用于设置本企业在应收、应付款项结算过程中对应的开户银行信息，系统支持多个开户银行和账户。在应收款管理系统中录入增值税专用发票时，需要输入本单位开户银行的信息，同时在客户档案中也需要输入相应客户的开户银行和账号等信息。

### 任务描述

（1）请根据表 2-19 设置企业的结算方式。

表 2-19　结算方式

| 结算方式编码 | 结算方式名称 | 票据管理 |
|---|---|---|
| 1 | 现金结算 | 否 |
| 2 | 支票结算 | 否 |
| 201 | 现金支票 | 否 |
| 202 | 转账支票 | 否 |
| 3 | 商业汇票 | 否 |
| 4 | 电汇结算 | 否 |
| 5 | 其他 | 否 |

（2）请根据表 2-20 设置企业的付款条件。

表 2-20　付款条件

| 付款条件编码 | 付款条件名称 | 信用天数 | 优惠天数 1 | 优惠率 1 | 优惠天数 2 | 优惠率 2 | 优惠天数 3 | 优惠率 3 | 优惠天数 4 | 优惠率 4 |
|---|---|---|---|---|---|---|---|---|---|---|
| 01 | 2/10，1/20，*n*/30 | 30 | 10 | 2 | 20 | 1 | 30 | 0 | | |
| 02 | 3/10，2/30，1/60，*n*/90 | 90 | 10 | 3 | 30 | 2 | 60 | 1 | 90 | 0 |

（3）请根据表 2-21 设置企业的开户银行。

表 2-21　开户银行

| 项目 | 内容 | 项目 | 内容 |
|---|---|---|---|
| 编码 | 1 | 所属银行编码 | 01 中国工商银行 |
| 银行账号 | 622202315816 | 账户名称 | 众德实业有限公司 |
| 开户银行 | 中国工商银行楚州分行人民路分理处 | 币种 | 人民币 |

## 操作指导

### 1. 设置企业结算方式

（1）在基础设置选项卡中，选择“收付结算→结算方式”按钮，进入“结算方式”窗口。

（2）单击“增加”按钮，输入结算方式编码为“1”，结算方式名称为“现金结算”，单击“保存”按钮保存设置。

（3）按照同样的方法增加企业的其他结算方式，按照任务要求确定是否勾选“是否票据管理复选框”，全部增加完毕后，保存退出，如图 2-5 所示。

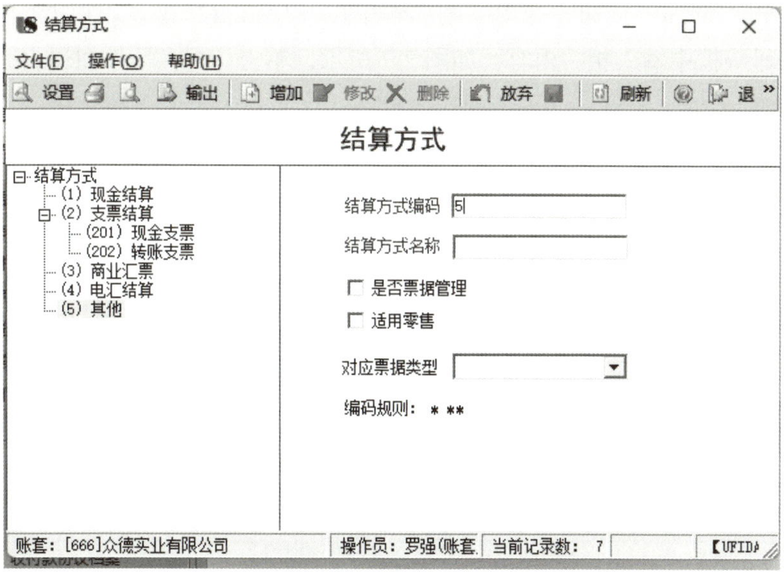


图 2-5　结算方式窗口

操作要点

◆结算方式编码必须唯一，在输入时应按照编码级次的先后顺序录入。

◆结算方式编码应符合编码规则，若建账时，编码规则建立错误，可通过修改账套的方式修改，或者在企业应用平台，通过基本信息→编码方案进行修改。

◆结算方式一旦被引用，就不能进行修改和删除操作。

◆票据管理标志是为了出纳与银行结算票据管理而设置的，类似于手工账的支票登记簿。

### 2.设置付款条件

（1）在基础设置选项卡中，选择“收付结算→付款条件”按钮，进入“付款条件”窗口。

（2）单击“增加”按钮，输入付款条件编码、信用天数、优惠天数、优惠率等信息。全部输入完毕后，保存退出，如图2-6所示。

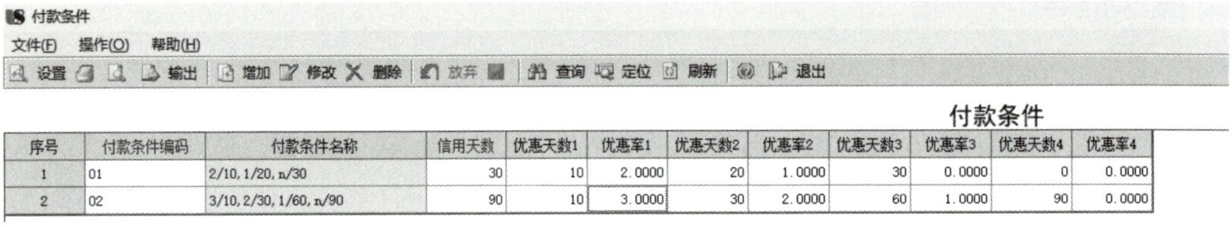


| 序号 | 付款条件编码 | 付款条件名称 | 信用天数 | 优惠天数1 | 优惠率1 | 优惠天数2 | 优惠率2 | 优惠天数3 | 优惠率3 | 优惠天数4 | 优惠率4 |
|---|---|---|---|---|---|---|---|---|---|---|---|
| 1 | 01 | 2/10,1/20,n/30 | 30 | 10 | 2.0000 | 20 | 1.0000 | 30 | 0.0000 | 0 | 0.0000 |
| 2 | 02 | 3/10,2/30,1/60,n/90 | 90 | 10 | 3.0000 | 30 | 2.0000 | 60 | 1.0000 | 90 | 0.0000 |

图2-6 付款条件窗口

### 3.设置企业开户银行

（1）在基础设置选项卡中，选择“收付结算→本单位开户银行”按钮，进入“本单位开户银行”窗口。

（2）单击“增加”按钮，弹出“增加本单位开户银行”窗口，根据任务要求在编码、银行账号等框中输入相关内容，如图2-7所示，单击“保存”按钮退出。

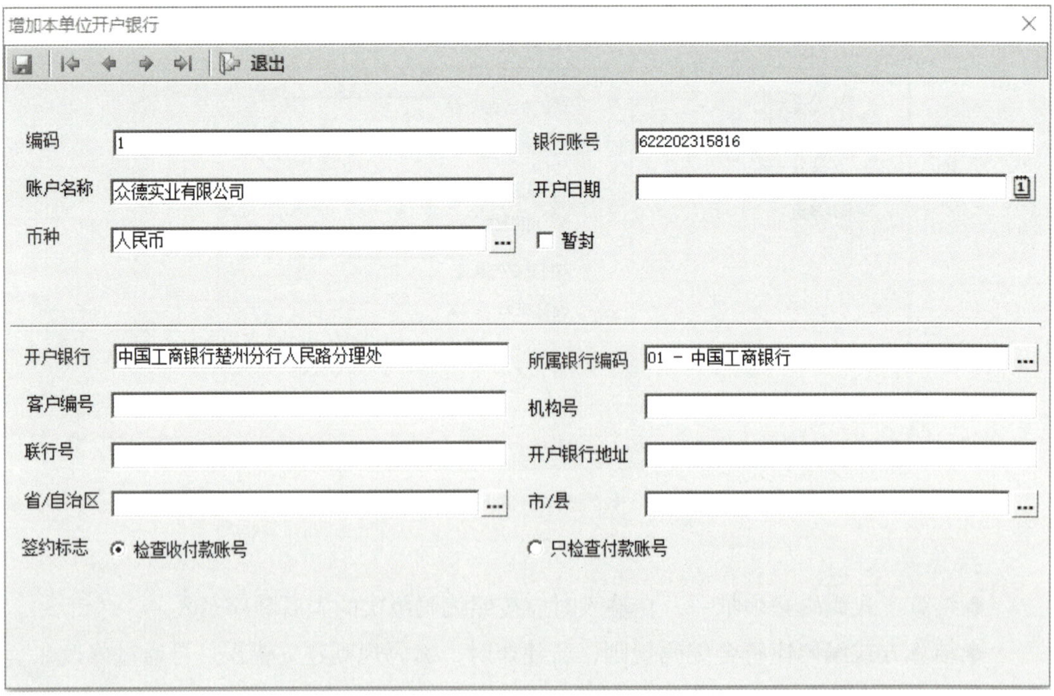


图2-7 增加本单位开户银行

操作要点

◆如果不设置开户银行，则在填制发票时，没有银行信息，无法保存。

◆如果系统没有启用应收款管理系统和应付款管理系统，则收付结算中没有本单位开户银行名称。

## 任务4　建立客户、供应商档案

建立客户、供应商档案主要是为企业的销售管理、采购管理、应收款管理和应付款管理提供服务，企业在填制销售发票、统计销售单位数据时会用到客户档案，而企业在录入采购发票、进行应付款结算和统计供货单位数据时会用到供应商档案，因此必须先设立客户、供应商档案。如果企业建立账套时选择对客户、供应商进行分类，则必须先设置客户分类、供应商分类和地区分类，然后才能建立客户和供应商档案。

### 任务描述

（1）根据表2-22建立企业的客户档案。

表2-22　客户档案

| 客户编号 | 客户简称 | 税号 | 开户银行 | 账号 | 付款条件 | 分管部门 | 专营业务员 |
|---|---|---|---|---|---|---|---|
| 0001 | 天成公司 | 587634569870 | 中国工商银行 | 622208663258 | 01 | 销售部 | 朱丹 |
| 0002 | 同达公司 | 587658900984 | 中国工商银行 | 622208116647 | 02 | 销售部 | 朱丹 |
| 0003 | 科远公司 | 102227896542 | 中国工商银行 | 622206153678 | | 销售部 | 刘倩 |
| 0004 | 鸿丰公司 | 288945659876 | 中国工商银行 | 622203477346 | | 销售部 | 刘倩 |

（2）根据表2-23建立企业的供应商档案。

表2-23　供应商档案

| 供应商编号 | 供应商简称 | 税号 | 开户银行 | 账号 | 分管部门 | 专营业务员 |
|---|---|---|---|---|---|---|
| 1001 | 中原公司 | 310303826108444 | 中国工商银行 | 622203140410 | 采购部 | 王辉 |
| 1002 | 华兴公司 | 330144826754666 | 中国工商银行 | 622203170209 | 采购部 | 吕超 |
| 1003 | 楚州自来水公司 | 330153821167888 | 中国工商银行 | 622203170205 | | |
| 1004 | 楚州电业公司 | 330103611257222 | 中国工商银行 | 622203071002 | | |

### 操作指导

#### 1. 建立企业的客户档案

（1）在基础设置选项卡中，选择“基础档案→客商信息→客户档案”按钮，即可进入“客户档案”窗口。

（2）单击“增加”按钮，打开“增加客户档案”窗口。窗口包括基本、联系、信用、其他 4 个选项卡，分别对客户的 4 类属性进行记录。在基本选项卡内，输入客户编码为“0001”，客户简称为“天成公司”，税号为“587634569870”，如图 2-8 所示。

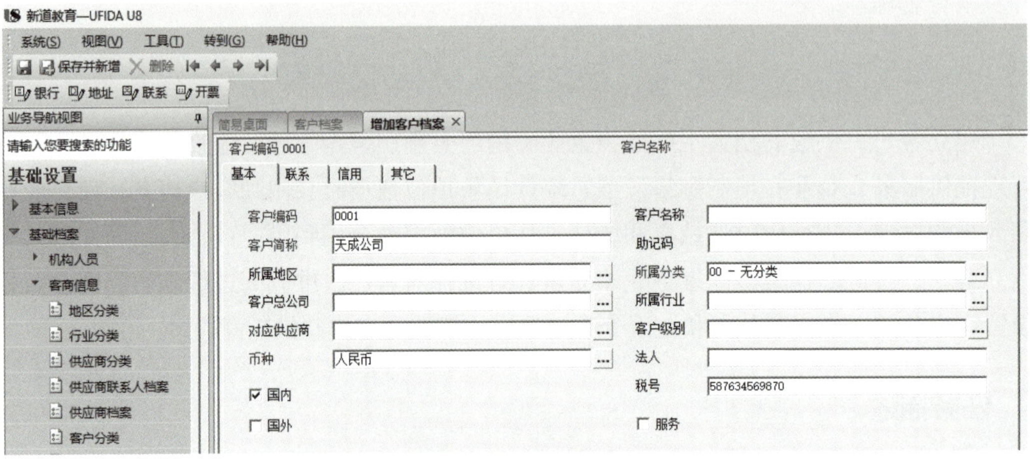


图 2-8 客户档案窗口

（3）单击联系选项卡，在分管部门、专管业务员中输入相关信息，如图 2-9 所示。

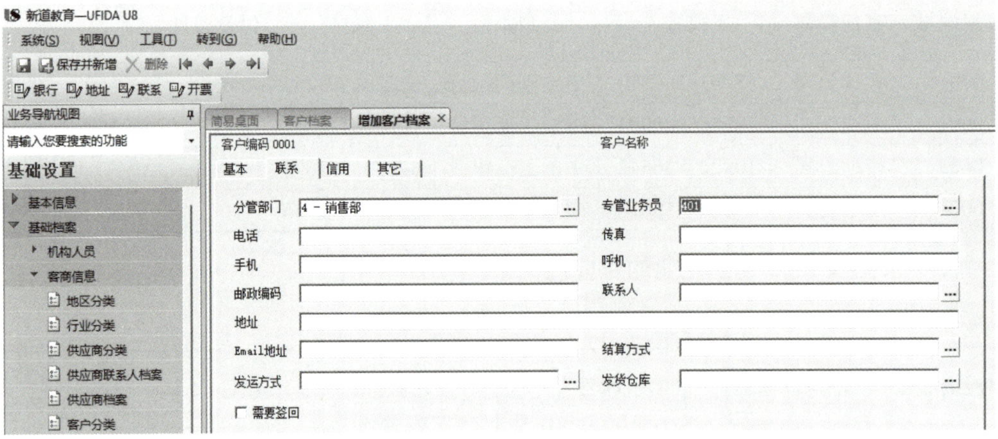


图 2-9 联系选项窗口

（4）单击信用选项卡，输入付款条件相关信息，如图 2-10 所示。

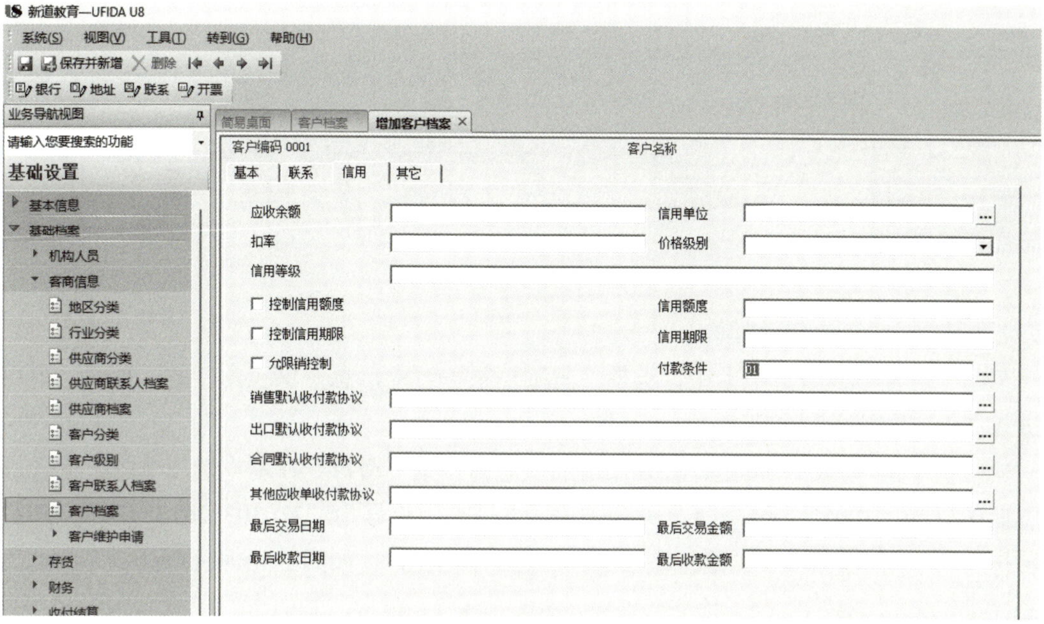


图 2-10　信用选项窗口

（5）单击上方的银行标签，弹出“客户银行档案”窗口，单击“增加”按钮，在开户所属银行中选择“中国工商银行”，在银行账号中输入“622203140410”，默认值选择“是”，如图 2-11 所示，单击“保存”按钮后退出。

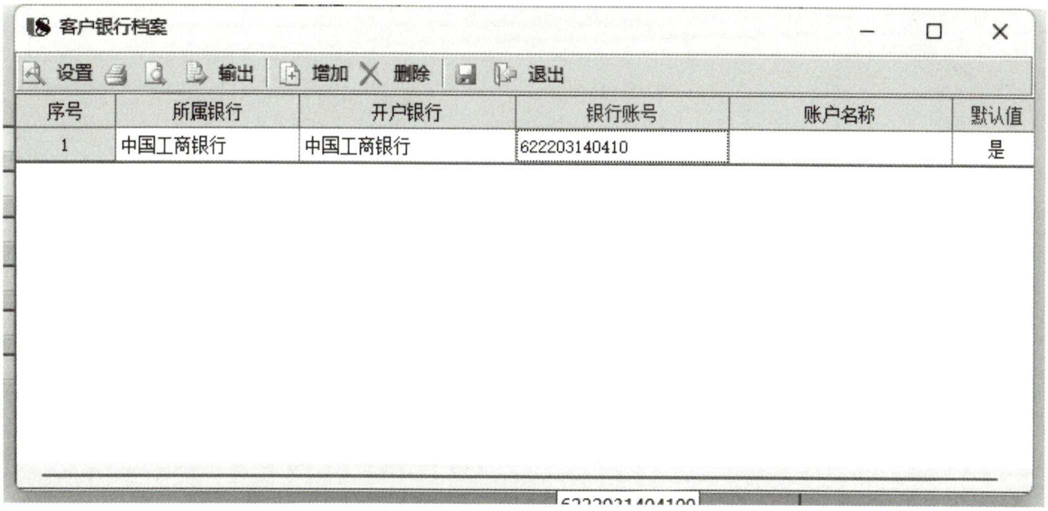


图 2-11　银行档案窗口

（6）单击“保存”按钮，再单击“增加”按钮，同理依次建立其他客户档案，建立完毕后保存，关闭退出，如图 2-12 所示。

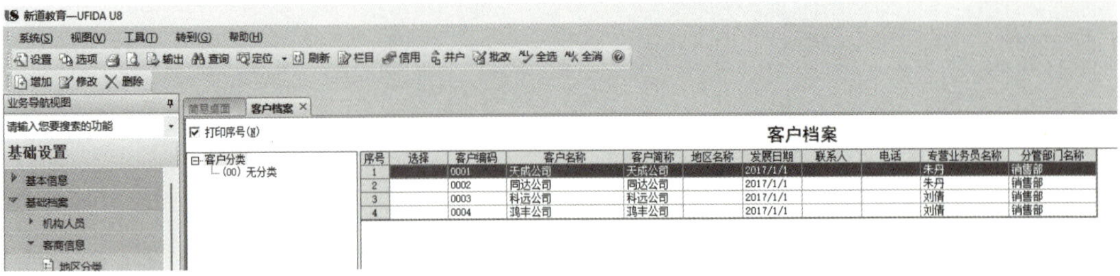


图 2-12　保存客户档案

## 2. 建立企业的供应商档案

（1）在基础设置选项卡中，选择“基础档案→客商信息→供应商档案”按钮，即可进入“供应商档案”窗口。

（2）单击“增加”按钮，打开“增加供应商档案”窗口，在基本选项卡内，输入供应商编码为“1001”，供应商简称为“中原公司”，税号为“310303826108444”，开户银行为“中国工商银行”，银行账号为“622203140410”，如图 2-13 所示。

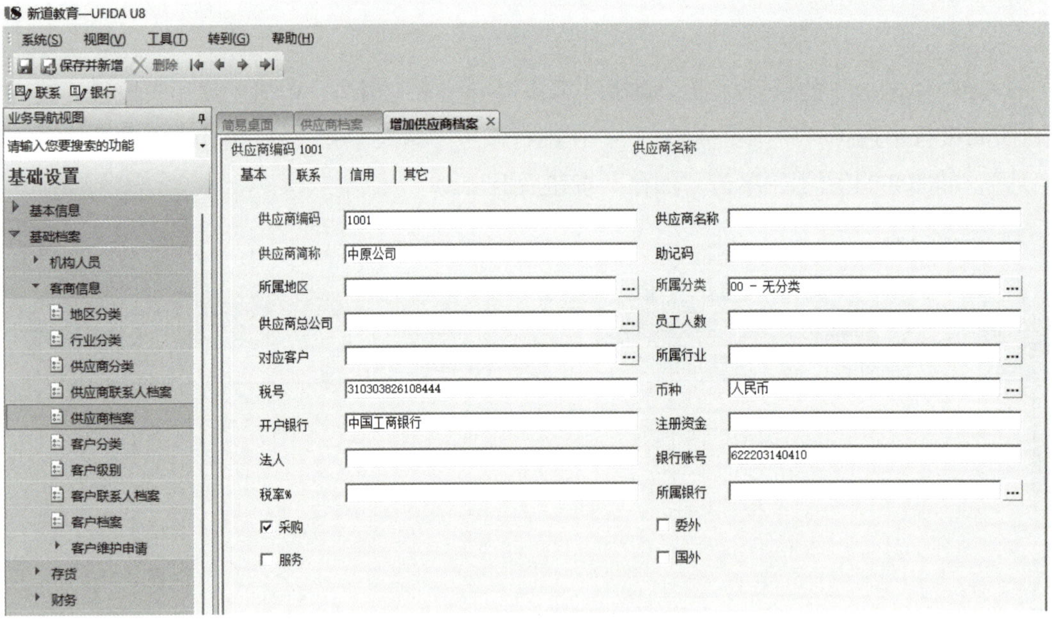


图 2-13　增加供应商档案窗口

（3）单击联系选项卡，在分管部门、专管业务员中输入相关信息，如图 2-14 所示。

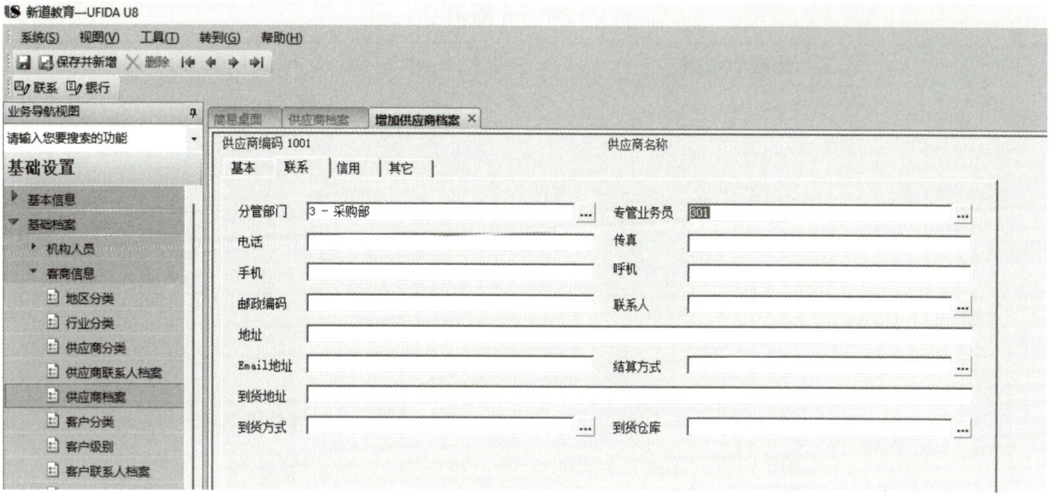


图 2-14　联系选项窗口

（4）单击“保存”按钮，再单击“增加”按钮，同理依次建立其他供应商档案，建立完毕后保存，关闭退出，如图 2-15 所示。

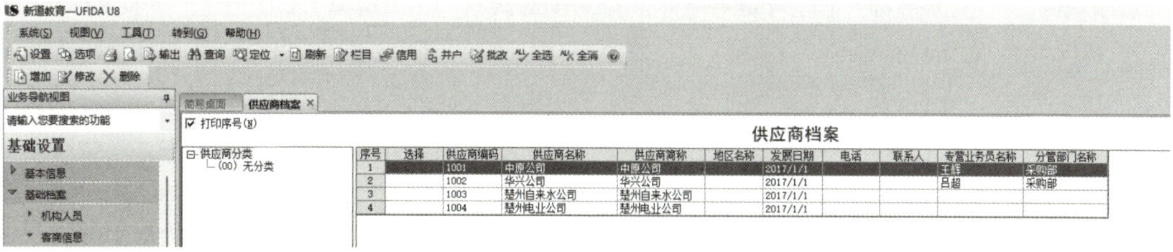


图 2-15　保存供应商档案

# 任务 5　建立企业存货档案

存货档案主要用于设置企业在生产经营中使用的各种存货信息，以便对这些存货进行资料管理、实物管理和业务数据的统计、分析。在设置存货档案前，应先设置单位，而单位的设置又包括计量单位组和单位设置两部分。计量单位组包括无换算、浮动换算和固定换算三种类别，每个计量单位组中有一个主计量单位和多个辅助计量单位，可以设置主、辅计量单位之间的换算率，还可以设置采购、销售、库存和成本系统默认的计量单位。

## 任务描述

根据表 2-24、表 2-25、表 2-26 所示信息建立企业的存货档案。

表 2-24　计量单位

| 计量单位组 | | | 计量单位 | |
|---|---|---|---|---|
| | | | 编码 | 名称 |
| 01 | 自然单位 | 无换算率 | 01 | 吨 |
| | | | 02 | 件 |
| | | | 03 | 度 |
| | | | 04 | 元 |

注：1 度 =1 千瓦时。

表 2-25　存货分类

| 存货分类编码 | 存货分类名称 |
|---|---|
| 01 | 原材料 |
| 02 | 产成品 |
| 03 | 应税劳务 |

表 2-26　存货档案

| 存货编码 | 存货名称 | 计量单位 | 存货分类 | 税率 /% | 存货属性 |
|---|---|---|---|---|---|
| 101 | A 材料 | 吨 | 01 | 17 | 外购、生产耗用 |
| 102 | B 材料 | 吨 | 01 | 17 | 外购、生产耗用 |
| 103 | C 材料 | 吨 | 01 | 17 | 外购、生产耗用 |
| 104 | D 材料 | 吨 | 01 | 17 | 外购、生产耗用 |
| 201 | 甲产品 | 件 | 02 | 17 | 自制、内销 |
| 202 | 乙产品 | 件 | 02 | 17 | 自制、内销 |
| 301 | 运输费 | 元 | 03 | 11 | 外购、应税劳务 |
| 302 | 水费 | 元 / 吨 | 03 | 13 | 外购、应税劳务 |
| 303 | 电费 | 元 / 度 | 03 | 17 | 外购、应税劳务 |

## 操作指导

### 设置计量单位

（1）在基础设置选项卡中，选择“基础档案→存货→计量单位”按钮，打开“计量单位→计量单位组”窗口。

（2）单击工具栏的“分组”按钮，弹出“计量单位组”窗口，单击“增加”按钮，输入计量单位组编码为“01”，输入计量单位组名称为“自然单位”，计量单位组类别选择“无换算率”，单击“保存”按钮，如图 2-16 所示。

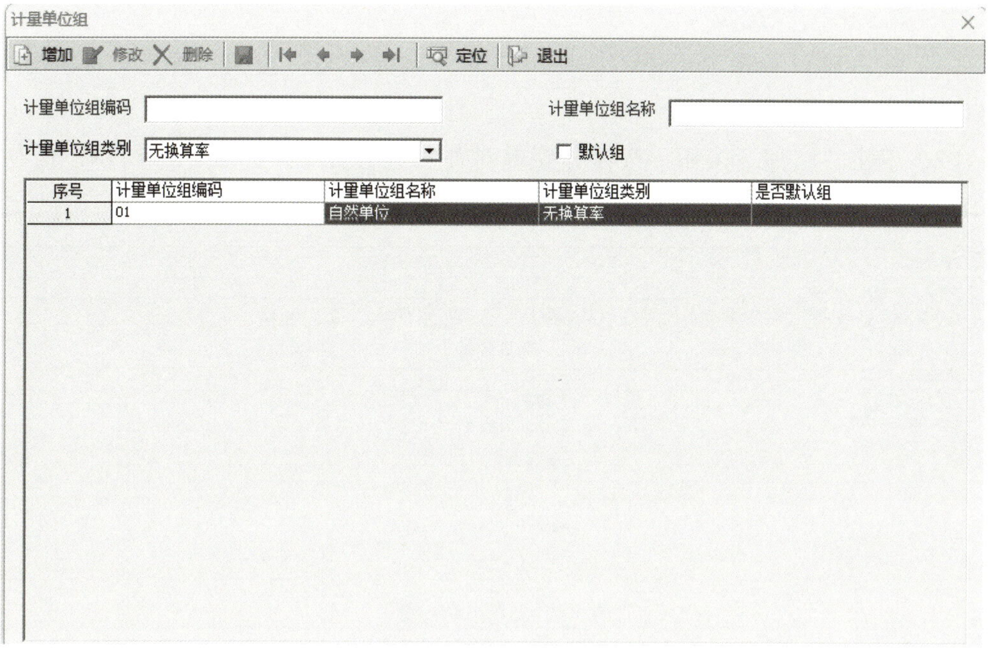


图 2-16　计量单位组窗口

（3）单击工具栏中的“单位”按钮，弹出“计量单位”窗口，单击“增加”按钮，在计量单位编码、计量单位名称中输入相关信息，单击“保存”按钮，如图 2-17 所示。

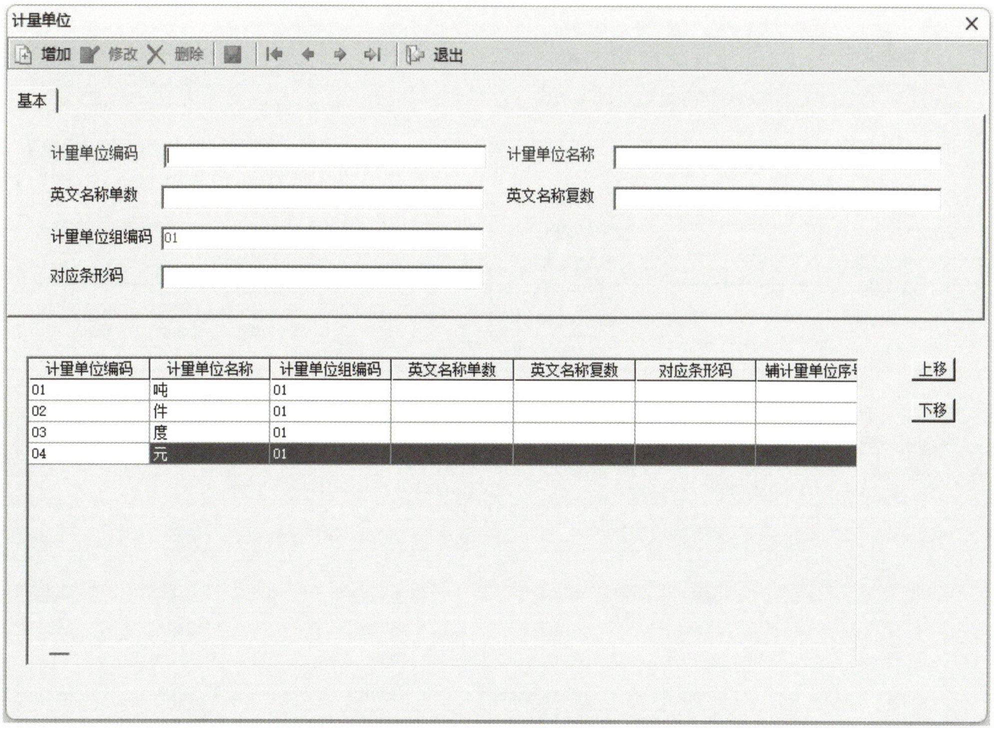


图 2-17　计量单位窗口

## 2.设置本单位存货档案

（1）在基础设置选项卡中，选择“存货→存货分类”按钮，进入“存货分类”窗口。

（2）单击“增加”按钮，按任务要求对存货进行分类，如图2-18所示，保存后退出。

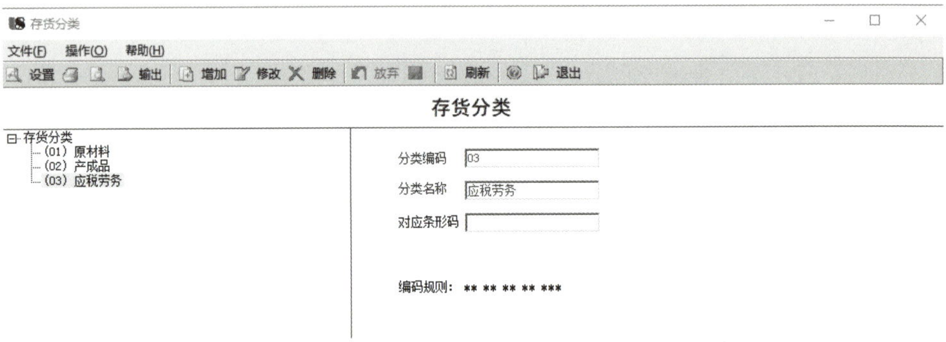


图2-18　存货分类窗口

（3）选择“存货→存货档案”按钮，进入“存货档案”窗口，单击“增加”按钮，弹出“增加存货档案”窗口，根据任务要求，在存货编码、存货分类、计量单位组等框中输入相关信息，存货属性勾选“内销”“外销”“外购”“生产耗用”，如图2-19所示。

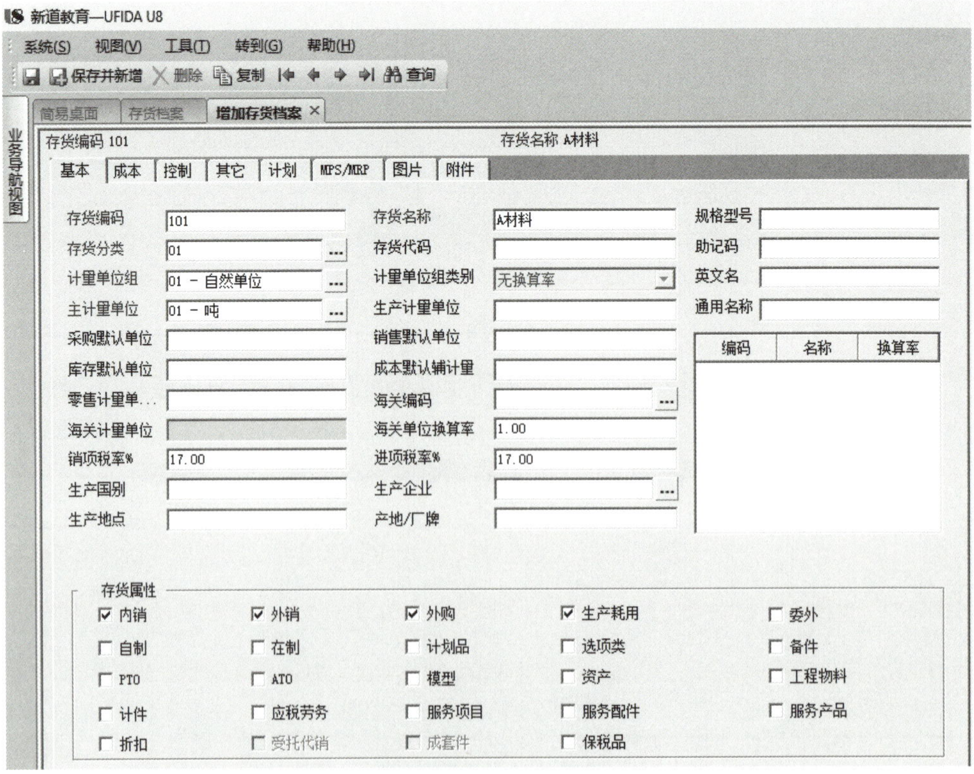


图2-19　增加存货档案窗口

操作要点

◆如果企业没有启用应收、应付款管理系统，无须填制发票，则不用设置存货档案。

◆每种存货都有自己的属性，如果属性选择错误，则后期开具发票时可能无法参照。例如，没有选择存货的外购属性，在应付款管理系统中录入采购发票时，则无法参照该存货，因此在选择存货属性时应认真谨慎。

◆注意运输费的进项税率和销项税率均为 11%。

◆建立账套时，只有选择了商业核算类型，并且在采购管理和库存管理选项中设置了有委托代销业务，存货属性的受托代销才能被勾选，否则就是灰色的。

（4）填制完毕后，单击工具栏中的“保存”按钮，再单击“增加”按钮，继续增加其他存货，存货全部增加完毕后退出，如图 2-20 所示。

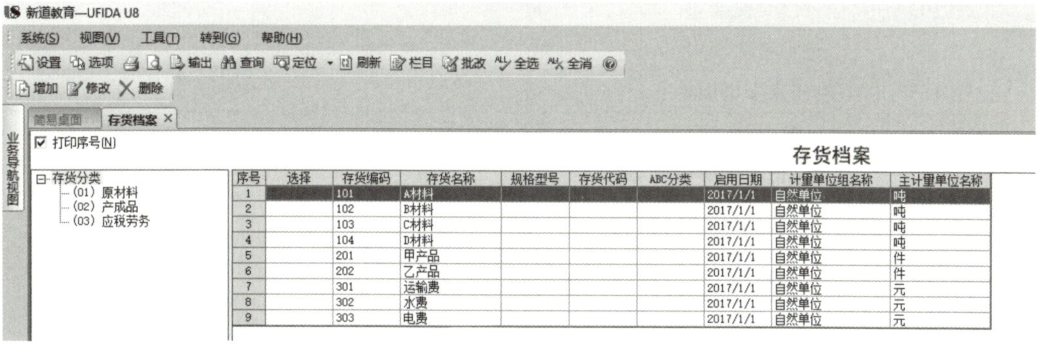


图 2-20　保存存货档案

## 任务 6　设置企业财务信息

企业的财务信息包括会计科目、凭证类别、外币及汇率、项目目录等，企业在开展日常工作之前，需要根据企业实际工作的需要对财务信息加以设置。

### 任务描述

（1）请根据表 2-27、表 2-28 所给信息，进行会计科目的增加、修改、制定操作。将 1001 指定给现金科目，将 1002 指定给银行科目。

（2）企业的会计凭证为记账凭证，进行会计凭证类别设置。

（3）根据表 2-29 所提供的信息，进行项目档案的设置。

表 2-27　新增会计科目

| 科目编码 | 科目名称 | 余额方向 | 辅助核算 | 受控系统 |
| --- | --- | --- | --- | --- |
| 100201 | 工行 | 借 | 日记账、银行账 | |
| 122101 | 应收个人款 | 借 | 个人往来 | |
| 122102 | 应收单位款 | 借 | 客户往来 | |
| 220201 | 一般应付账款 | 贷 | 供应商往来 | 应付系统 |
| 220202 | 暂估应付账款 | 贷 | 供应商往来 | |
| 221101 | 工资 | 贷 | | |
| 221102 | 五险一金 | 贷 | | |
| 222101 | 应交增值税 | 贷 | | |
| 22210101 | 进项税额 | 贷 | | |
| 22210102 | 销项税额 | 贷 | | |
| 22210103 | 已交税金 | 贷 | | |
| 22210104 | 进项税额转出 | 贷 | | |
| 22210105 | 转出未交增值税 | 贷 | | |
| 222102 | 未交增值税 | 贷 | | |
| 222103 | 应交城市维护建设税 | 贷 | | |
| 222104 | 应交教育费附加 | 贷 | | |
| 222105 | 应交个人所得税 | 贷 | | |
| 222106 | 应交企业所得税 | 贷 | | |
| 410415 | 未分配利润 | 贷 | | |
| 500101 | 直接材料 | 借 | 项目核算 | |
| 500102 | 直接人工 | 借 | 项目核算 | |
| 500103 | 制造费用 | 借 | 项目核算 | |
| 510101 | 职工薪酬 | 借 | | |
| 510102 | 水电费 | 借 | | |
| 510103 | 折旧费 | 借 | | |
| 510104 | 五险一金 | 借 | | |
| 510105 | 修理费 | 借 | | |
| 660101 | 职工薪酬 | 借 | | |
| 660102 | 水电费 | 借 | | |
| 660103 | 折旧费 | 借 | | |
| 660104 | 五险一金 | 借 | | |
| 660105 | 广告费 | 借 | | |
| 660106 | 差旅费 | 借 | | |
| 660201 | 职工薪酬 | 借 | | |
| 660202 | 水电费 | 借 | | |
| 660203 | 折旧费 | 借 | | |

续表

| 科目编码 | 科目名称 | 余额方向 | 辅助核算 | 受控系统 |
|---|---|---|---|---|
| 660204 | 五险一金 | 借 | | |
| 660205 | 业务招待费 | 借 | | |
| 660206 | 办公费 | 借 | | |
| 660207 | 其他费用 | 借 | | |

表 2-28　修改会计科目表

| 科目编码 | 科目名称 | 辅助核算 | 受控系统 |
|---|---|---|---|
| 1121 | 应收票据 | 客户往来 | 应收系统 |
| 1122 | 应收账款 | 客户往来 | 应收系统 |
| 1123 | 预付账款 | 供应商往来 | 应付系统 |
| 1403 | 原材料 | | 存货核算系统 |
| 1405 | 库存商品 | | 存货核算系统 |
| 2201 | 应付票据 | 供应商往来 | 应付系统 |
| 2203 | 预收账款 | 客户往来 | 应收系统 |
| 6403 | 税金及附加 | | |

表 2-29　项目目录

| 项目大类 | 核算科目 | 项目分类 | 项目名称 |
|---|---|---|---|
| 生产成本 | 直接材料（500101）<br>直接人工（500102）<br>制造费用（500103） | 1 产品制造 | 101 甲产品<br>102 乙产品 |

## 操作指导

### 1. 设置会计科目

（1）以 201 账套主管罗强的身份登录企业应用平台，登录时间为“2017-01-01”。

（2）在基础设置选项卡中，选择“基础档案→财务→会计科目”按钮，打开“会计科目”窗口。

（3）单击“增加”按钮，打开“新增会计科目”窗口，输入科目编码为“100201”，科目名称为“工行”，并勾选“日记账”“银行账”，如图 2-21 所示。单击“确定”按钮保存。

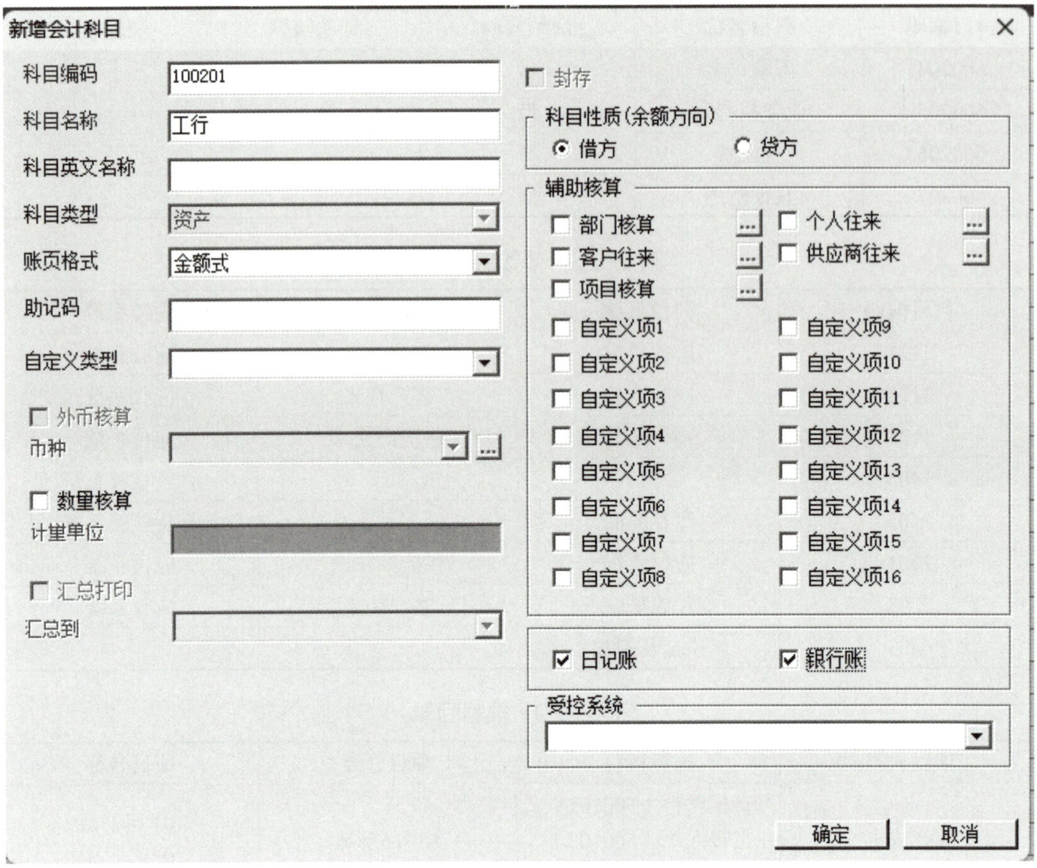


图 2-21　新增会计科目窗口

（4）按表提供的资料增加其他明细会计科目。

（5）若不同科目下有相同的明细科目，可以使用成批复制的方法，在会计科目窗口中，执行编辑→成批复制命令。

（6）在会计科目窗口中选择“1121 应收票据”科目，单击工具栏上的“修改”按钮，或双击该科目，打开“会计科目→修改”对话框，单击“修改”按钮，进入修改状态，勾选“客户往来”辅助核算选项，受控系统选择“应收系统”，单击“确定”按钮，如图 2-22 所示。

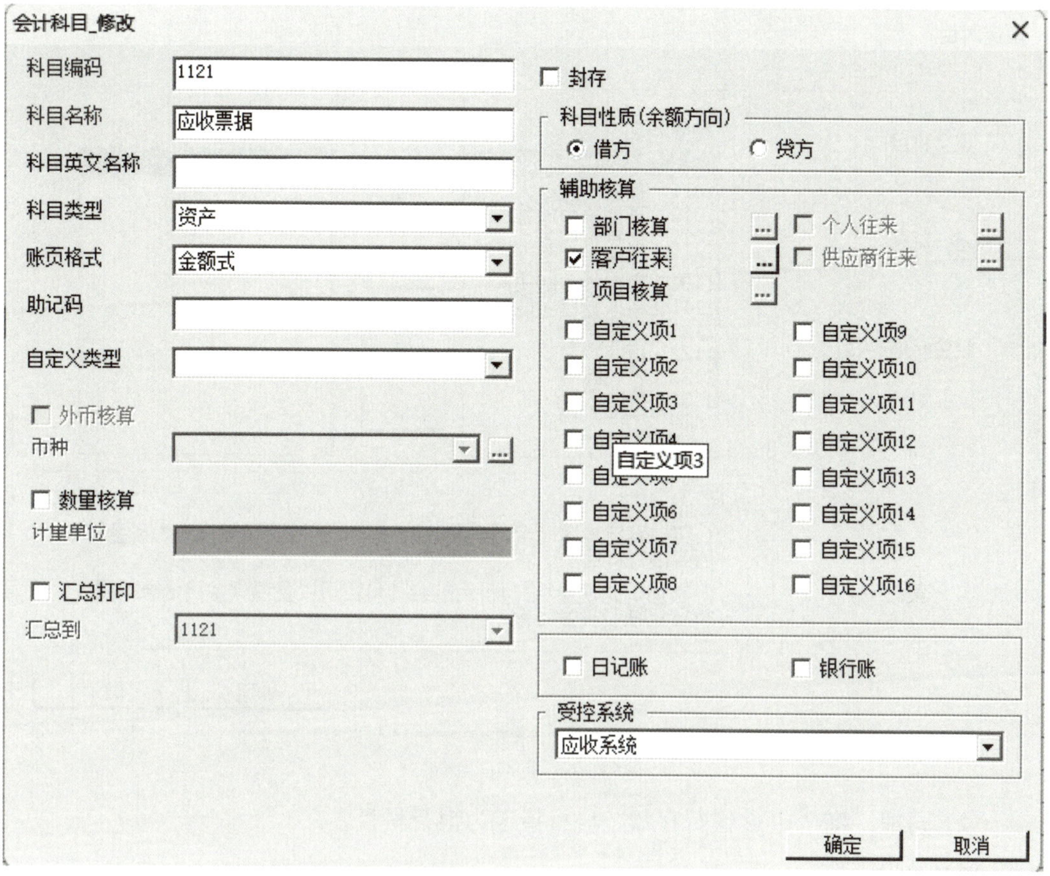


图 2-22　会计科目 _ 修改窗口

（7）同理完成其他会计科目的属性修改。

（8）在会计科目窗口中，选择“编辑→指定科目”按钮，打开“指定科目”对话框，单击“现金科目”单选按钮，在待选科目框中选择“1001 库存现金”科目，单击“>”按钮或双击该科目，将“1001 库存现金”科目添加到已选科目框中，并单击“确定”按钮保存，如图 2-23 所示。

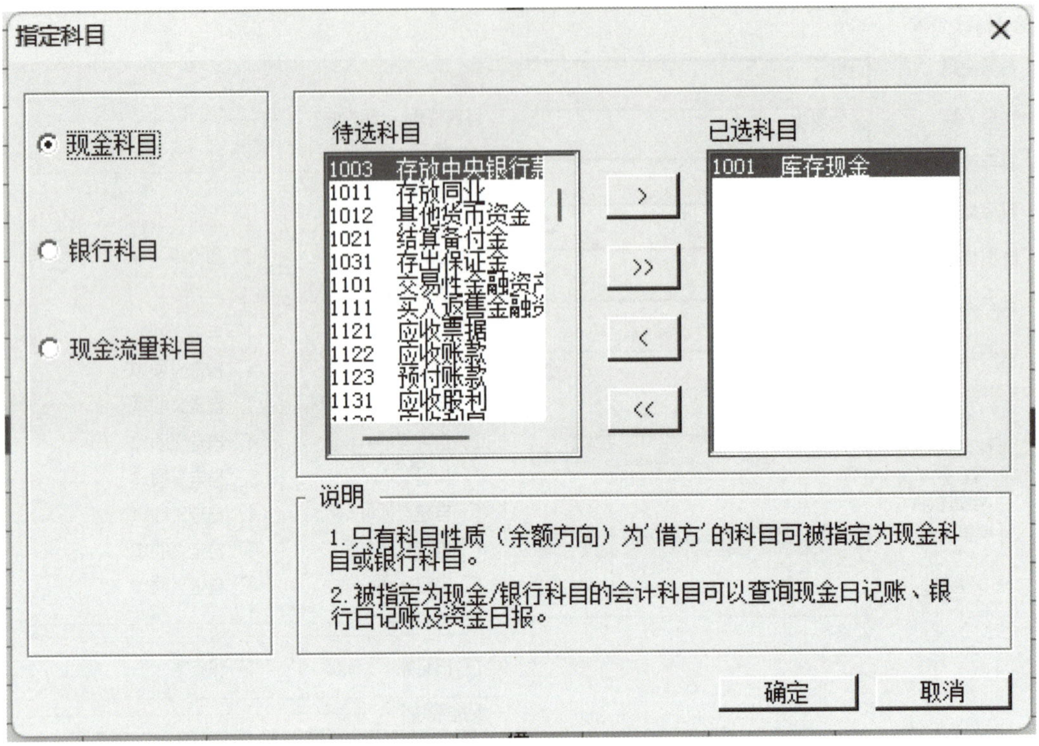


图 2-23　指定科目窗口

（9）同理，将“1002 银行存款”科目指定为银行科目。

操作要点

◆若建账时选择了行业性质及按行业性质预置会计科目，系统则提供与之对应的会计科目表，但企业还应结合自身管理需要进行增加明细科目、设置辅助核算类型等操作。

◆会计科目的编码必须唯一，不能重复。

◆增加会计科目时，要遵循先建上级再建下级的原则。

◆外币核算用于设定是否有外币核算的科目，一个科目只能核算一种外币。

◆数量核算用于设定是否有数量核算的核算科目。

◆没有会计科目设置权限的用户只能浏览会计科目，不能进行修改。

◆如果会计科目已录入余额，则应先清除余额再进行修改。

### 2.设置凭证类别

（1）以 201 账套主管罗强的身份登录企业应用平台，登录时间为“2017-01-01”。

（2）在基础设置选项卡中，选择“基础档案→财务→凭证类别”按钮，打开“凭证类别预置”窗口，选中“记账凭证”单选按钮，并单击“确定”按钮进入凭证类别对话框，如图 2-24 所示。

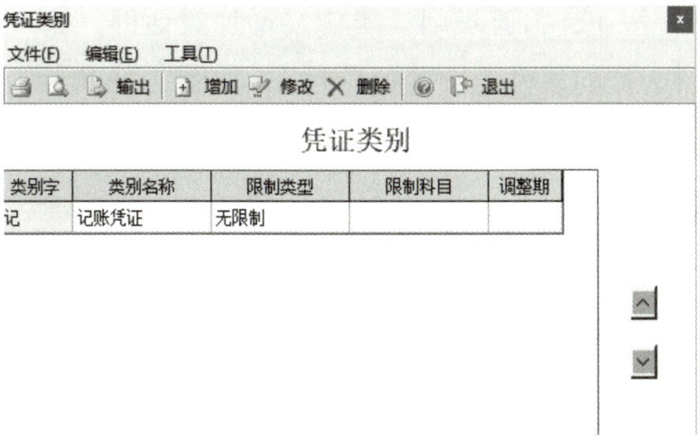


图 2-24　凭证类别窗口

（3）单击“退出”按钮。

操作要点

◆已使用的凭证类别不能删除，也不能修改类别字。

◆若选择“有科目限制”，即限制类型不是无限制，则至少要输入一个限制科目。若限制类型选择“无限制”，则不能输入限制科目。

◆若限制科目为非末级科目，则在制单时，其所有下级科目都将受到同样的限制。

### 3. 设置项目目录

（1）以 201账套主管罗强的身份登录企业应用平台，登录时间为“2017-01-01”。

（2）在基础设置选项卡中，选择“基础档案→财务→项目目录”按钮，打开“项目档案”窗口，如图 2-25 所示。

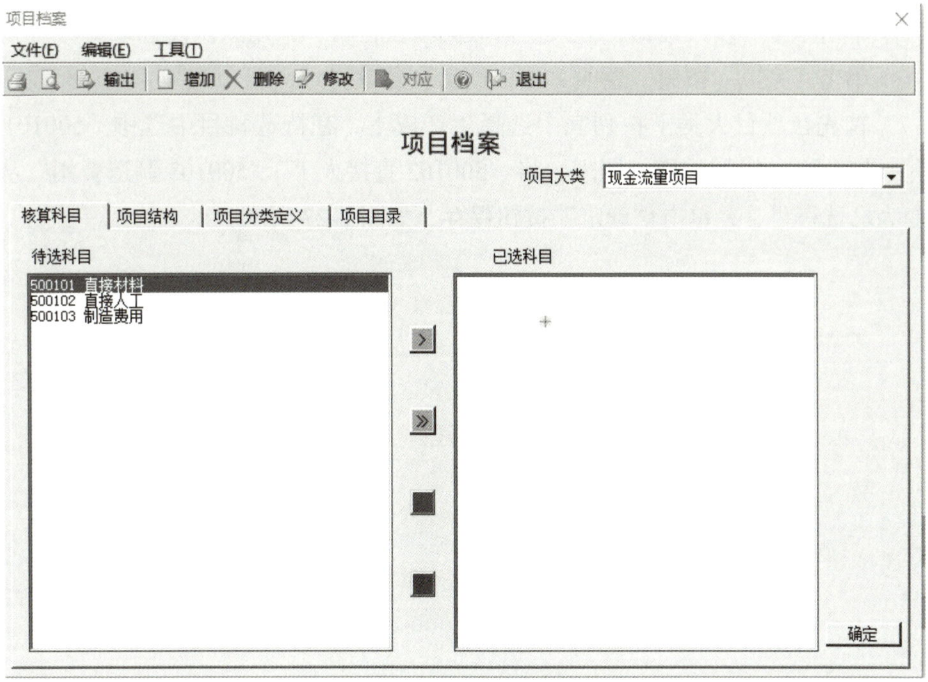


图 2-25　项目档案窗口

（3）单击“增加”按钮，打开项目大类定义增加对话框，输入项目大类名称为“生产成本”，选择新项目大类的属性为“普通项目”，如图 2-26 所示。

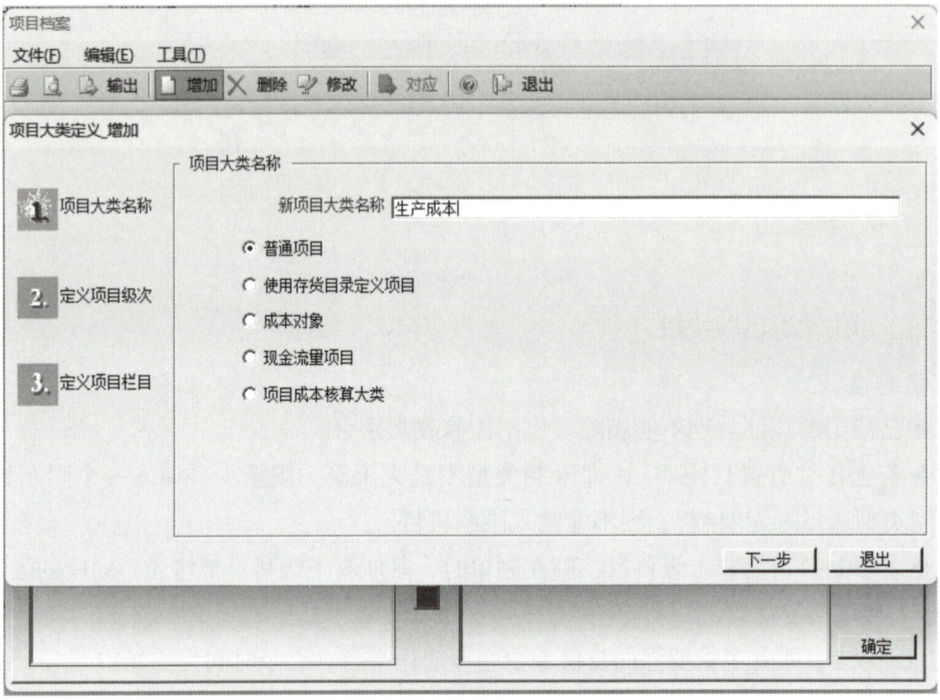


图 2-26 项目大类定义 _ 增加窗口

（4）单击“下一步”按钮，输入要定义的项目级次，本任务中采用默认设置。

（5）单击“下一步”按钮，输入要修改的项目栏目，采用默认设置。

（6）单击“完成”按钮，返回“项目档案”窗口。

（7）首先在项目大类下拉列表中选择生产成本，在待选科目中选中“500101 直接材料”，然后单击“>”按钮。同理，将“500102 直接人工”“500103 制造费用”从待选科目变为已选科目，并单击“确定”按钮保存，如图 2-27 所示。

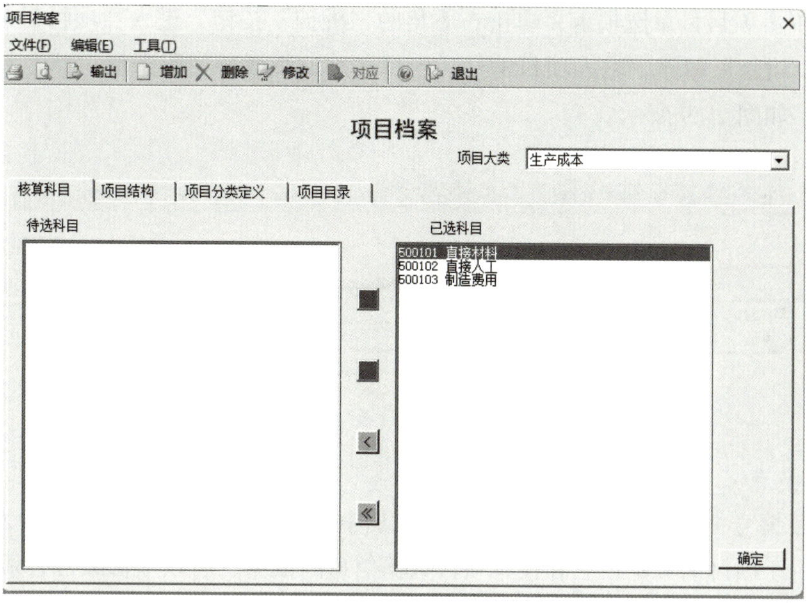


图 2-27　项目大类＿生产成本窗口

操作要点

◆一个项目大类可以指定多个科目，一个科目只能指定一个项目大类。

◆只有在会计科目设置中设置项目辅助核算属性的科目才能作为项目大类核算科目，例如对产成品、生产成本、商品采购、库存商品、在建工程、科研课题、科研成本等科目设置项目辅助核算。

（8）单击项目分类定义选项卡，单击“增加”按钮，根据表 2-29 所给资料输入分类编码和分类名称，单击“确定”按钮保存，如图 2-28 所示。

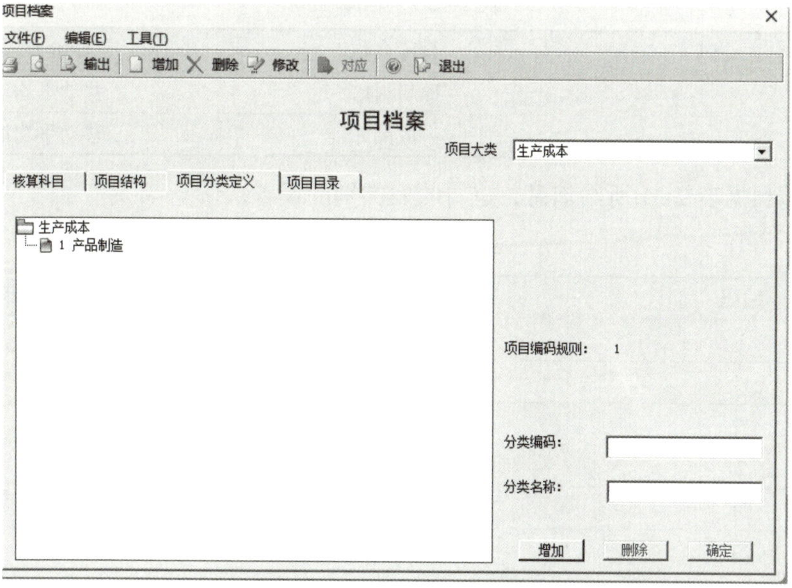


图 2-28　项目分类定义选项窗口

（9）单击项目目录选项卡，单击右下角的“维护”按钮，进入“项目目录维护”窗口，单击“增加”按钮，输入项目编号、项目名称，所属分类码选择“1”，完成后直接退出即可，如图 2-29 所示。

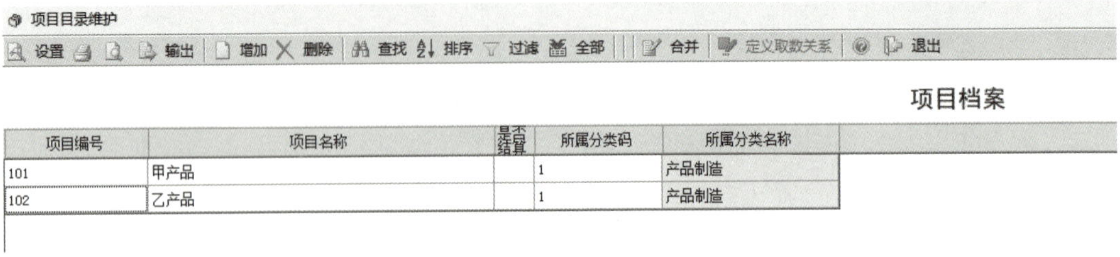


图 2-29　项目目录维护窗口

操作要点

◆项目编号由用户自由输入，根据项目结构中设置的输入类型和长度录入合法的项目编号。由于项目编号是录入和核算项目数据信息的依据，所以项目编号必须是唯一。

◆可以根据项目结构中设置的输入类型和长度录入项目名称，项目名称可以重复。

◆若项目已经结算，则可双击是否结算栏，设置已结算标志。

◆选择项目所属分类码，不同的项目可使用相同的所属分类码。

## 任务 7　设置企业业务信息

### 任务描述

（1）请根据表 2-30 所给信息，建立仓库档案。

表 2-30　仓库档案

| 仓库编码 | 仓库名称 | 计价方式 |
|---|---|---|
| 1 | 原材料库 | 移动平均法 |
| 2 | 产成品库 | 移动平均法 |

（2）请根据表 2-31 所给信息，进行收发类别的设置。

表 2-31　收发类别

| 编码 | 名称 | 收发标志 |
|---|---|---|
| 1 | 入库 | 收 |
| 11 | 采购入库 | 收 |
| 12 | 产成品入库 | 收 |
| 2 | 出库 | 发 |
| 21 | 销售出库 | 发 |
| 22 | 生产领用出库 | 发 |

（3）请根据表 2-32 所给的信息，进行采购类型的设置。

表 2-32　采购类型

| 采购类型编码 | 采购类型名称 | 入库类别 | 是否默认值 |
|---|---|---|---|
| 01 | 普通采购 | 采购入库 | 是 |

（4）请根据表 2-33 所给的信息，进行销售类型的设置。

表 2-33　销售类型

| 销售类型编码 | 销售类型名称 | 销售出库 | 是否默认值 |
|---|---|---|---|
| 01 | 普通销售 | 销售出库 | 是 |

## 操作指导

### 1. 建立仓库档案

（1）以 201 账套主管罗强的身份登录企业应用平台，登录时间为“2017-01-01”。

（2）在基础设置选项卡中，选择“基础档案→业务→仓库档案”按钮，即进入“仓库档案”窗口。单击“增加”按钮，填写“1”的档案结果，如图 2-30 所示。

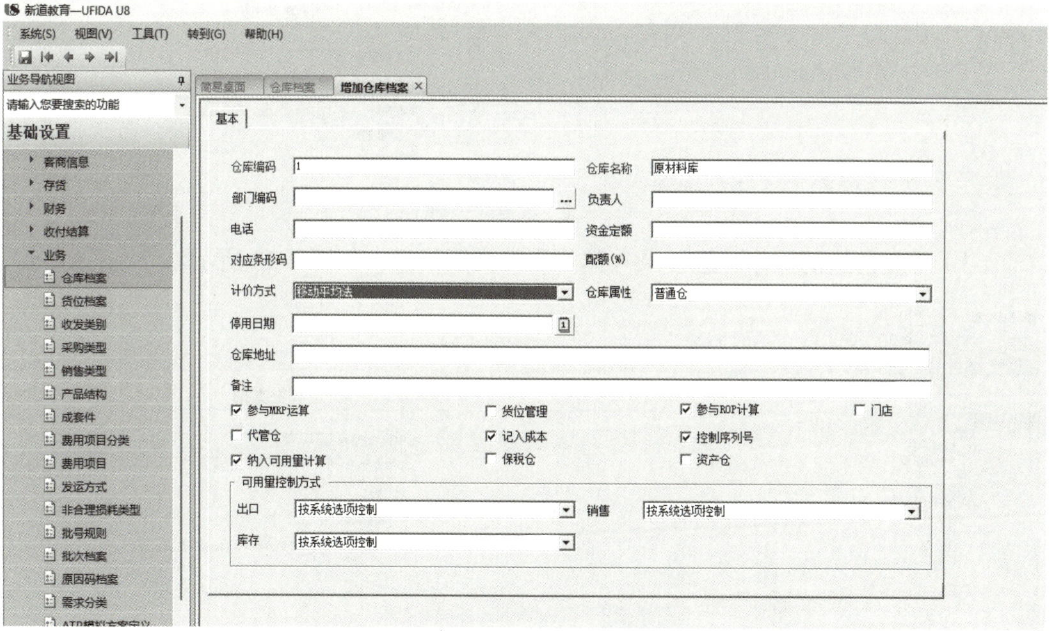


图 2-30　增加仓库档案窗口

（3）重复前边的操作继续录入其他仓库档案，系统显示已录入的仓库档案，如图 2-31 所示。

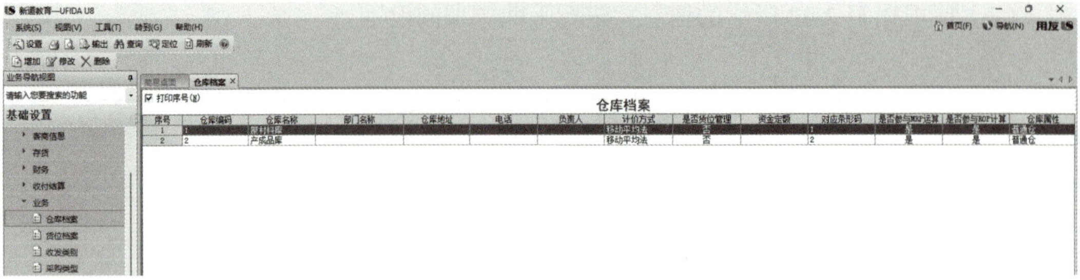


图 2-31　仓库档案窗口

操作要点

◆仓库的计价方式将对存货成本产生影响。

## 2. 设置收发类别

（1）以 201 账套主管罗强的身份登录企业应用平台，登录时间为“2017-01-01”。

（2）在基础设置选项卡中，选择“基础档案→业务→收发类别”按钮，即进入“收发类别”窗口。单击“增加”按钮，填写“1”的档案结果，如图 2-32 所示。

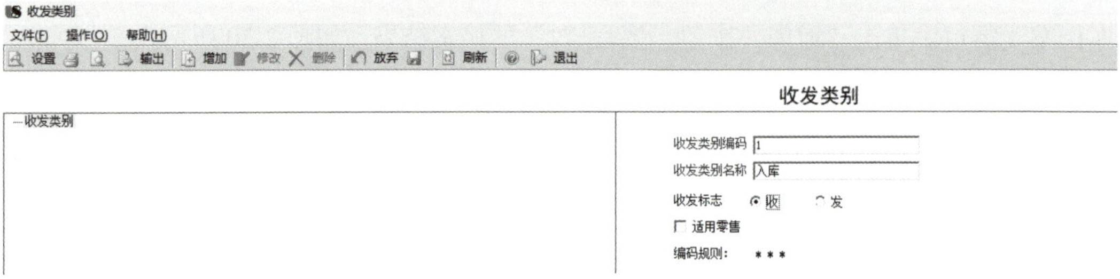


图 2-32　收发类别窗口

（3）重复前边的操作，继续录入其他收发类别信息，如图 2-33 所示。

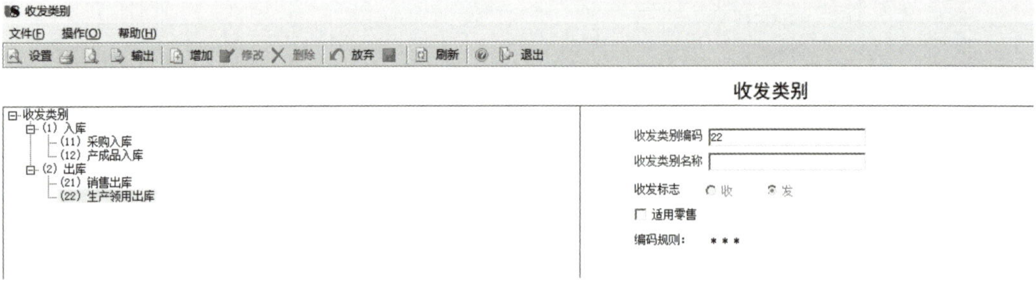


图 2-33　录入其他收发类别信息

## 3. 设置采购类型

（1）以 201 账套主管罗强的身份登录企业应用平台，登录时间为“2017-01-01”。

（2）在基础设置选项卡中，选择“基础档案→业务→采购类型”按钮，即可进入“采购类型”窗口。单击“增加”按钮，填写“01”的档案结果，如图 2-34 所示。

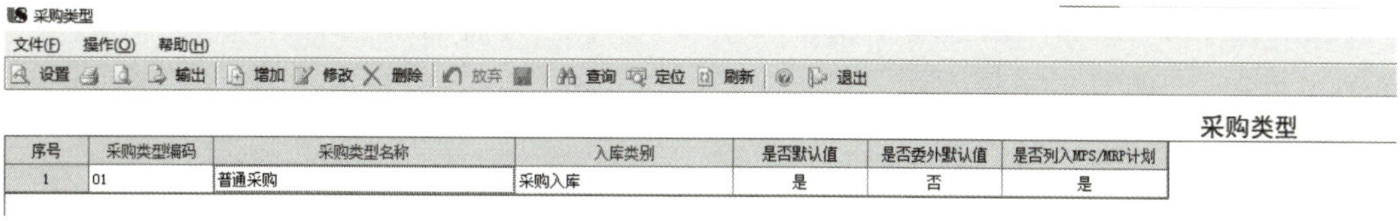


| 序号 | 采购类型编码 | 采购类型名称 | 入库类别 | 是否默认值 | 是否委外默认值 | 是否列入MPS/MRP计划 |
|---|---|---|---|---|---|---|
| 1 | 01 | 普通采购 | 采购入库 | 是 | 否 | 是 |

图 2-34　采购类型窗口

### 4. 设置采购类型

（1）以 201 账套主管罗强的身份登录企业应用平台，登录时间为“2017-01-01”。

（2）在基础设置选项卡中，选择“基础档案→业务→销售类型”按钮，即进入“销售类型”窗口。单击“增加”按钮，填写“01”的档案结果，如图 2-35 所示。

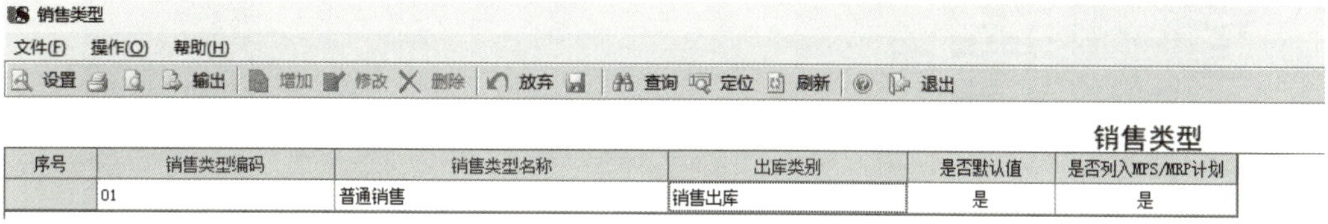


| 序号 | 销售类型编码 | 销售类型名称 | 出库类别 | 是否默认值 | 是否列入MPS/MRP计划 |
|---|---|---|---|---|---|
| | 01 | 普通销售 | 销售出库 | 是 | 是 |

图 2-35　销售类型窗口

## 任务 8　设置单据格式与单据编号

企业应用平台提供单据设置功能，该功能包括单据格式设置、单据编号设置和单据打印控制三部分，可以实现对各系统主要单据的屏幕显示界面进行打印格式、编号的设置。在实际工作中，企业可根据业务的需要，对各类专业发票、普通发票、应收单、结算单进行设置。

### 任务描述

（1）单据格式设置。

“采购入库单”单据格式的采购类型、入库类别设为必输项；“产成品入库单”单据格式的入库类别设为必输项；“销售出库单”单据格式的出库类别设为必输项；“材料出库单”单据格式的出库类别设为必输项。

（2）单据编号设置。

设置销售专用发票、销售普通发票、采购专用发票、运费发票的发票号为完全手工编号。

### 操作指导

#### 1. 单据格式设置

（1）以 201 账套主管罗强的身份登录企业应用平台，登录时间为“2017-01-01”。

（2）在基础设置选项卡中，选择“单据设置→单据格式设置”按钮，打开“单据格式设置”窗口，在窗口左边U8单据目录分类下选择“库存管理→采购入库单→显示→采购入库单”，如图2-36所示。

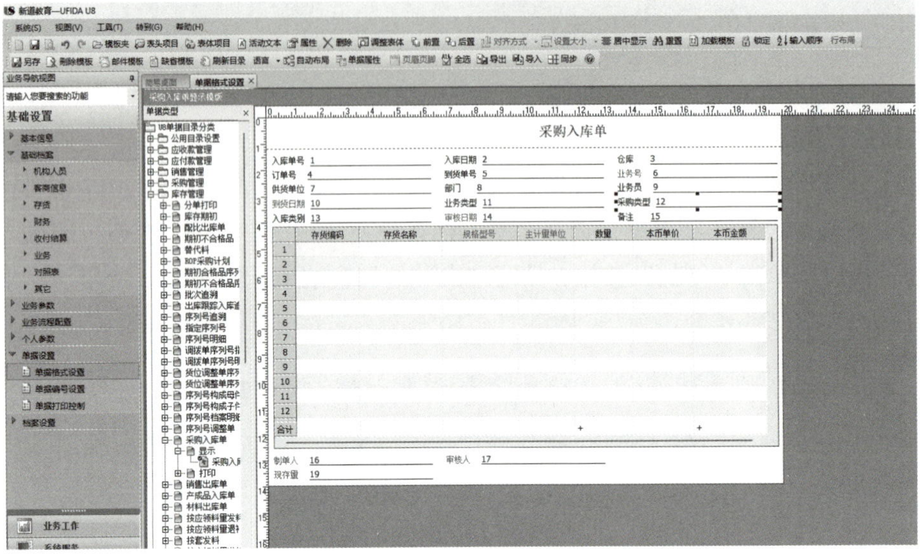

图2-36　单据格式设置窗口

（3）单击上方工具栏中的表头项目，弹出“表头”窗口，在项目名称下勾选“采购类型”，同时勾选“必输”复选框，如图2-37所示，再单击“确定”按钮。

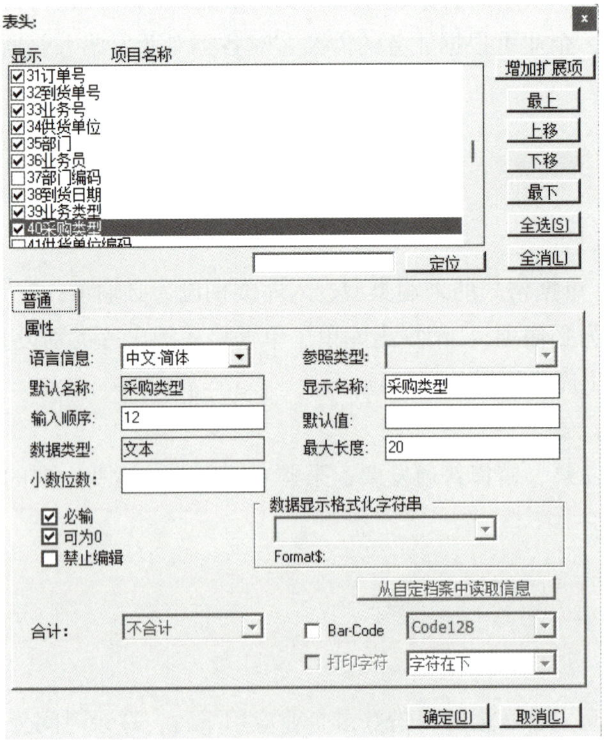


图2-37　表头窗口

（4）同理设置“产成品入库单”“销售出库单”“材料出库单”单据的格式。

操作要点

◆若打开单据格式设置后，窗口左边不显示U8单据分类，则可单击工具栏中的模板夹，使之呈现。

### 2.单据编号设置

（1）在基础设置选项卡中，选择“单据设置→单据编号设置”按钮，进入“单据编号设置”窗口。

（2）单击左侧的“销售管理→销售专用发票”，单击“修改”按钮，选中“完全手工编号”，如图2-38所示，单击“保存”按钮。

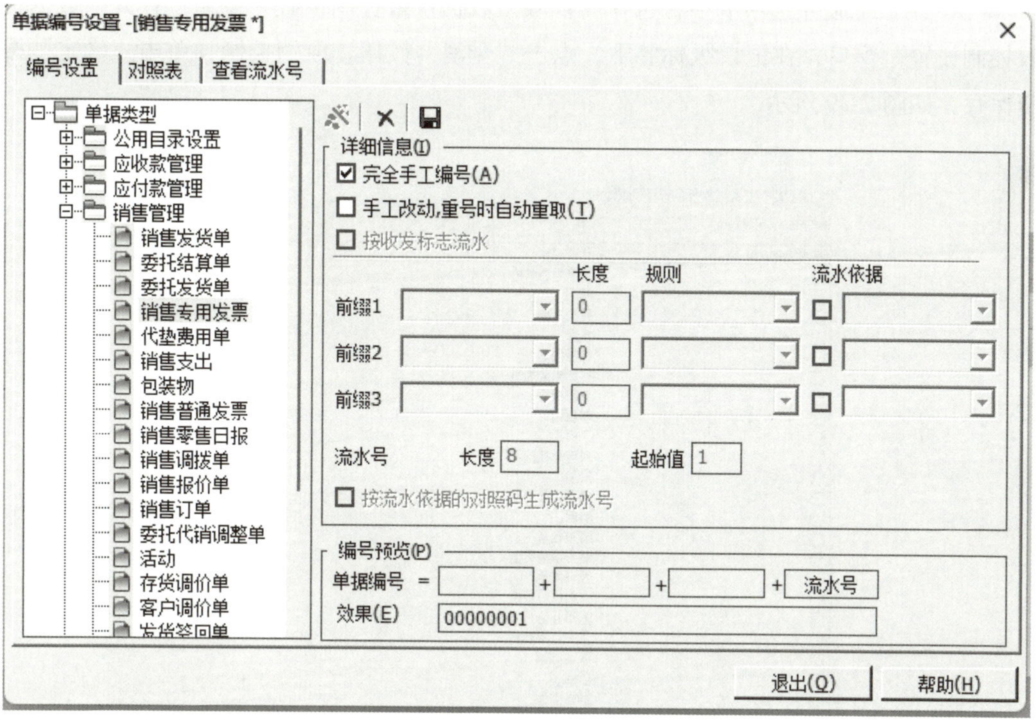


图2-38 销售专用发票窗口

（3）同理完成销售普通发票、采购专用发票、采购运费发票的编号设置，单击“退出”按钮。

# 任务 9　数据权限设置

## 任务描述

设置数据权限控制，在记录级项下，不对任一业务对象进行控制。

## 操作指导

### 设置数据权限

（1）以 201 账套主管罗强的身份登录企业应用平台，登录时间为“2017-01-01”。

（2）在系统服务选项卡中，选择“权限→数据权限控制设置”按钮，打开“数据权限控制设置”窗口，在记录级标签下，点击“全消”按钮，取消控制，单击“确定”按钮保存，如图 2-39 所示。

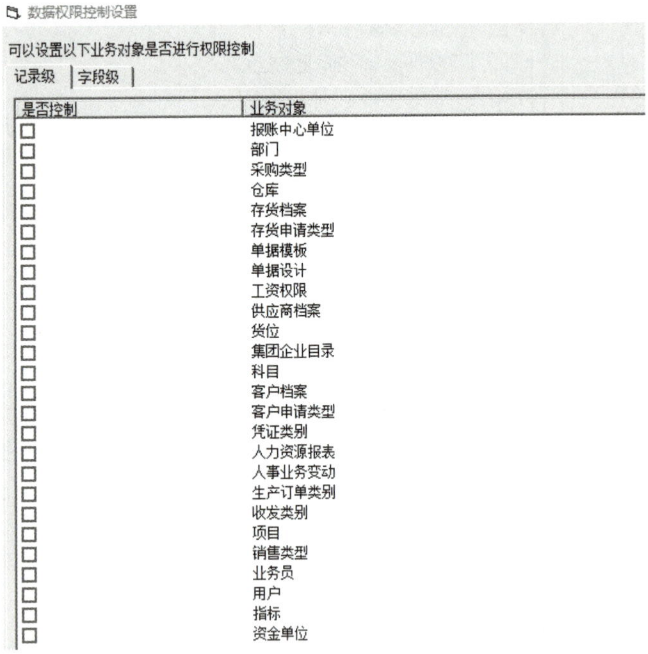


图 2-39　数据权限控制设置窗口

# 项目三 薪资管理系统设置

## 职业能力目标

1.能力目标：掌握用友U8软件中薪资系统的初始设置。

2.知识目标：熟悉薪资系统日常业务处理、工资分摊及月末处理、工资系统数据查询的操作。

3.素质目标：了解薪资核算模式，熟悉薪资核算业务，培养良好的分析判断能力、组织协调处理问题能力以及沟通能力，积累实际工作经验。

## 项目背景资料

### 1.工资账套参数设置

工资类别个数：单个；核算币种：人民币（RMB）；不核算计件工资；启用工资变动审核；从工资中代扣个人所得税，不扣零。

### 2.批增人员档案（见表3-1）

表3-1　人员档案

| 人员编号 | 人员名称 | 性别 | 所属部门 | 人员类别 | 是否操作员、业务员 | 银行账号 |
|---|---|---|---|---|---|---|
| 101 | 林峰 | 男 | 经理办 | 正式工 | 业务员 | 62203180101 |
| 102 | 叶芳 | 女 | 经理办 | 正式工 | 业务员 | 62203180102 |
| 201 | 罗强 | 男 | 财务部 | 正式工 | 操作员、业务员 | 62203180201 |
| 202 | 徐静 | 女 | 财务部 | 正式工 | 操作员、业务员 | 62203180202 |
| 203 | 赵敏 | 女 | 财务部 | 正式工 | 操作员、业务员 | 62203180203 |
| 301 | 王辉 | 男 | 采购部 | 正式工 | 操作员、业务员 | 62203180301 |
| 302 | 吕超 | 男 | 采购部 | 正式工 | 业务员 | 62203180302 |
| 401 | 朱丹 | 女 | 销售部 | 正式工 | 操作员、业务员 | 62203180401 |
| 402 | 刘倩 | 女 | 销售部 | 合同工 | 业务员 | 62203180402 |
| 501 | 李涛 | 男 | 生产部 | 正式工 | 业务员 | 62203180501 |
| 502 | 张浩 | 男 | 生产部 | 合同工 | 业务员 | 62203180502 |
| 503 | 孙莉 | 女 | 生产部 | 合同工 | 业务员 | 62203180503 |
| 504 | 陈伟 | 男 | 生产部 | 合同工 | 业务员 | 62203180504 |
| 505 | 杨依 | 女 | 生产部 | 合同工 | 业务员 | 62203180505 |
| 601 | 董乐 | 男 | 仓管部 | 合同工 | 操作员、业务员 | 62203180601 |

注：所有人员的雇佣状态均为“在职”，银行均为“中国工商银行”。有操作员属性的人员，对应操作员编码与系统管理一致。

### 3. 增加工资项目并进行公式设置（见表 3-2）

表 3-2　增加工资项目及公式设置

| 工资项目名称 | 类型 | 长度 | 小数 | 增减项 | 公式设置 |
| --- | --- | --- | --- | --- | --- |
| 基本工资 | 数值 | 8 | 2 | 增项 | |
| 岗位工资 | 数值 | 8 | 2 | 增项 | |
| 交补 | 数值 | 8 | 2 | 增项 | 销售部、采购部 300，其他部门 200 |
| 事假天数 | 数值 | 8 | 0 | 其他 | |
| 事假扣款 | 数值 | 8 | 2 | 减项 | 事假天数 ×50 |
| 病假天数 | 数值 | 8 | 0 | 其他 | |
| 病假扣款 | 数值 | 8 | 2 | 减项 | 病假天数 ×20 |
| 应付工资 | 数值 | 8 | 2 | 其他 | 基本工资＋岗位工资＋交补－事假扣款－病假扣款 |
| 养老保险 | 数值 | 8 | 2 | 减项 | （基本工资＋岗位工资）×0.08 |
| 医疗保险 | 数值 | 8 | 2 | 减项 | （基本工资＋岗位工资）×0.02 |
| 失业保险 | 数值 | 8 | 2 | 减项 | （基本工资＋岗位工资）×0.002 |
| 住房公积金 | 数值 | 8 | 2 | 减项 | （基本工资＋岗位工资）×0.12 |
| 五险一金计提基数 | 数值 | 8 | 2 | 其他 | 基本工资＋岗位工资 |
| 计税基数 | 数值 | 8 | 2 | 其他 | 应付工资－养老保险－医疗保险－失业保险－住房公积金 |

### 4. 设置个人所得税税率

个人所得税申报表中收入额合计是计税基数，起征点为 3500 元，附加费用为 1300 元。

### 5. 工资数据档案（见表 3-3）

表 3-3　工资数据档案

| 人员编号 | 人员名称 | 所属部门 | 基本工资 / 元 | 岗位工资 / 元 |
| --- | --- | --- | --- | --- |
| 101 | 林峰 | 经理办 | 8000 | 3000 |
| 102 | 叶芳 | 经理办 | 5000 | 2000 |
| 201 | 罗强 | 财务部 | 5000 | 2000 |
| 202 | 徐静 | 财务部 | 4500 | 1500 |
| 203 | 赵敏 | 财务部 | 4000 | 1500 |
| 301 | 王辉 | 采购部 | 5000 | 2000 |
| 302 | 吕超 | 采购部 | 4000 | 1500 |
| 401 | 朱丹 | 销售部 | 5000 | 2000 |
| 402 | 刘倩 | 销售部 | 4000 | 1500 |
| 501 | 李涛 | 生产部 | 6000 | 2000 |
| 502 | 张浩 | 生产部 | 4000 | 1500 |
| 503 | 孙莉 | 生产部 | 4000 | 1500 |
| 504 | 陈伟 | 生产部 | 4000 | 1500 |

续表

| 人员编号 | 人员名称 | 所属部门 | 基本工资 / 元 | 岗位工资 / 元 |
|---|---|---|---|---|
| 505 | 杨依 | 生产部 | 4000 | 1500 |
| 601 | 董乐 | 仓管部 | 5000 | 2000 |

### 6. 工资分摊设置（见表 3-4）

表 3-4　工资分摊设置

| 计提类型 | 计提比例 | 工资项目 | 部门 | 人员类别 | 借方科目 | 项目大类 | 项目 | 贷方科目 |
|---|---|---|---|---|---|---|---|---|
| 工资分摊 | 100% | 应付工资 | 经理办、财务部、采购部、仓管部 | 正式工 | 660201 | | | 221101 |
| | | | 经理办、财务部、采购部、仓管部 | 合同工 | 660201 | | | 221101 |
| | | | 销售部 | 正式工 | 660101 | | | 221101 |
| | | | 销售部 | 合同工 | 660101 | | | 221101 |
| | | | 生产部 | 正式工 | 510101 | | | 221101 |
| | | | 生产部 | 合同工 | 500102 | 生产成本 | 甲产品 | 221101 |
| 五险一金 | 44.8% | 五险一金计提基数 | 经理办、财务部、采购部、仓管部 | 正式工 | 660204 | | | 221102 |
| | | | 经理办、财务部、采购部、仓管部 | 合同工 | 660204 | | | 221102 |
| | | | 销售部 | 正式工 | 660104 | | | 221102 |
| | | | 销售部 | 合同工 | 660104 | | | 221102 |
| | | | 生产部 | 正式工 | 510104 | | | 221102 |
| | | | 生产部 | 合同工 | 500102 | 生产成本 | 甲产品 | 221102 |

## 任务 1　工资账套参数设置

使用财务软件进行工资核算之前，需要进行薪资管理系统的初始设置，建立薪资管理系统的应用环境。在进行初始设置之前，应进行必要的数据准备，如规划企业职工的编码规则、进行人员类别的划分、整理好要设置的工资项目及核算方法，并准备好部门档案、人员档案等基本信息。通过薪资管理系统初始设置，可以根据企业需要建立工资账套数据、设置薪资管理系统运行所需要的各项基础信息，为日常处理建立应用环境。

建立薪资账套是薪资管理系统正常运行的基础，薪资账套与系统管理中的企业账套是不同的概念，薪资账套仅针对薪资管理子系统，是企业账套的一个组成部分。

## 任务描述

完成工资账套参数设置。

工资类别个数：单个；核算币种：人民币（RMB）；不核算计件工资；启用工资变动审核；从工资中代扣个人所得税，不扣零。

## 操作指导

### 工资账套参数设置

（1）以 201 账套主管罗强的身份登录企业应用平台，登录时间为“2017-01-01”。

（2）在业务工作选项卡中，选择“财务会计→人力资源→薪资管理”按钮。

（3）打开“建立工资套”窗口，在参数设置中，默认本账套所处理的工资类别个数为“单个”，选择币别为“人民币”，如图 3-1 所示。

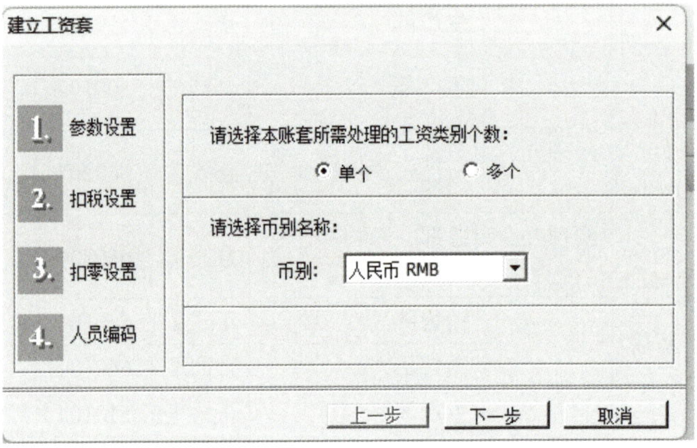


图 3-1　建立工资套窗口

（4）单击“下一步”按钮，在建账第二步扣税设置中，勾选“是否从工资中代扣个人所得税”复选框，如图 3-2 所示。

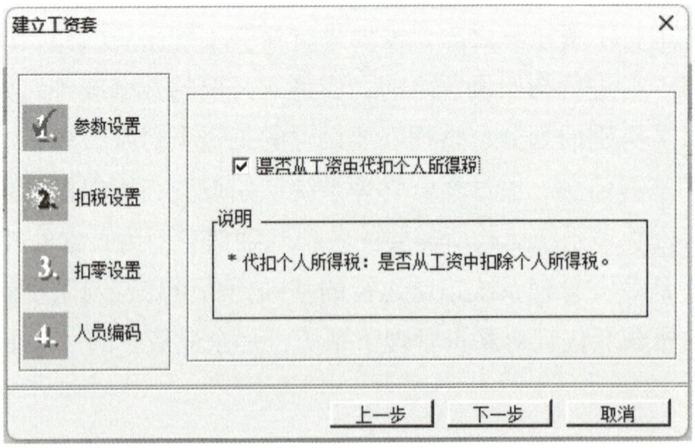


图 3-2　勾选复选框

（5）单击“下一步”按钮，进入第三步扣零设置，不作选择，如图 3-3 所示。

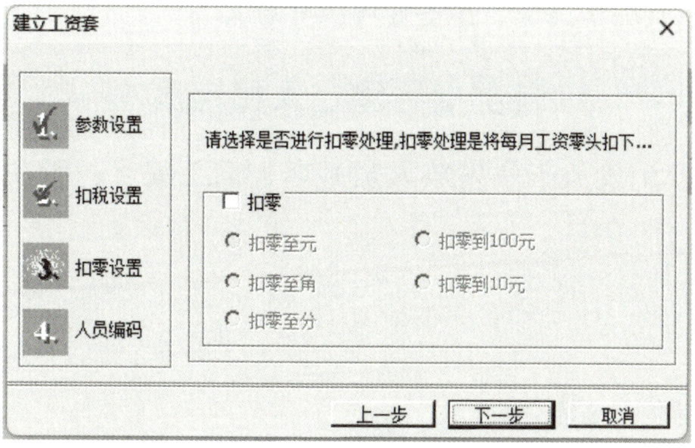


图 3-3　扣零设置

（6）单击“下一步”按钮，进入建账第四步人员编码，系统要求和基础档案人员编码一致，单击“完成”按钮退出。

（7）选择“业务工作→人力资源→薪资管理→设置→选项→参数设置”按钮，勾选“是否启用工资变动审核”复选框，如图 3-4 所示。

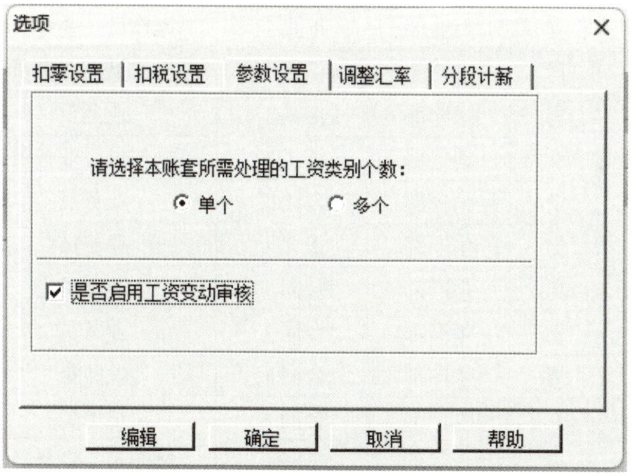


图 3-4　参数设置窗口

操作要点

◆工资类别可以是单个也可以是多个。若选择多个工资类别，则可设置正式人员和临时人员工资类别。不同的工资类别，工资项目可以不一样。

◆选择代扣个人所得税后，系统自动生成工资项目代扣税，并自动进行代扣税金的计算。

◆扣零处理是指每次发放工资时扣下零头，累计取整，于下次发放工资时补上。系统在计算工资时依据扣零类型（扣零至元、扣零至角、扣零至分）进行扣零计算。用户一旦选择了扣零处理，系统就自动在固定工资项目中增加本月扣零和上月扣零两个项目，扣零的计算公式由系统自动定义，无须设置。

◆在银行代发工资的情况下，扣零处理没有意义。

## 任务2　建立人员档案

人员档案用于登记发放工资发放人员姓名、职工编号、所在部门、人员类别等信息。

### 任务描述

完成批增人员档案（见表3-5）。

表3-5　人员档案

| 人员编号 | 人员名称 | 性别 | 所属部门 | 人员类别 | 是否操作员、业务员 | 银行账号 |
|---|---|---|---|---|---|---|
| 101 | 林峰 | 男 | 经理办 | 正式工 | 业务员 | 62203180101 |
| 102 | 叶芳 | 女 | 经理办 | 正式工 | 业务员 | 62203180102 |
| 201 | 罗强 | 男 | 财务部 | 正式工 | 操作员、业务员 | 62203180201 |
| 202 | 徐静 | 女 | 财务部 | 正式工 | 操作员、业务员 | 62203180202 |
| 203 | 赵敏 | 女 | 财务部 | 正式工 | 操作员、业务员 | 62203180203 |
| 301 | 王辉 | 男 | 采购部 | 正式工 | 操作员、业务员 | 62203180301 |
| 302 | 吕超 | 男 | 采购部 | 正式工 | 业务员 | 62203180302 |
| 401 | 朱丹 | 女 | 销售部 | 正式工 | 操作员、业务员 | 62203180401 |
| 402 | 刘倩 | 女 | 销售部 | 合同工 | 业务员 | 62203180402 |
| 501 | 李涛 | 男 | 生产部 | 正式工 | 业务员 | 62203180501 |
| 502 | 张浩 | 男 | 生产部 | 合同工 | 业务员 | 62203180502 |
| 503 | 孙莉 | 女 | 生产部 | 合同工 | 业务员 | 62203180503 |
| 504 | 陈伟 | 男 | 生产部 | 合同工 | 业务员 | 62203180504 |
| 505 | 杨依 | 女 | 生产部 | 合同工 | 业务员 | 62203180505 |
| 601 | 董乐 | 男 | 仓管部 | 合同工 | 操作员、业务员 | 62203180601 |

注：所有人员的雇佣状态均为“在职”，银行均为“中国工商银行”。有操作员属性的人员，对应操作员编码与系统管理一致。

### 操作指导

#### 批增人员档案

（1）以201账套主管罗强的身份登录企业应用平台，登录时间为“2017-01-01”。

（2）在业务工作选项卡中，选择“人力资源→薪资管理→设置→人员档案”按钮，进入“人员档案”窗口。

（3）单击工具栏“批增”按钮，打开“人员批量增加”窗口，选中所有部门，单击“查询”按钮，人员批量增加成功，如图 3-5 所示。单击“确定”按钮，返回“人员档案”窗口，如图 3-6 所示。

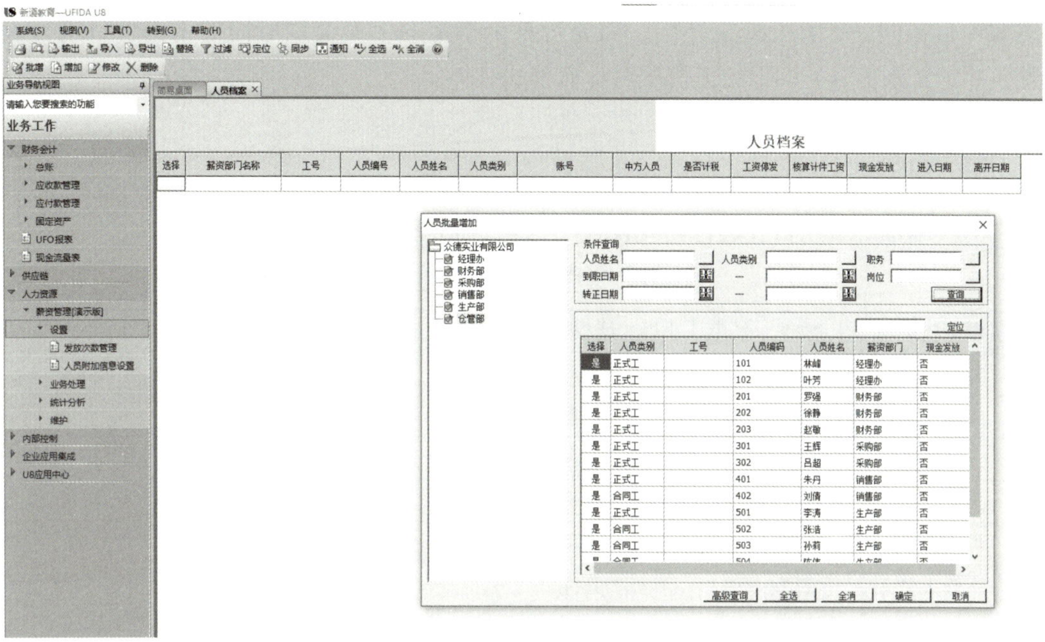


图 3-5　人员批量增加窗口

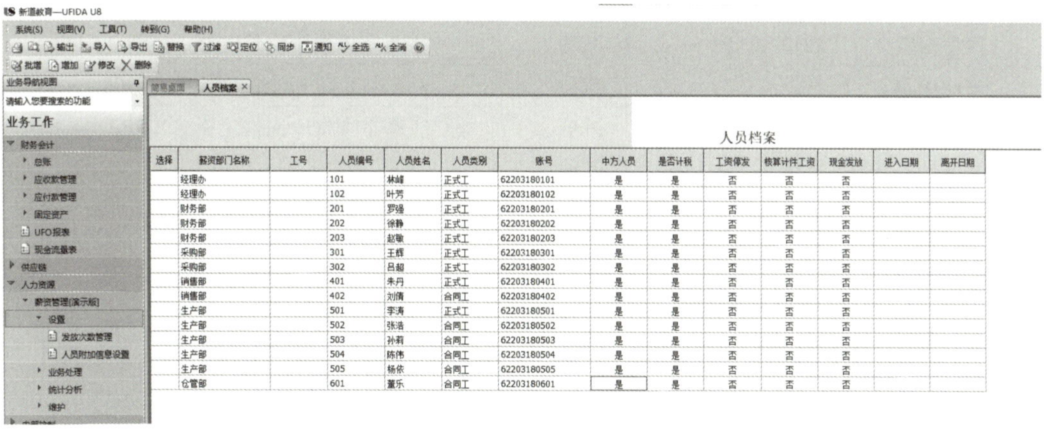


图 3-6　人员档案窗口

# 任务3 设置工资项目及计算公式

设置工资项目，即定义工资项目的名称、类型、宽度。企业可根据需要自行设置工资项目，如基本工资、岗位工资、扣款合计等。当企业建立了多个工资类别时，不同类别的项目不同，计算公式也不同，需要对某个指定的工作类别所需的工资项目进行设置，并定义该工资类别下的工资项目计算公式。

## 任务描述

（1）增加工资项目并进行公式设置（见表3-6）。

表3-6 增加工资项目及公式设置

| 工资项目名称 | 类型 | 长度 | 小数 | 增减项 | 公式设置 |
|---|---|---|---|---|---|
| 基本工资 | 数值 | 8 | 2 | 增项 | |
| 岗位工资 | 数值 | 8 | 2 | 增项 | |
| 交补 | 数值 | 8 | 2 | 增项 | 销售部、采购部300，其他部门200 |
| 事假天数 | 数值 | 8 | 0 | 其他 | |
| 事假扣款 | 数值 | 8 | 2 | 减项 | 事假天数×50 |
| 病假天数 | 数值 | 8 | 0 | 其他 | |
| 病假扣款 | 数值 | 8 | 2 | 减项 | 病假天数×20 |
| 应付工资 | 数值 | 8 | 2 | 其他 | 基本工资＋岗位工资＋交补－事假扣款－病假扣款 |
| 养老保险 | 数值 | 8 | 2 | 减项 | （基本工资＋岗位工资）×0.08 |
| 医疗保险 | 数值 | 8 | 2 | 减项 | （基本工资＋岗位工资）×0.02 |
| 失业保险 | 数值 | 8 | 2 | 减项 | （基本工资＋岗位工资）×0.002 |
| 住房公积金 | 数值 | 8 | 2 | 减项 | （基本工资＋岗位工资）×0.12 |
| 五险一金计提基数 | 数值 | 8 | 2 | 其他 | 基本工资＋岗位工资 |
| 计税基数 | 数值 | 8 | 2 | 其他 | 应付工资－养老保险－医疗保险－失业保险－住房公积金 |

（2）设置个人所得税税率。

个人所得税申报表中收入额合计是“计税基数”，起征点为3500元，附加费用为1300元。

## 操作指导

### 1.设置工资项目

（1）以201账套主管罗强的身份登录企业应用平台，登录时间为“2017-01-01”。

（2）在业务工作选项卡中，选择“人力资源→薪资管理→设置→工资项目设置”按钮，打开“工资项目设置”窗口，如图3-7所示。

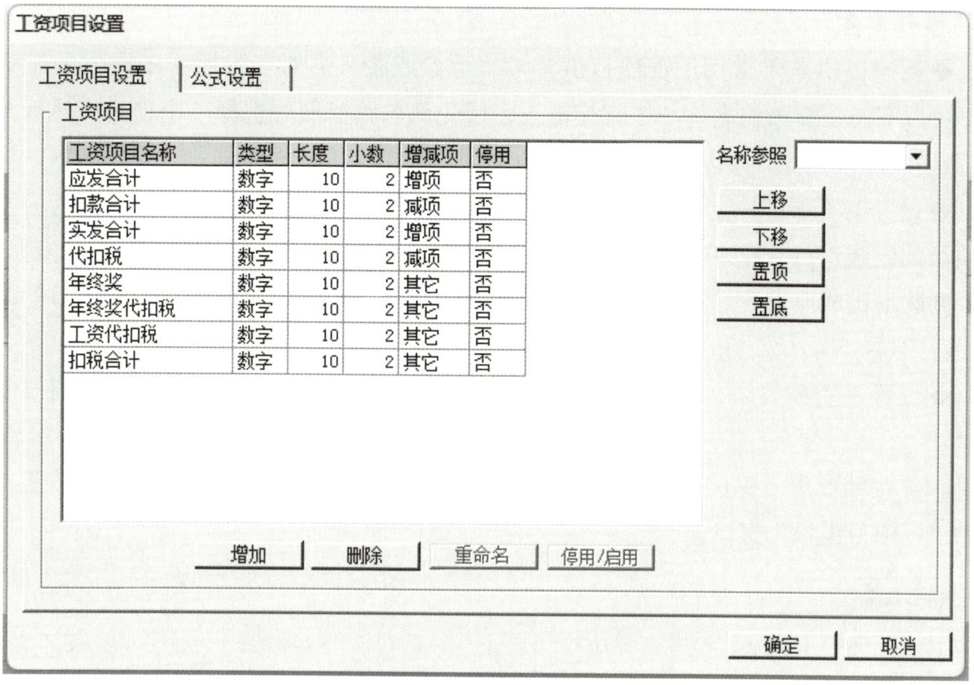


图 3-7　工资项目设置窗口

（3）单击“增加”按钮，在工资项目列表中增加一空行，单击名称参照下拉列表框，选择“基本工资”，长度采用默认值“8”，单击“上移”按钮，将基本工资调整到第一行，如图 3-8 所示。

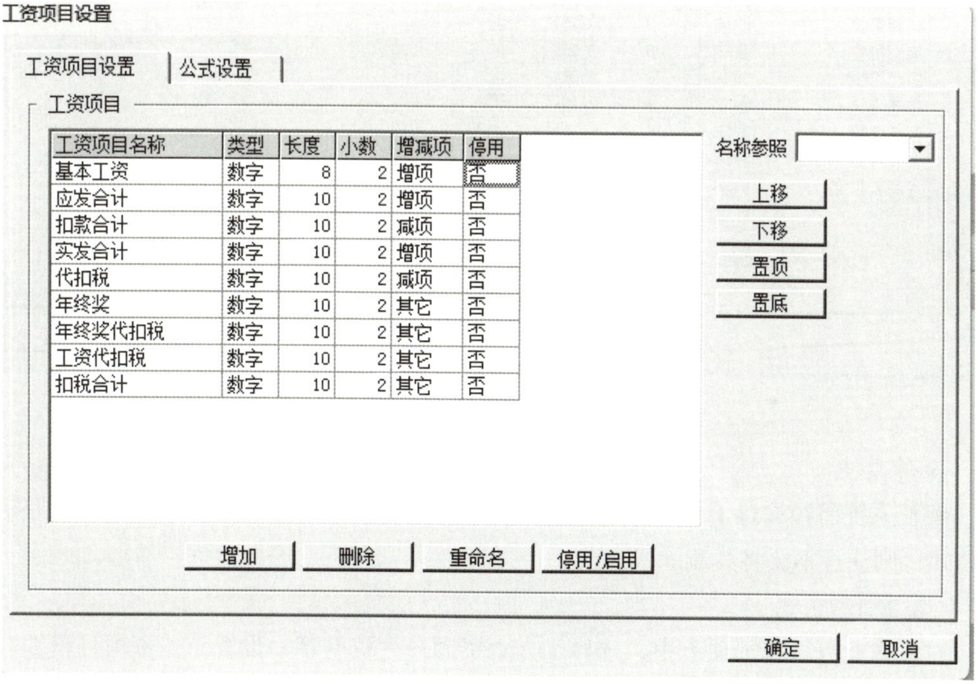


图 3-8　增加工资项目

操作要点

◆系统提供若干常用工资项目供参考，可参照录入。对于参照中未提供的工资项目，可以双击工资项目名称一栏直接输入，或先从名称参照中选择一个项目，然后单击“重命名”按钮，将其修改为需要的项目。

◆设置工资项目一定要注意其增减性属性。若为增项，则系统自动将其列为应发合计项目的组成部分；若为减项，则系统自动将其列为扣款合计项目的组成部分；若为其他，则既不构成应发合计项目，也不构成扣款合计项目，仅供其中某个工资项目的计算使用。

◆设置工资项目后，按照项目之间的逻辑顺序，可以通过上移、下移来调整先后顺序。

（4）按照要求，完成其他工资项目的录入，如图 3-9 所示。单击“确定”按钮，关闭“工资项目设置”窗口。

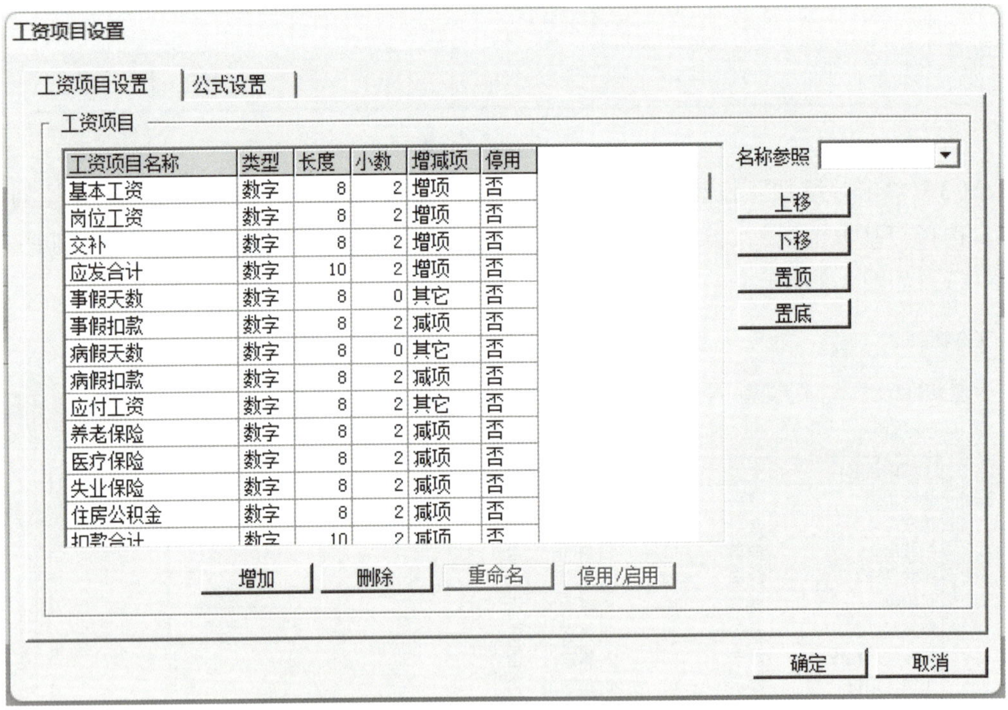


| 工资项目名称 | 类型 | 长度 | 小数 | 增减项 | 停用 |
|---|---|---|---|---|---|
| 基本工资 | 数字 | 8 | 2 | 增项 | 否 |
| 岗位工资 | 数字 | 8 | 2 | 增项 | 否 |
| 交补 | 数字 | 8 | 2 | 增项 | 否 |
| 应发合计 | 数字 | 10 | 2 | 增项 | 否 |
| 事假天数 | 数字 | 8 | 0 | 其它 | 否 |
| 事假扣款 | 数字 | 8 | 2 | 减项 | 否 |
| 病假天数 | 数字 | 8 | 0 | 其它 | 否 |
| 病假扣款 | 数字 | 8 | 2 | 减项 | 否 |
| 应付工资 | 数字 | 8 | 2 | 其它 | 否 |
| 养老保险 | 数字 | 8 | 2 | 减项 | 否 |
| 医疗保险 | 数字 | 8 | 2 | 减项 | 否 |
| 失业保险 | 数字 | 8 | 2 | 减项 | 否 |
| 住房公积金 | 数字 | 8 | 2 | 减项 | 否 |
| 扣款合计 | 数字 | 10 | 2 | 减项 | 否 |

图 3-9　完成工资项目录入

操作要点

◆若系统已经设置了代扣税、应发合计、扣款合计、实发合计等工资项目，并定义了公式，则注意不要将其删除或修改。

### 2. 设置计算公式

（1）在业务工作选项卡中，选择“人力资源→薪资管理→设置→工资项目设置”按钮，打开“工资项目设置”窗口。

（2）选择公式设置选项卡，单击“增加”按钮，增加一空行，下拉列表框选择“交补”项目，单击“交补公式定义”文本框，如图 3-10 所示。

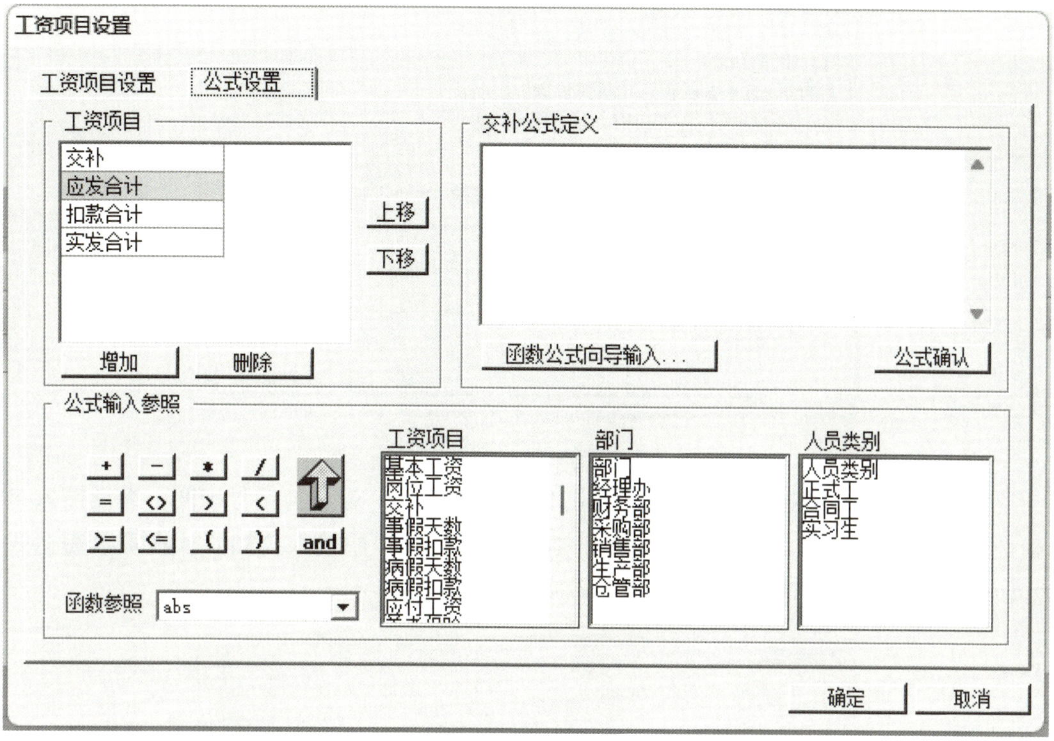


图 3-10　公式设置窗口

（3）单击“函数公式向导输入”，打开“函数向导——步骤之 1”窗口，选择 iff 函数，如图 3-11 所示。

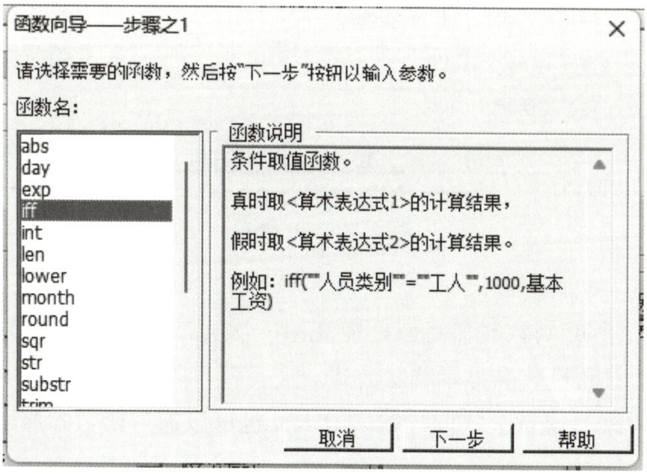


图 3-11　函数向导窗口

（4）单击“下一步”按钮，打开“函数向导——步骤之 2”窗口，单击“逻辑表达式”参照按钮，从参照下拉列表中选择“部门="销售部"”，在算数表达式 1 中输入

“300”，如图 3-12 所示。

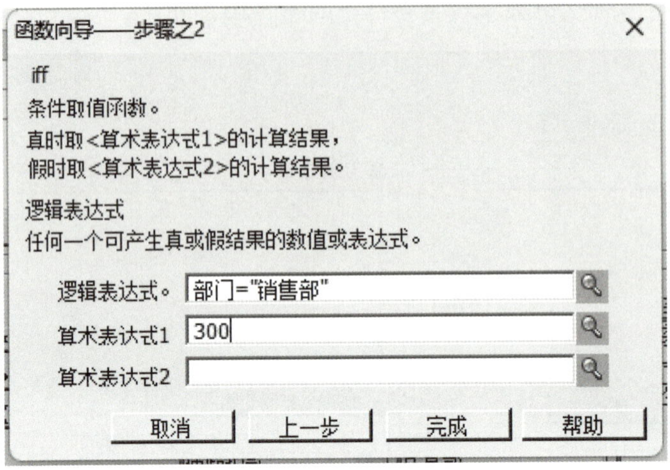


图 3-12　选择逻辑表达式

（5）单击“完成按钮”，用鼠标单击公式的最后一个逗号与括号中间，继续插入 iff 函数，再一次选择“部门="采购部"”，在算数表达式 1 中输入“300”，在算数表达式 2 中输入“200”，如图 3-13 所示。

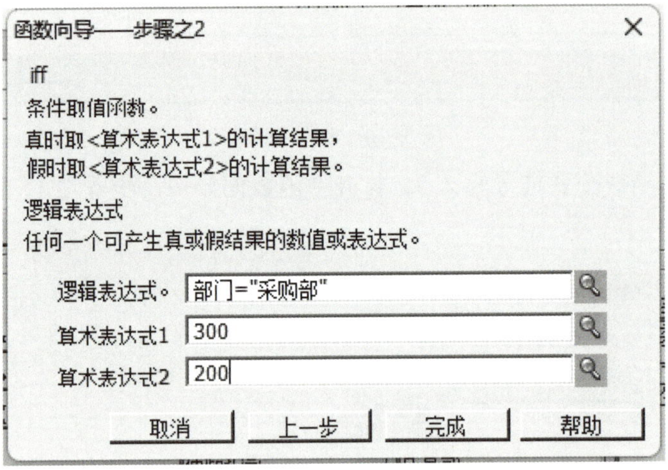


图 3-13　插入函数

操作要点

◆在设置第二个 iff 函数时，将鼠标放在第一次完成的 iff 函数中最后的逗号和括号中间位置进行设置，否则将会显示非法公式。

◆公式既可以通过函数公式向导输入录入，也可以通过函数参照录入，还可以直接手工录入。

◆手工录入公式时，注意不要留有空格。

（6）单击“完成”按钮，返回“工资项目设置”窗口，再单击“公式确认”按钮保存，如图 3-14 所示。

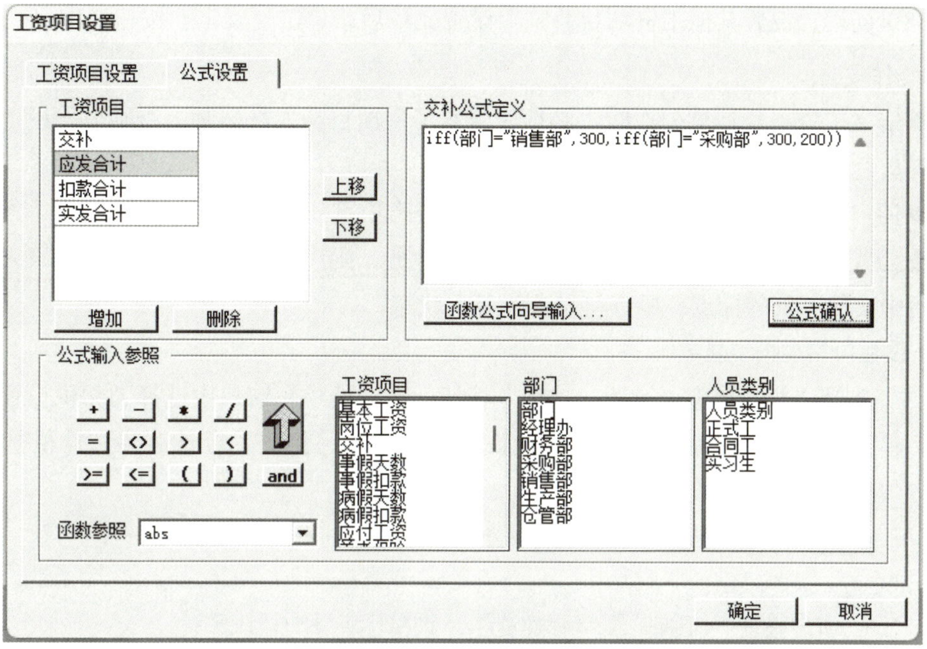


图 3-14 公式确认保存

操作要点

◆公式录入有误时，单击“公式确认”按钮，系统会提示公式不合法。

（7）单击“增加”按钮，设置事假扣款项目公式。单击“事假扣款公式定义”文本框，再单击工资项目列表的“事假天数”，在公式输入参照处选择运算符号“*”，然后输入数字“50”，最后单击“公式确认”按钮，如图 3-15 所示。

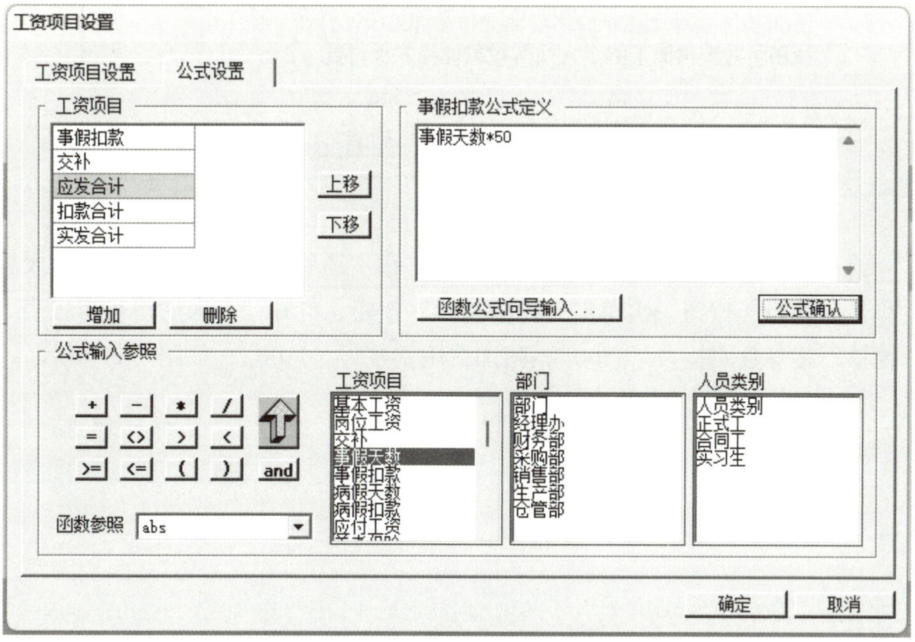


图 3-15 设置请假扣款项目方式

（8）同理，设置其他工资项目公式。设置完毕后，单击“确定”按钮退出。

操作要点

◆定义工资项目计算公式时，必须先建立工资项目和人员档案，否则公式设置页签将呈现灰色，打不开。

◆用户不能在公式定义文本框中进行固定资产项目公式的修改和删除。

◆公式里不能出现百分号，如果有百分号业务，则应进行换算表示。手工录入公式不能用中文状态下的标点，标点符号应为英文状态。

### 3.设置所得税扣税基数

（1）选择“薪资管理→设置→选项”按钮，在“选项”窗口中选择“扣税设置”选项卡，单击“编辑”按钮，然后在扣税设置选项卡中，将实发合计改为“计税基数”，再单击“确定”按钮，如图 3-16 所示。

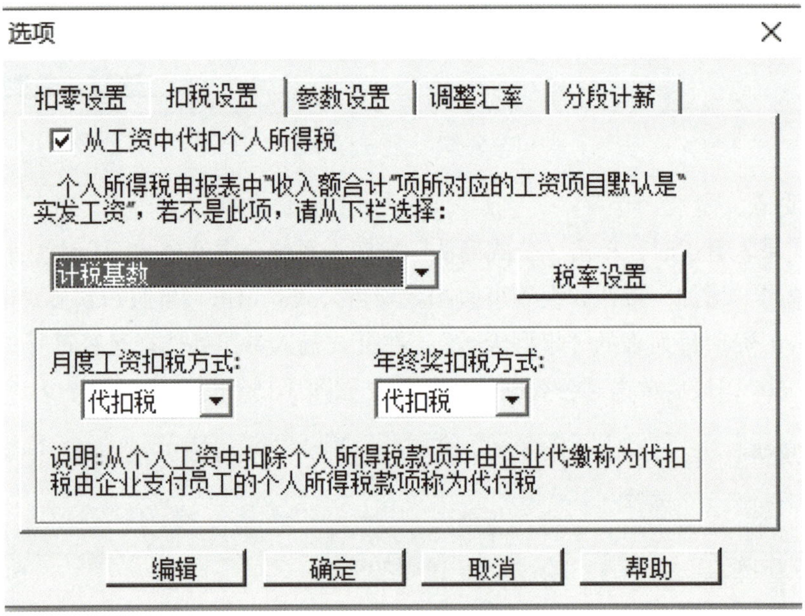


图 3-16　扣税设置窗口

（2）选择“薪资管理→设置→选项”按钮，在“选项”窗口中选择“扣税设置”选项卡，单击“编辑”按钮，再单击“税率设置”按钮，打开“个人所得税申报表——税率表”窗口，将基数调整为“3500”，附加费用调整为“1300”，如图 3-17 所示。

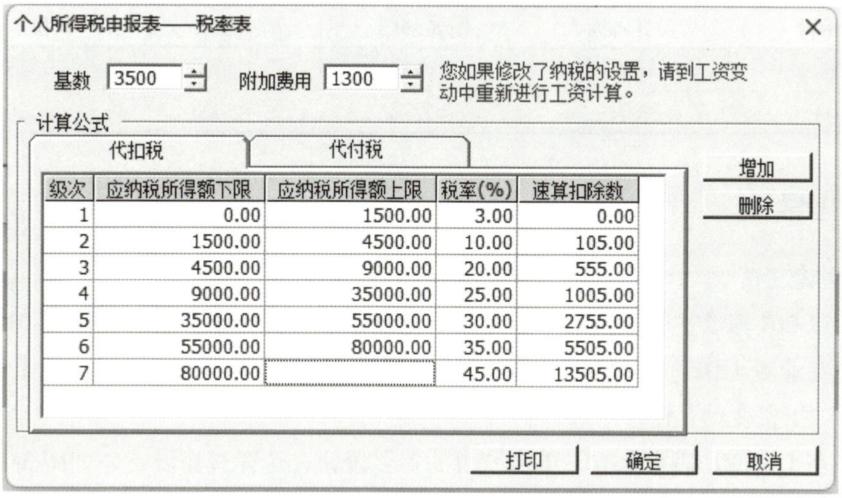


图 3-17　个人所得税申报表——税率表窗口

## 任务 4　工资数据档案

工资变动包括基本工资数据和工资变动数据两部分内容。第一次使用薪资管理系统时，必须将所有人员的基本工资数据都录入系统，以后每月发生的工资数据变动也应进行相应调整，在工资变动处理前需要设置好工资项目及计算公式。

### 任务描述

请根据表 3-7 录入人员的工资数据。

表 3-7　工资数据档案

| 人员编号 | 人员名称 | 所属部门 | 基本工资 / 元 | 岗位工资 / 元 |
|---|---|---|---|---|
| 101 | 林峰 | 经理办 | 8000 | 3000 |
| 102 | 叶芳 | 经理办 | 5000 | 2000 |
| 201 | 罗强 | 财务部 | 5000 | 2000 |
| 202 | 徐静 | 财务部 | 4500 | 1500 |
| 203 | 赵敏 | 财务部 | 4000 | 1500 |
| 301 | 王辉 | 采购部 | 5000 | 2000 |
| 302 | 吕超 | 采购部 | 4000 | 1500 |
| 401 | 朱丹 | 销售部 | 5000 | 2000 |
| 402 | 刘倩 | 销售部 | 4000 | 1500 |
| 501 | 李涛 | 生产部 | 6000 | 2000 |
| 502 | 张浩 | 生产部 | 4000 | 1500 |
| 503 | 孙莉 | 生产部 | 4000 | 1500 |
| 504 | 陈伟 | 生产部 | 4000 | 1500 |

续表

| 人员编号 | 人员名称 | 所属部门 | 基本工资 / 元 | 岗位工资 / 元 |
|---|---|---|---|---|
| 505 | 杨依 | 生产部 | 4000 | 1500 |
| 601 | 董乐 | 仓管部 | 5000 | 2000 |

## 操作指导

### 录入固定工资

（1）以 201 账套主管罗强的身份登录企业应用平台，登录时间为“2017-01-01”。

（2）在业务工作选项卡中，选择“人力资源→薪资管理→业务处理→工资变动”按钮，打开“工资变动”窗口。

（3）在工资变动表头上方，单击“过滤器”按钮，选择过滤设置，如图 3-18 所示。

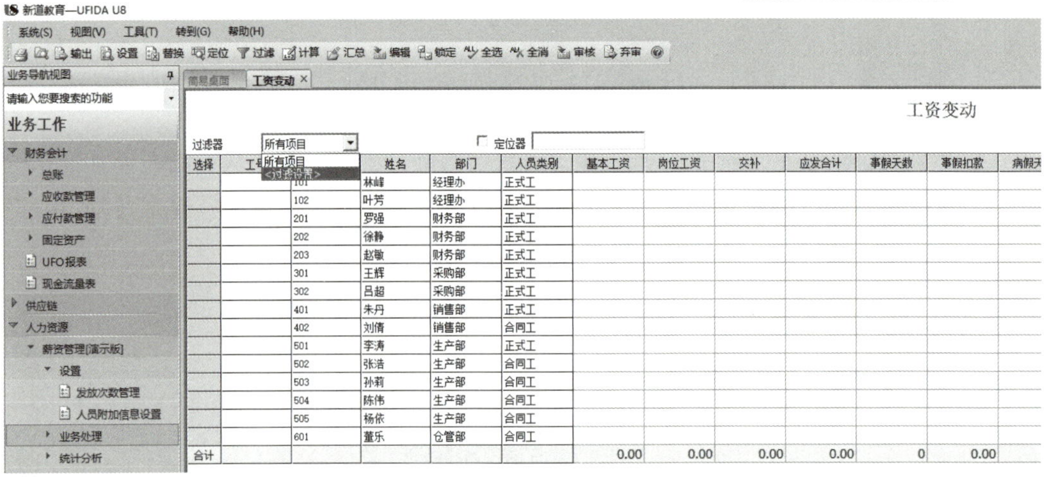

图 3-18　工资变动窗口

（4）打开“项目过滤”窗口，选择基本工资和岗位工资，单击“>”按钮，将其选入已选项目，如图 3-19 所示。

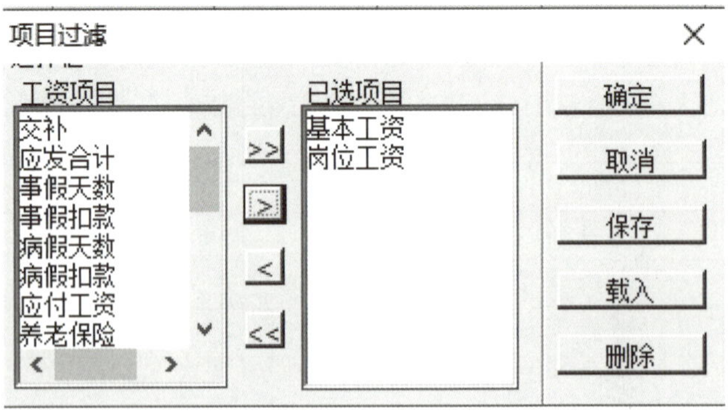


图 3-19　项目过滤窗口

（5）单击“确定”按钮，返回“工资变动”窗口，此时所有人的工资项目都只显示基本工资和岗位工资两项，按照所给资料输入所有人员工资的基本数据。完成后如图 3-20 所示。

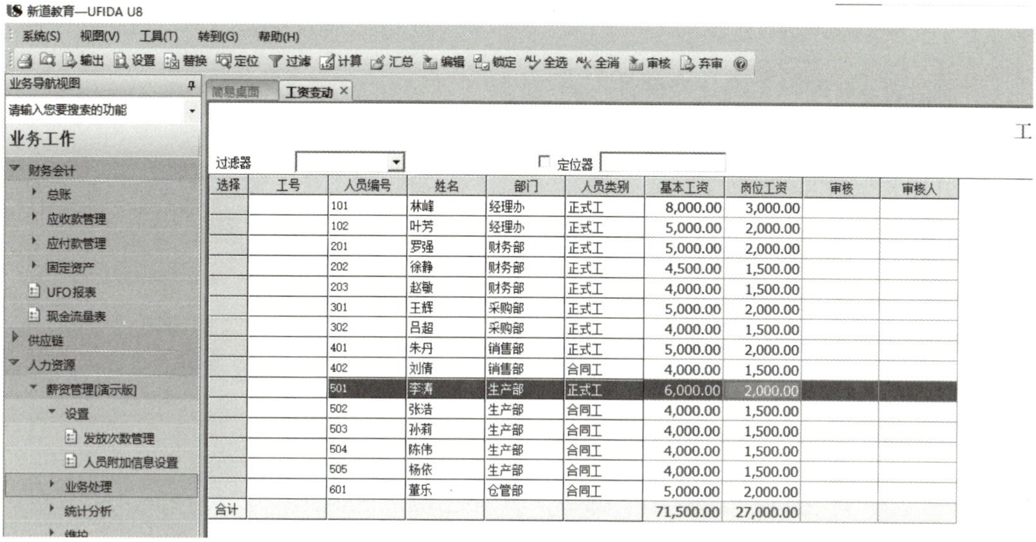


图 3-20　工资变动设置完成界面

（6）关闭“工资变动”窗口，系统提示“是否进行工资计算和汇总？”，单击“是”按钮，如图 3-21 所示。

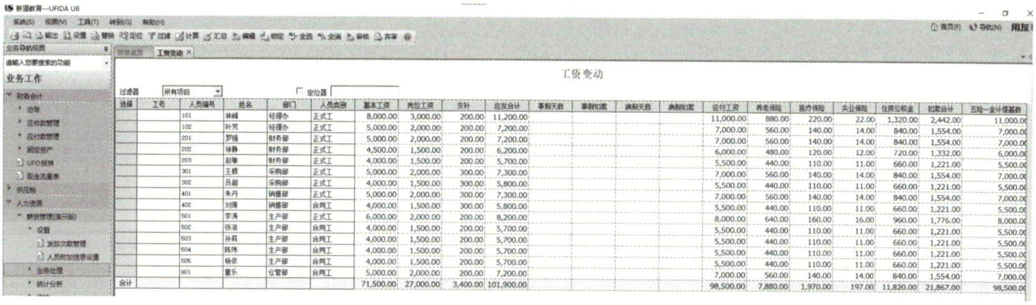

图 3-21　关闭工资变动窗口

操作要点

◆过滤器可以提高数据录入的速度和准确性。

◆在工资变动窗口中只输入没有进行公式设定的项目的数据，其余各项数据由系统根据计算公式自动计算生成。

◆每次数据录入完毕后可以进行工资计算和汇总，也可以当月工资全部变动结束后统一汇总计算。

# 任务 5　工资分摊设置

## 任务描述

请根据表 3-8 进行工资分摊设置。

表 3-8　工资分摊设置

| 计提类型 | 计提比例 | 工资项目 | 部门 | 人员类别 | 借方科目 | 项目大类 | 项目 | 贷方科目 |
|---|---|---|---|---|---|---|---|---|
| 工资分摊 | 100% | 应付工资 | 经理办、财务部、采购部、仓管部 | 正式工 | 660201 | | | 221101 |
| | | | 经理办、财务部、采购部、仓管部 | 合同工 | 660201 | | | 221101 |
| | | | 销售部 | 正式工 | 660101 | | | 221101 |
| | | | 销售部 | 合同工 | 660101 | | | 221101 |
| | | | 生产部 | 正式工 | 510101 | | | 221101 |
| | | | 生产部 | 合同工 | 500102 | 生产成本 | 甲产品 | 221101 |
| 五险一金 | 44.8% | 五险一金计提基数 | 经理办、财务部、采购部、仓管部 | 正式工 | 660204 | | | 221102 |
| | | | 经理办、财务部、采购部、仓管部 | 合同工 | 660204 | | | 221102 |
| | | | 销售部 | 正式工 | 660104 | | | 221102 |
| | | | 销售部 | 合同工 | 660104 | | | 221102 |
| | | | 生产部 | 正式工 | 510104 | | | 221102 |
| | | | 生产部 | 合同工 | 500102 | 生产成本 | 甲产品 | 221102 |

## 操作指导

### 工资分摊设置

（1）以 201 账套主管罗强的身份登录企业应用平台，登录时间为“2017-01-01”。

（2）在业务工作选项卡中，选择“人力资源→薪资管理→业务处理→工资分摊”按钮，打开“工资分摊”窗口。

（3）对于选择核算部门，勾选“全选”，然后勾选“明细到工资项目”，如图所示 3-22。点击“工资分摊设置”，打开“分摊计提比例设置”窗口，输入计提类型名称为“工资分摊”，分摊计提比例为“100%”，单击“下一步”，打开“分摊构成设置”窗口，点击“增加”，依提示完成操作如图所示 3-23。

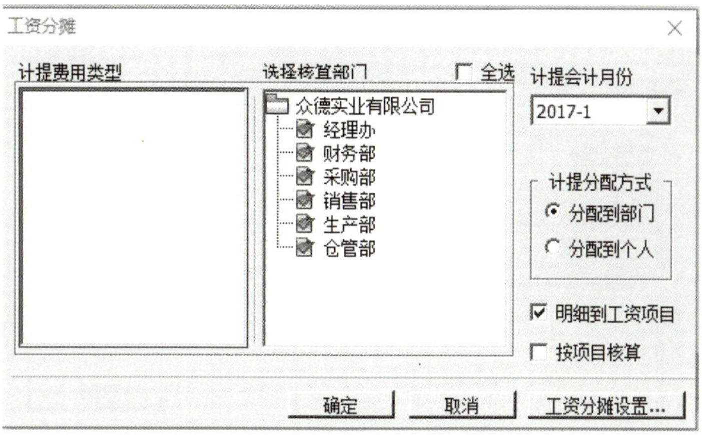


图 3-22 工资分摊窗口

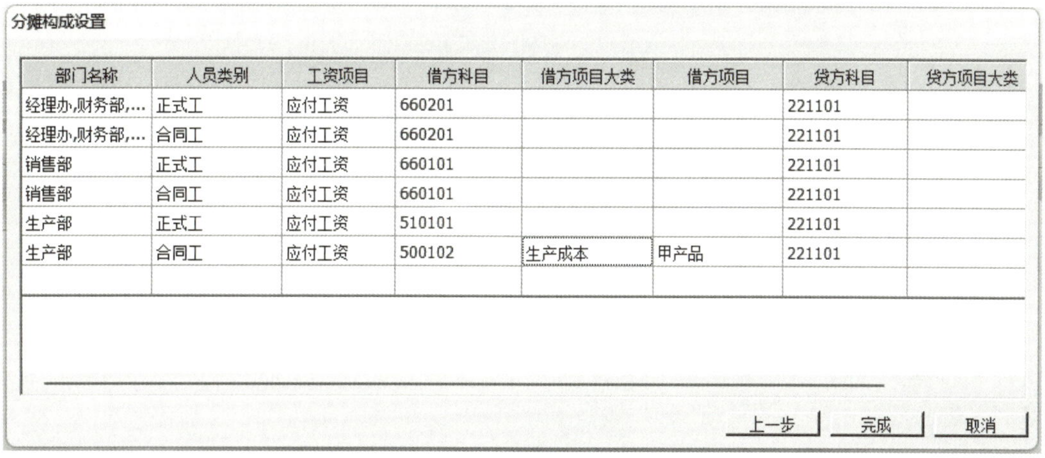

分摊构成设置

| 部门名称 | 人员类别 | 工资项目 | 借方科目 | 借方项目大类 | 借方项目 | 贷方科目 | 贷方项目大类 |
|---|---|---|---|---|---|---|---|
| 经理办,财务部,... | 正式工 | 应付工资 | 660201 | | | 221101 | |
| 经理办,财务部,... | 合同工 | 应付工资 | 660201 | | | 221101 | |
| 销售部 | 正式工 | 应付工资 | 660101 | | | 221101 | |
| 销售部 | 合同工 | 应付工资 | 660101 | | | 221101 | |
| 生产部 | 正式工 | 应付工资 | 510101 | | | 221101 | |
| 生产部 | 合同工 | 应付工资 | 500102 | 生产成本 | 甲产品 | 221101 | |

上一步　完成　取消

图 3-23 分摊构成设置窗口

（4）五险一金的计提方法同上，只是要关注不同的计提方法。操作结果如图 3-24 所示。

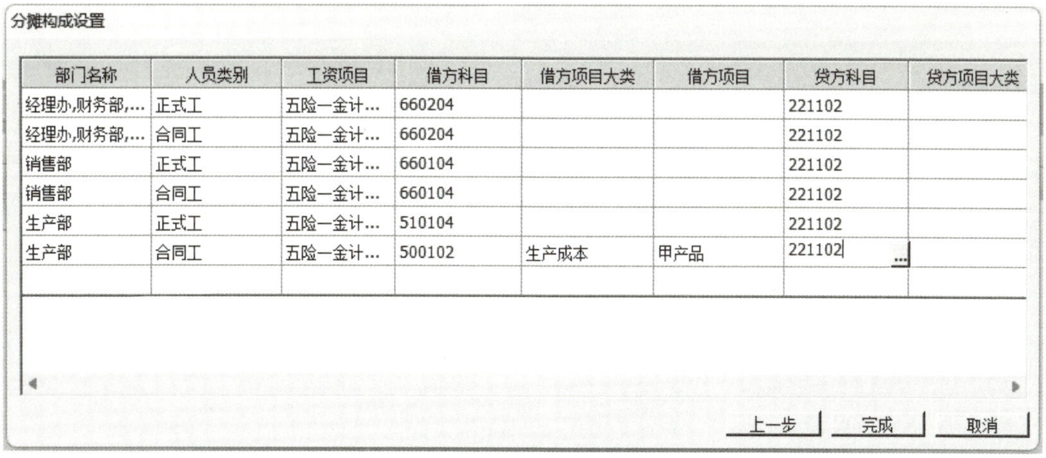

分摊构成设置

| 部门名称 | 人员类别 | 工资项目 | 借方科目 | 借方项目大类 | 借方项目 | 贷方科目 | 贷方项目大类 |
|---|---|---|---|---|---|---|---|
| 经理办,财务部,... | 正式工 | 五险一金计... | 660204 | | | 221102 | |
| 经理办,财务部,... | 合同工 | 五险一金计... | 660204 | | | 221102 | |
| 销售部 | 正式工 | 五险一金计... | 660104 | | | 221102 | |
| 销售部 | 合同工 | 五险一金计... | 660104 | | | 221102 | |
| 生产部 | 正式工 | 五险一金计... | 510104 | | | 221102 | |
| 生产部 | 合同工 | 五险一金计... | 500102 | 生产成本 | 甲产品 | 221102 | |

上一步　完成　取消

图 3-24 五险一金计提

（5）单击“完成”按钮，返回分摊类型设置窗口，如图 3-25 所示。

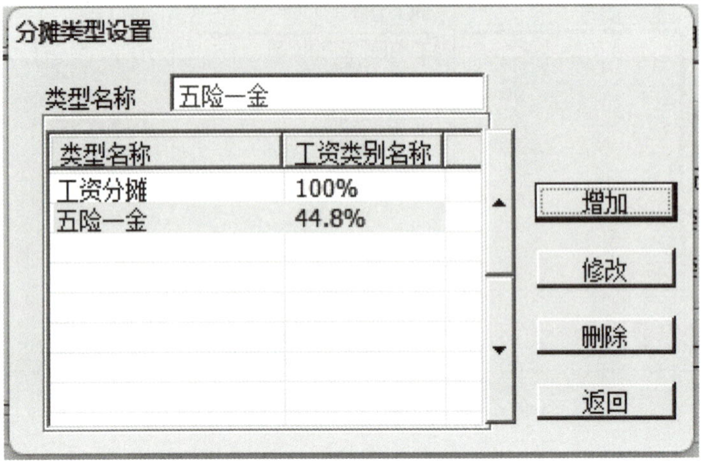


图 3-25　分摊类型设置窗口

# 项目四 固定资产系统设置

## 职业能力目标

1. 能力目标：掌握U8 软件中固定资产管理系统的初始设置。

2. 知识目标：掌握用友U8 软件中固定资产管理系统日常业务处理、月末处理等操作。

3. 素质目标：提升管理固定资产的能力，以及自我学习能力、交流沟通能力、团队协作能力。

## 项目背景资料

### 1. 启用固定资产账套

（1）折旧信息。

本账套计提折旧：折旧方法：平均年限法（一）；折旧汇总分配周期：1 个月；当“月初已计提月份=可使用月份－1”，将剩余折旧全部提足。

（2）编码方式。

资产类别编码方式：21120000；固定资产编码方式：按“类别编码+部门编码+序号”自动编码；卡片序号长度为 3。

（3）财务接口。

与总账系统进行对账；对账科目：固定资产对账科目：固定资产（1601）；累计折旧对账科目：累计折旧（1602）；在对账不平的情况下不允许固定资产月末结账。

### 2. 固定资产管理系统参数设置

业务发生后不立即制单；月末结账前一定要完成制单登账业务；固定资产缺省入账科目：1601；固定资产缺省入账科目：1602；减值准备缺省入账科目：1603；增值税进项税额缺省入账科目：22210101；固定资产清理缺省入账科目：1606。

### 3. 部门对应折旧科目（见表 4–1）

表 4–1 部门对应折旧科目

| 部门 | 对应折旧科目 |
|---|---|
| 经理办、财务部、采购部、仓管部 | 660203 管理费用 / 折旧费 |
| 销售部 | 660103 销售费用 / 折旧费 |
| 生产部 | 510103 制造费用 / 折旧费 |

### 4. 资产类别设置（见表 4-2）

表 4-2 资产类别设置

| 类别编码 | 类别名称 | 使用年限 | 净残值率 | 计提属性 | 折旧方法 | 卡片样式 |
|---|---|---|---|---|---|---|
| 01 | 房屋及建筑物 | 30 | 5% | 总提折旧 | 平均年限法（一） | 含税卡片样式 |
| 02 | 生产设备 | 10 | 5% | 正常计提 | 平均年限法（一） | 含税卡片样式 |
| 03 | 运输设备 | 6 | 4% | 正常计提 | 平均年限法（二） | 含税卡片样式 |
| 04 | 办公设备 | 5 | 3% | 正常计提 | 平均年限法（二） | 含税卡片样式 |

### 5. 固定资产增减方式（见表 4-3）

表 4-3 固定资产增减方式

| 增加方式 | 对应入账科目 | 减少方式 | 对应入账科目 |
|---|---|---|---|
| 直接购入 | 银行存款 / 工行（100201） | 出售 | 固定资产清理（1606） |
| 盘盈 | 以前年度损益调整（6901） | 盘亏 | 待处理财产损溢（1901） |
| 在建工程转入 | 在建工程（1604） | 报废 | 固定资产清理（1606） |

### 6. 录入原始卡片（见表 4-4）

表 4-4 原始卡片

| 固定资产名称 | 类别编号 | 使用部门 | 增加方式 | 可使用年限 | 开始使用日期 | 原值 / 元 | 累计折旧 / 元 |
|---|---|---|---|---|---|---|---|
| 办公楼 | 01 | 经理办 10%，财务部 20%，采购部 30%，销售部 40% | 在建工程转入 | 30 | 2013-05-22 | 5000000 | 559000 |
| 厂房 | 01 | 生产部 | 在建工程转入 | 30 | 2013-03-13 | 2000000 | 234000 |
| 库房 | 01 | 仓管部 | 在建工程转入 | 30 | 2013-05-25 | 1000000 | 111800 |
| 机床 | 02 | 生产部 | 直接购入 | 10 | 2013-03-20 | 650000 | 231075 |
| 汽车 | 03 | 销售部 | 直接购入 | 6 | 2013-07-20 | 350000 | 190855 |
| 复印机 | 04 | 经理办 | 直接购入 | 5 | 2015-10-28 | 15000 | 3402 |
| 计算机 | 04 | 财务部 | 直接购入 | 5 | 2015-09-16 | 20000 | 4860 |
| 合计 | | | | | | 9035000 | 1334992 |

注：使用状态均为“在用”，折旧方法均采用平均年限法（一）。

## 任务 1　固定资产系统初始化

系统初始化是使用固定资产系统管理资产的首要操作，是根据企业的具体情况，建立一个适合企业需要的固定资产子账套的过程。初始化需要设置的内容主要包括约定及说明、启用月份、折旧信息、编码方式、账务接口和补充参数六部分。

### 任务描述

#### 1. 启用固定资产账套

（1）折旧信息。

本账套计提折旧：折旧方法：平均年限法（一）；折旧汇总分配周期：1 个月；当“月初已计提月份=可使用月份−1”，将剩余折旧全部提足。

（2）编码方式。

资产类别编码方式：21120000；固定资产编码方式：按“类别编码+部门编码+序号”自动编码；卡片序号长度为 3。

（3）财务接口。

与总账系统进行对账；对账科目：固定资产对账科目：固定资产（1601）；累计折旧对账科目：累计折旧（1602）；在对账不平的情况下不允许固定资产月末结账。

#### 2. 固定资产管理系统参数设置

业务发生后不立即制单；月末结账前一定要完成制单登账业务；固定资产缺省入账科目：1601；固定资产缺省入账科目：1602；减值准备缺省入账科目：1603；增值税进项税额缺省入账科目：22210101；固定资产清理缺省入账科目：1606。

### 操作指导

#### 1. 启用固定资产账套

（1）以 201 账套主管罗强的身份登录企业应用平台，登录时间为“2018-01-01”。

（2）在业务工作选项卡中，选择“财务会计→固定资产”按钮，弹出提示“这是第一次打开此账套，还未进行过初始化，是否进行初始化？”，单击“是”按钮，进入固定资产初始化的第一步——约定及说明，如图 4-1 所示。

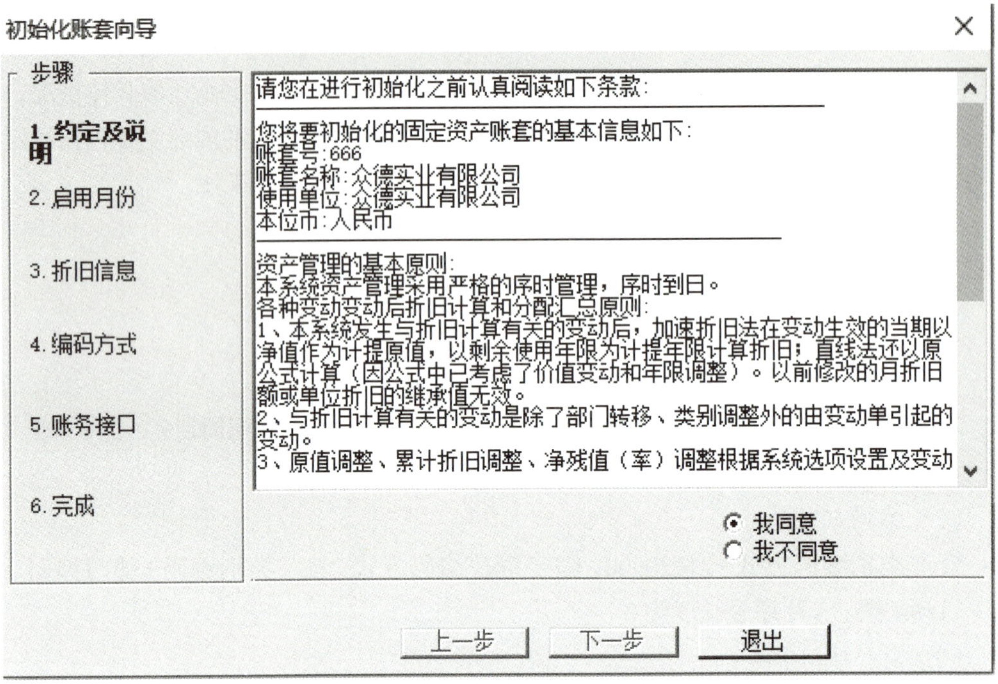


图 4-1　初始化账套向导—约定及说明

（3）选中“我同意”，单击“下一步”按钮，进入固定资产初始化的第二步——启用月份，单击“下一步”按钮，进入折旧信息窗口，按照所给资料设置折旧参数，如图 4-2 所示。

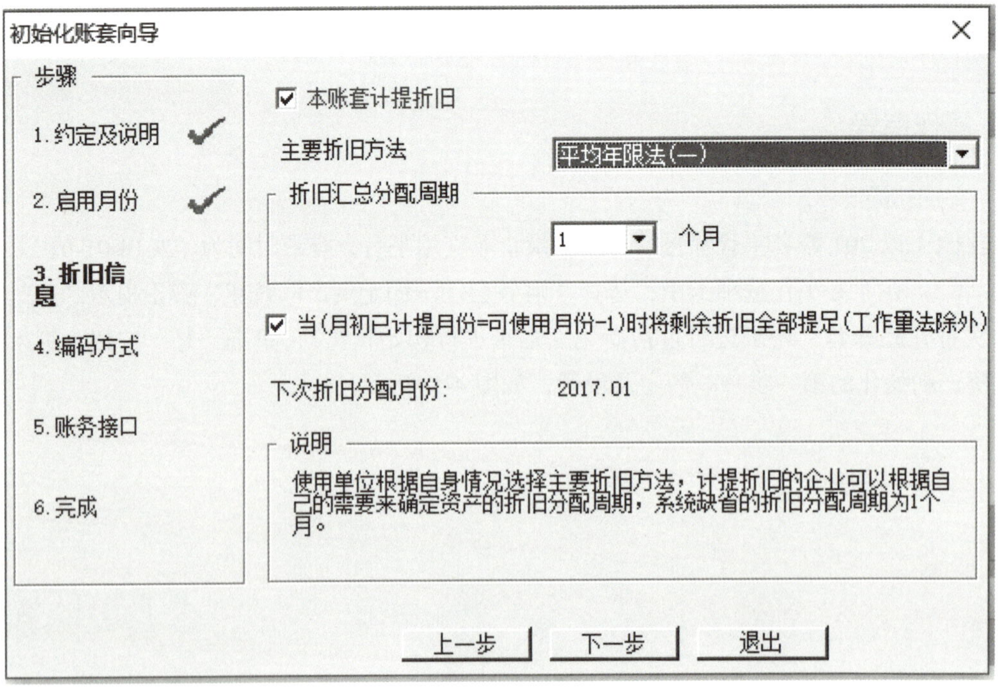


图 4-2　初始化账套向导—折旧信息

（4）单击“下一步”按钮，进入“编码方式”窗口，选中“自动编码”，并在下拉框中选择“类别编码+部门编码+序号”，更改序号长度为“3”，如图 4-3 所示。

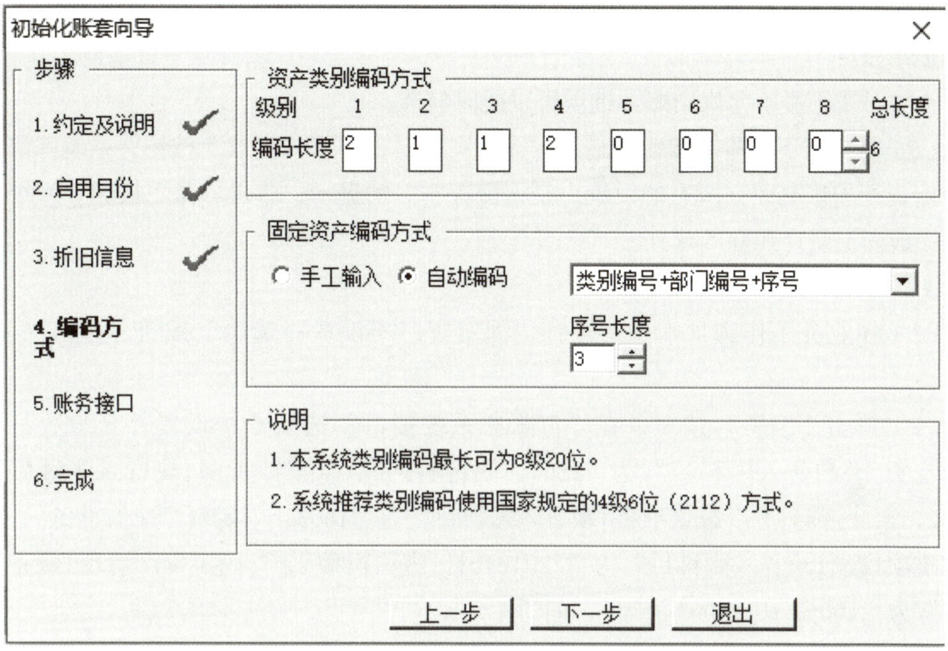


图 4-3　初始化账套向导—编码方式

（5）单击“下一步”按钮，打开“财务接口”窗口，根据资料设定，如图 4-4 所示。

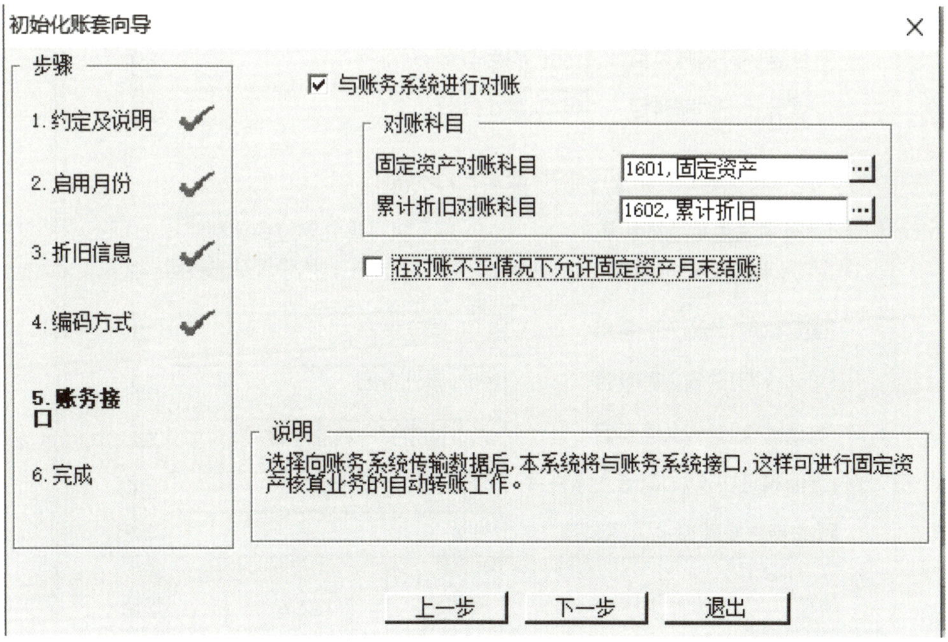


图 4-4　初始化账套向导—财务接口

操作要点

◆对账不平不允许结账是指固定资产管理中的固定资产和累计折旧两科目与总账管理中的固定资产和累计折旧两科目的期初余额和期末余额对账不相等，固定资产管理月末不能结账。

◆“对账不平不允许结账”选项可以随时勾选。

（6）单击“下一步”按钮，进入“完成”窗口，单击“完成”按钮，系统弹出“完成固定资产子账套建立所有的设置，是否保存？”的提示，单击“是”按钮，系统提示已经完成固定资产账套的建立。

### 2. 固定资产管理系统参数设置

（1）在业务工作选项卡中，选择“固定资产→设置→选项”按钮，弹出“选项”窗口。

（2）单击“编辑”按钮，在“与账务系统接口”选项卡中设置补充参数，设置“[固定资产]缺省入账科目”为“1601，固定资产”，“[累计折旧]缺省入账科目”为“1602，累计折旧”，“[减值准备]缺省入账科目”为“1603，固定资产减值准备”，“[增值税进项税额]缺省入账科目”为“22210101，进项税额”，“[固定资产清理]缺省入账科目”为“1606，固定资产清理”，如图4-5所示。

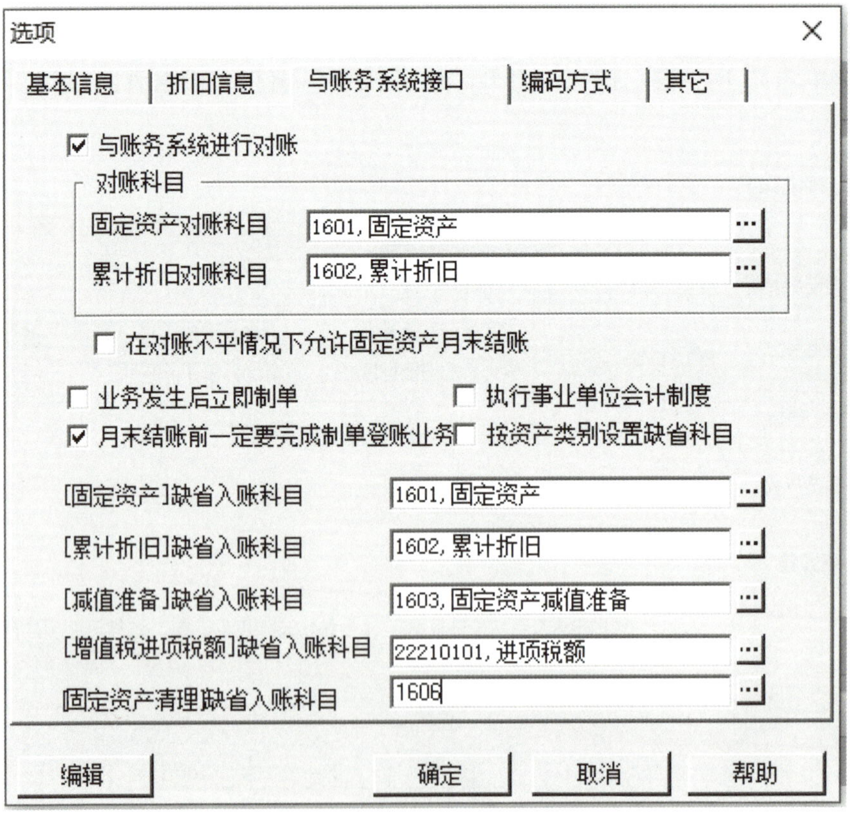


图4-5 选项窗口

# 任务 2　设置部门对应折旧科目

对应折旧科目是对折旧费用的入账科目加以设置，资产因使用发生磨损时，应根据受益性原则归入相应的成本费用中，通过部门对应折旧科目的设置，预先确定每个部门的折旧科目，以减少后期折旧凭证生成的工作量。

## 任务描述

根据表 4-5 完成部门对应折旧科目设置。

表 4-5　部门对应折旧科目

| 部门 | 对应折旧科目 |
|---|---|
| 经理办、财务部、采购部、仓管部 | 660203 管理费用 / 折旧费 |
| 销售部 | 660103 销售费用 / 折旧费 |
| 生产部 | 510103 制造费用 / 折旧费 |

## 操作指导

### 设置部门对应折旧科目

（1）以 201 账套主管罗强的身份登录企业应用平台，登录时间为“2017-01-01”。

（2）在业务工作选项卡中，选择“固定资产→设置→部门对应折旧科目”按钮，选中左侧的“1 经理办”，单击“修改”按钮，在折旧科目处输入“660203，折旧费”，单击“保存”按钮，如图 4-6 所示。

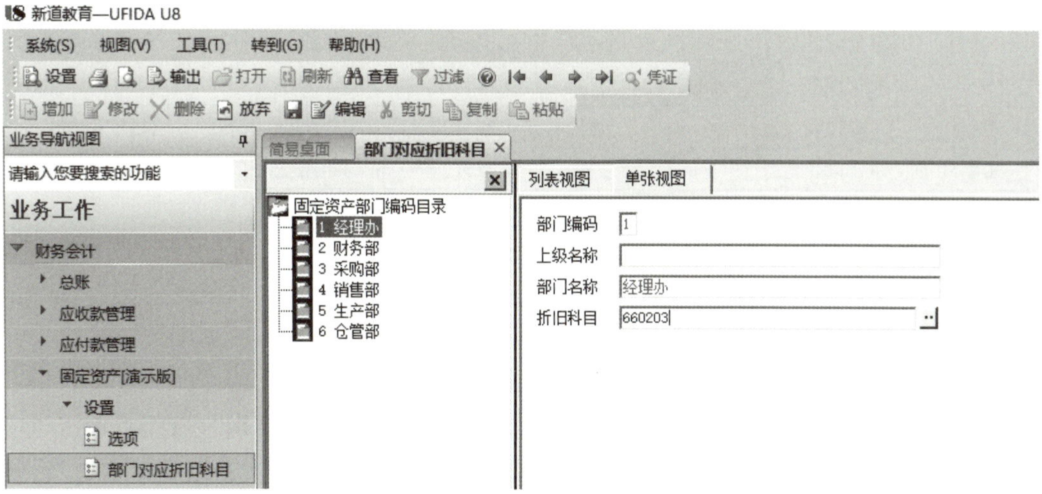


图 4-6　部门对应折旧科目窗口

（3）同理，完成其他部门折旧科目设置，如图 4-7 所示。设置完毕后关闭退出。

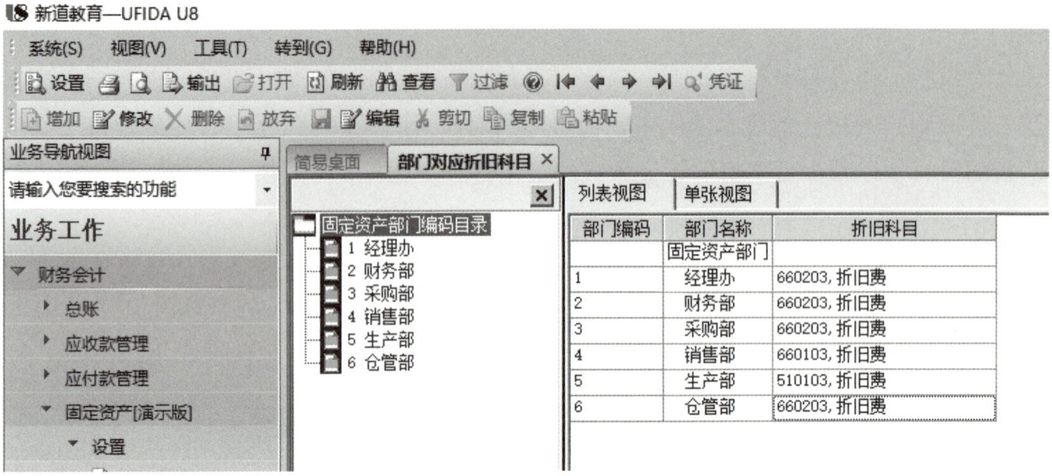


图 4-7　完成其他部门折旧科目设置

## 任务 3　设置固定资产类别

固定资产的种类如果较多，或者规格不一，则要强化固定资产管理。及时、准确地做好固定资产核算，必须科学地对固定资产进行分类，为核算和统计管理提供依据。

### 任务描述

根据表 4-6 完成资产类别设置。

表 4-6　资产类别设置

| 类别编码 | 类别名称 | 使用年限 | 净残值率 | 计提属性 | 折旧方法 | 卡片样式 |
|---|---|---|---|---|---|---|
| 01 | 房屋及建筑物 | 30 | 5% | 总提折旧 | 平均年限法（一） | 含税卡片样式 |
| 02 | 生产设备 | 10 | 5% | 正常计提 | 平均年限法（一） | 含税卡片样式 |
| 03 | 运输设备 | 6 | 4% | 正常计提 | 平均年限法（二） | 含税卡片样式 |
| 04 | 办公设备 | 5 | 3% | 正常计提 | 平均年限法（二） | 含税卡片样式 |

### 操作指导

#### 资产类别设置

（1）以 201 账套主管罗强的身份登录企业应用平台，登录时间为“2018-01-01”。

（2）在业务工作选项卡中，选择“固定资产→设置→资产类别”按钮，单击“增加”按钮，进入“固定资产分类编码表”窗口，输入类别名称为“房屋及建筑物”，使用年限为“30”年，净残值率为“5%”，选择计提属性为“总计提折旧”，折旧方法为“平均年限法（一）”，卡片样式为“含税卡片样式”，如图 4-8 所示。

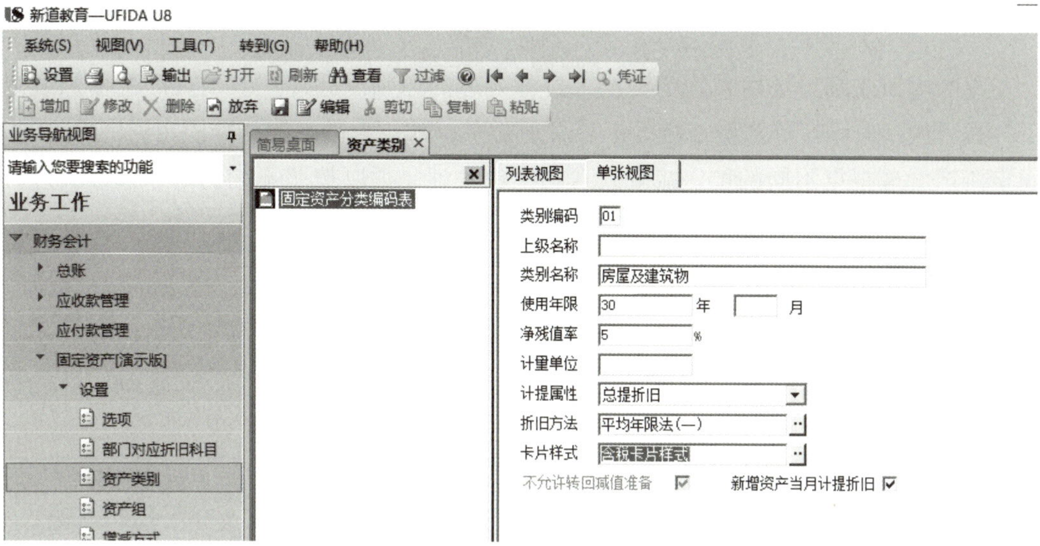

图 4-8 固定资产分类编码表窗口

（3）单击“保存”按钮。同理完成其他资产类别设置，保存后退出。如图 4-9 所示。

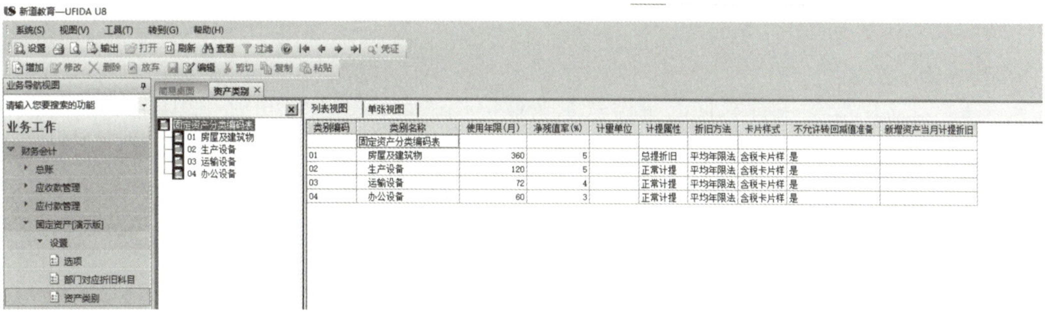

图 4-9 完成其他资产类别设置

## 任务 4　设置增、减方式对应科目

资产增加或减少是用来确定资产计价和处理的原则。此外，明确资产的增加或减少方式可做到对固定资产增、减的汇总管理心中有数。为了在增、减固定资产发生时，固定资产管理根据不同的增、减方式自动生成凭证，可以按照不同的增、减方式进行设置。

### 任务描述

请根据表 4-7 完成固定资产增、减设置。

表 4-7　固定资产增、减方式

| 增加方式 | 对应入账科目 | 减少方式 | 对应入账科目 |
|---|---|---|---|
| 直接购入 | 银行存款 / 工行（100201） | 出售 | 固定资产清理（1606） |
| 盘盈 | 以前年度损益调整（6901） | 盘亏 | 待处理财产损溢（1901） |
| 在建工程转入 | 在建工程（1604） | 报废 | 固定资产清理（1606） |

### 操作指导

#### 固定资产增、减方式

（1）以 201 账套主管罗强的身份登录企业应用平台，登录时间为“2018-01-01”。

（2）在业务工作选项卡中，选择“固定资产→设置→增减方式”按钮，打开“增减方式”窗口。

（3）在左侧列表窗口中，单击“直接购入”增加方式，单击“修改”按钮，输入对应入账科目为“100201，工行”，如图 4-10 所示。

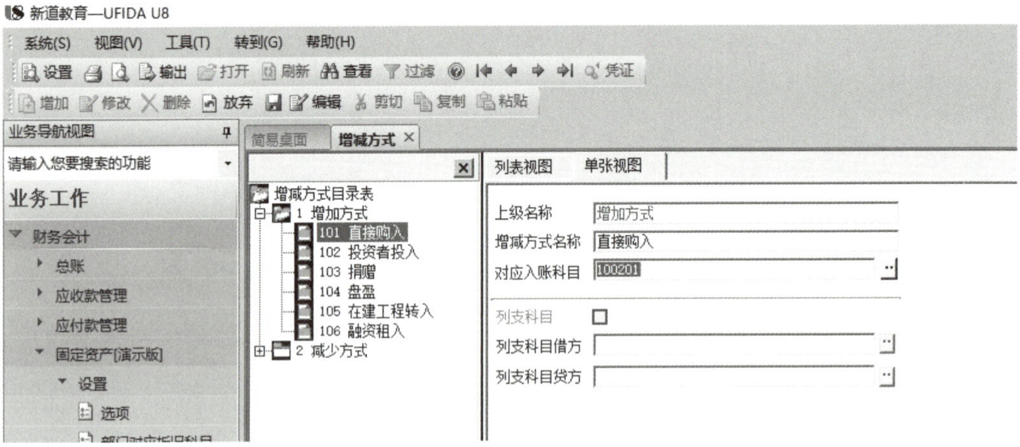


图 4-10　增减方式窗口

（4）单击“保存”按钮，同理设置其他增、减方式对应的入账科目，完成后如图

4-11 所示。

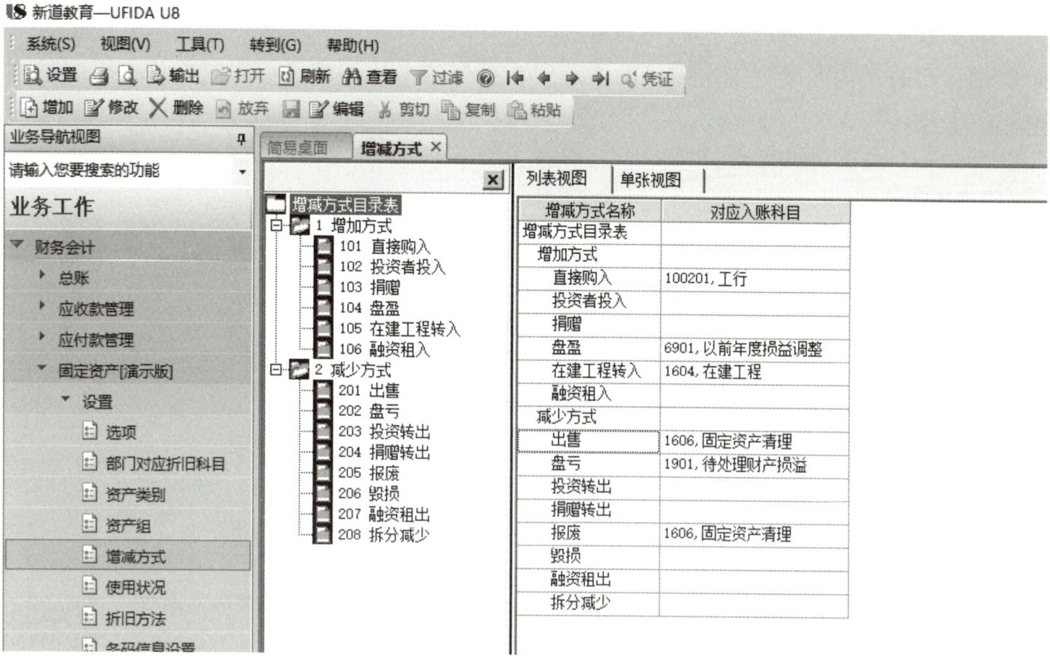


图 4-11　设置其他增减方式对应的入账科目

操作要点

◆在增减方式中设置对应入账科目是为了自动默认生成凭证。

◆对于期初没有进行设置的会计科目，生成凭证的时候需要手工补充。

◆生成凭证时，如果入账科目发生变化，则可以当时修改。

# 任务 5 录入原始卡片

固定资产卡片是固定资产核算和管理的基础依据，原始卡片是指在固定资产系统开始使用日期前，企业已有的所记录的固定资产情况的卡片，即已使用过并计提折旧的固定资产卡片。

## 任务描述

请根据表 4-8 中的资料完成原始卡片的录入。

表 4-8 原始卡片

| 固定资产名称 | 类别编号 | 使用部门 | 增加方式 | 可使用年限 | 开始使用日期 | 原值 / 元 | 累计折旧 / 元 |
|---|---|---|---|---|---|---|---|
| 办公楼 | 01 | 经理办 10%，财务部 20%，采购部 30%，销售部 40% | 在建工程转入 | 30 | 2013-05-22 | 5000000 | 559000 |
| 厂房 | 01 | 生产部 | 在建工程转入 | 30 | 2013-03-13 | 2000000 | 234000 |
| 库房 | 01 | 仓管部 | 在建工程转入 | 30 | 2013-05-25 | 1000000 | 111800 |
| 机床 | 02 | 生产部 | 直接购入 | 10 | 2013-03-20 | 650000 | 231075 |
| 汽车 | 03 | 销售部 | 直接购入 | 6 | 2013-07-20 | 350000 | 190855 |
| 复印机 | 04 | 经理办 | 直接购入 | 5 | 2015-10-28 | 15000 | 3402 |
| 计算机 | 04 | 财务部 | 直接购入 | 5 | 2015-09-16 | 20000 | 4860 |
| 合计 | | | | | | 9035000 | 1334992 |

注：使用状态均为“在用”，折旧方法均采用平均年限法（一）。

## 操作指导

### 原始卡片录入

（1）以 201 账套主管罗强的身份登录企业应用平台，登录时间为“2018-01-01”。

（2）在业务工作选项卡中，选择“固定资产→卡片→录入原始卡片”按钮，打开“固定资产类别档案”窗口。

（3）选择资产类别为“01 房屋及建筑物”，单击“确认”按钮，进入“固定资产卡片录入”窗口。

（4）输入固定资产名称为“办公楼”，选择使用部门为“多部门”。选择增加方式为“在建工程转入”，选择使用状况为“在用”，选择开始使用日期为“2013-05-22”，选择折旧方法为“平均年限法（一）”，输入原值为“5000000.00”，输入累计折旧为“559000.00”，输入使用年限（月）为“360”。其他信息系统默认，如图 4-12 所示。

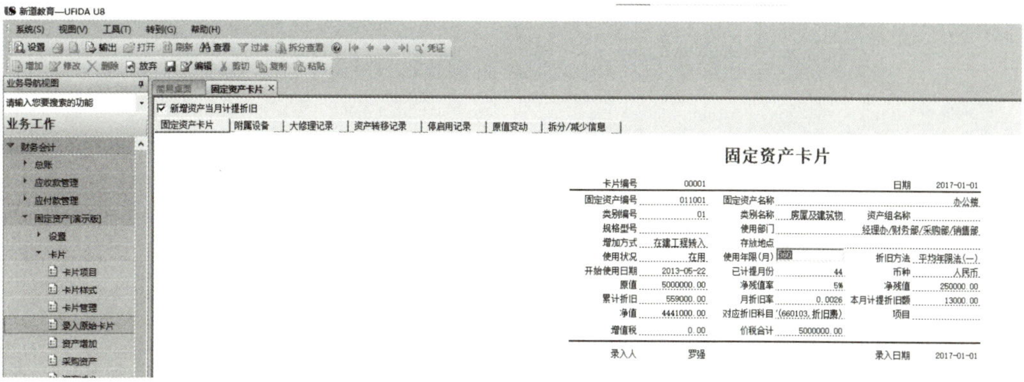


图 4-12 固定资产卡片窗口

（5）单击“保存”按钮，弹出“数据成功保存”信息提示框，单击“确定”按钮。同理，根据所给资料完成其他固定资产原始卡片的录入。

（6）全部原始卡片录入完成后，在业务工作选项卡中，选择“固定资产→处理→对账”按钮，系统将固定资产管理录入的期初明细资料数据汇总并与总账管理期初余额核对，显示与账务对账结果，如图 4-13 所示。

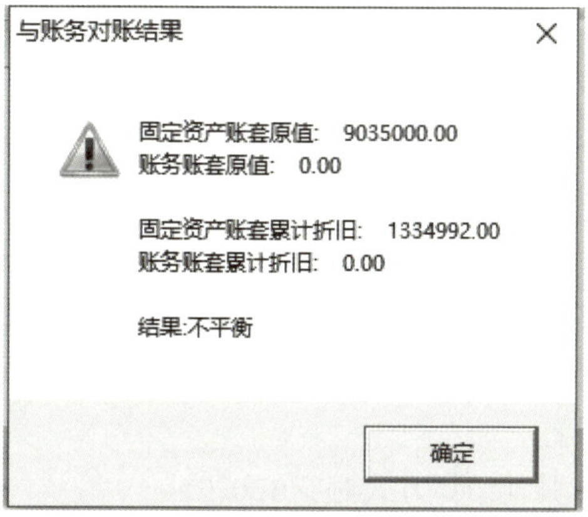


图 4-13 与财务对账结果

操作要点

◆原始卡片的项目应录入齐全，否则无法保存。

◆使用年限应核算为月份。

◆如果原始卡片录入错误，尚未保存可直接修改；如果已经保存，可以通过卡片管理进行修改。

# 项目五 应收款管理系统设置

## 职业能力目标

1. 能力目标：掌握用友U8软件应收账款系统的期初选项设置。

2. 知识目标：掌握应收账款系统的初始设置、期初对账与期初记账。

3. 素质目标：能够利用U8软件进行应收款的管理，掌握有关函数的应用、不同类型图表的制作和编辑。

## 项目背景资料

### 1. 初始设置

（1）系统参数设置。自动计算现金折扣；单据审核后不立即制单；核销生成凭证；方向相反的分录合并。

（2）基本科目设置。

应收科目为1122应收账款；商业承兑科目为1121应收票据；银行承兑科目为1121应收票据；预收科目为2203预收账款；销售收入科目为6001主营业务收入；税金科目为22210102销项税额；销售退回科目为6001主营业务收入；现金折扣科目为6603财务费用。

（3）结算方式科目设置。

现金结算对应1001，其他结算方式对应100201。

### 2. 期初余额

（1）应收账款期初余额见表5-1。

表5-1　应收账款期初余额

| 单据类型 | 科目名称 | 科目 | 开票日期 | 发票号 | 销售货物 | 销售数量/件 | 含税金额/元 |
|---|---|---|---|---|---|---|---|
| 销售专用发票 | 天成公司 | 1122 | 2016-12-05 | 32145 | 甲产品 | 15 | 210600 |
| 销售专用发票 | 同达公司 | 1122 | 2016-12-16 | 32167 | 乙产品 | 100 | 351000 |

（2）应收票据期初余额见表5-2。

表5-2　应收票据期初余额

| 票据编号 | 单据类型 | 客户名称 | 科目 | 汇票签发及收到日期 | 票据面值/元 | 到期日 |
|---|---|---|---|---|---|---|
| 00001 | 商业承兑，不带息 | 科远公司 | 1121 | 2016-10-14 | 421200 | 2017-01-14 |
| 00002 | 商业承兑，不带息 | 鸿丰公司 | 1121 | 2016-11-08 | 175500 | 2017-02-08 |

# 任务1 设置应收款管理系统参数

在使用应收款管理系统进行日常业务处理之前，需要根据企业管理的需要，通过“选项”对企业的相关参数进行设置。应收款管理系统的参数包括常规、凭证、权限与预警及核销设置四部分。系统一旦使用，有的参数就无法更改。因此，财务人员应根据企业核算的需要，进行谨慎选择。

## 任务描述

进行初始设置。

（1）系统参数设置。

自动计算现金折扣；单据审核后不立即制单；核销生成凭证；方向相反的分录合并。

（2）基本科目设置。

应收科目为1122应收账款；商业承兑科目为1121应收票据；银行承兑科目为1121应收票据；预收科目为2203预收账款；销售收入科目为6001主营业务收入；税金科目为22210102销项税额；销售退回科目为6001主营业务收入；现金折扣科目为6603财务费用。

控制科目设置：所有科目的控制科目应收科目为1122，预收科目为2203。

（3）结算方式科目设置。

现金结算对应1001，其他结算方式对应100201。

## 操作指导

### 1. 系统参数设置

（1）以201账套主管罗强的身份登录企业应用平台，登录时间为“2017-01-01”。

（2）在业务工作选项卡中，选择“财务会计→应收款管理→设置→选项”按钮。

（3）打开“账套参数设置”窗口，单击“编辑”按钮，在常规界面选中“自动计算现金折扣”，如图5-1所示。在凭证界面选中“核销生成凭证”，选中“方向相反的分录合并”，不选中“单据审核后立即制单”，其他采用系统默认。单击“确定”按钮，如图5-2所示。

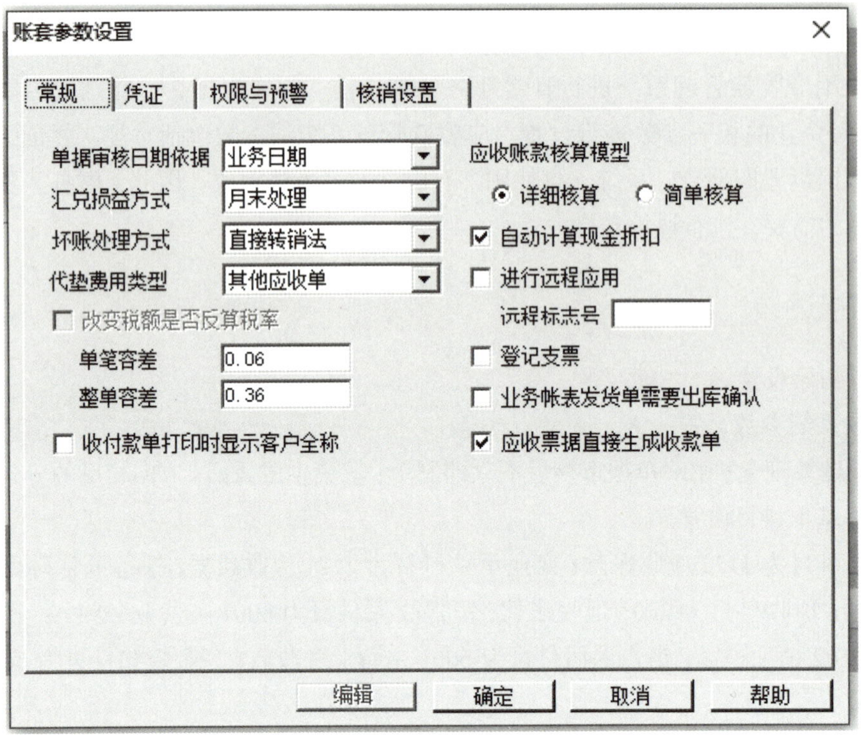


图 5-1　账套参数设置—常规窗口

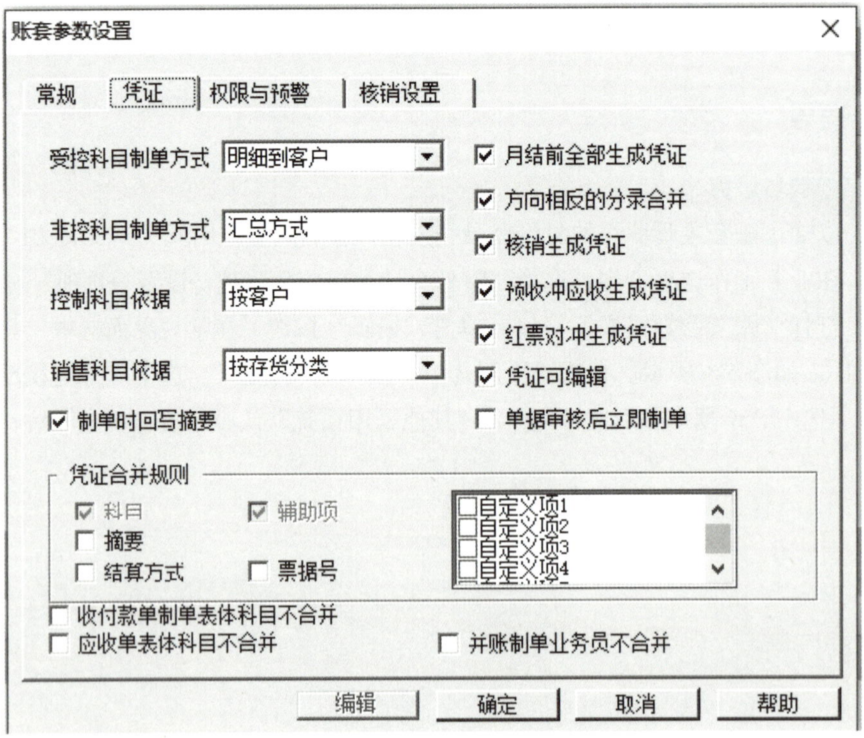


图 5-2　账套参数设置—凭证窗口

## 2. 基本科目设置

（1）以 201 账套主管罗强的身份登录企业应用平台，登录时间为“2018-01-01”。

（2）在业务工作选项卡中，选择“财务会计→应收款管理→设置→初始设置”按钮，选中“设置科目”下的“基本科目设置”，单击“增加”按钮，根据企业所给资料信息，逐行增加应收科目、商业承兑科目、银行承兑科目、预收科目等基本会计科目，如图 5-3 所示。

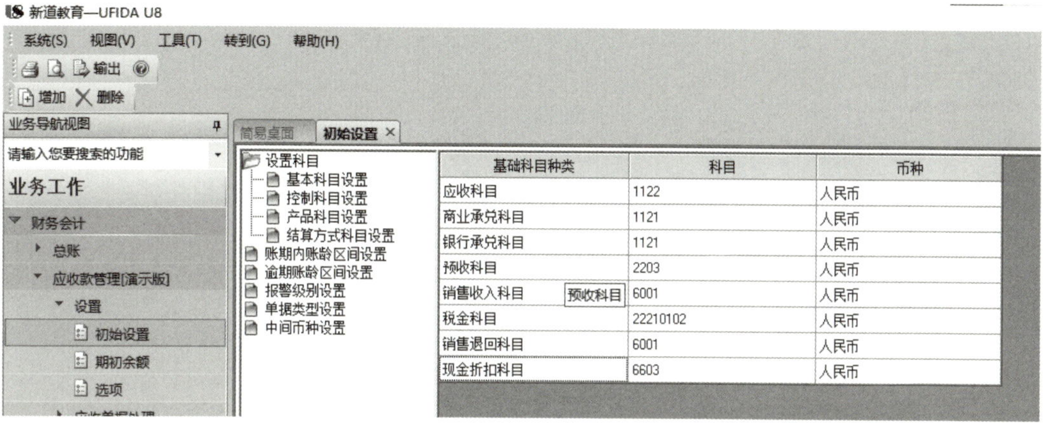


图 5-3　初始设置窗口

操作要点

◆如果设置了基本科目，则在生成凭证时，系统会根据设置自动生成凭证，且凭证保存前，可对相应的会计科目进行修改；如不进行该设置，则需要在凭证生成环节手工录入相关科目。

◆在进行科目设置之前，需要进行会计科目属性的修改，将应收账款 1122、预收账款 2203、应收票据 1121 科目属性改为“客户往来”核算，使之受控于应收款管理系统。

（3）单击“控制科目设置”，对应企业的 3 个客户，分别在应收科目和预收科目处录入“1122”和“2203”，如图 5-4 所示。

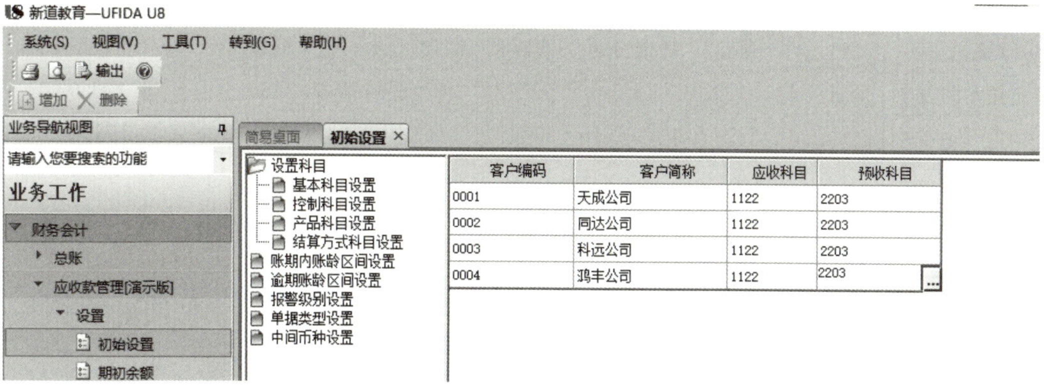


图 5-4　控制科目设置

### 3. 结算方式科目设置

（1）以 201 账套主管罗强的身份登录企业应用平台，登录时间为“2018-01-01”。

（2）在业务工作选项卡中，选择“财务会计→应收款管理→设置→初始设置”按钮，选中设置科目下的“结算方式科目设置”，根据任务要求，录入结算方式、币种及对应的会计科目，如图 5-5 所示。

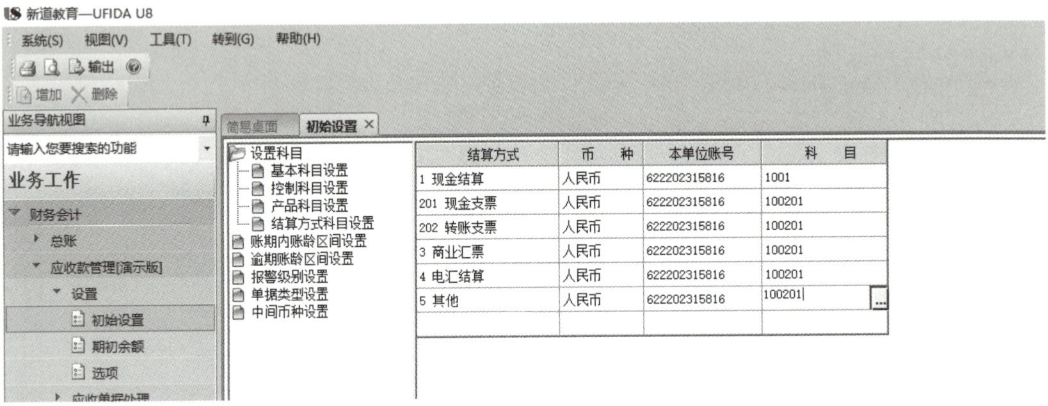


图 5-5 结算方式科目设置

## 任务 2 录入应收款管理系统期初余额

为了保证数据的连续性和完整性，企业首次启用应收款管理系统时，在系统启用前已经存在的应收账款、预收账款及应收票据，应作为企业的期初数据录入本系统中；而当企业启用该系统后进入次年时，系统会自动将上年度未完成的数据转化为本年度的期初数据，并可在该年度的第一个会计期间内，对期初余额进行调整。

### 任务描述

（1）根据表 5-3 完成应收账款期初余额录入。

表 5-3 应收账款期初余额

| 单据类型 | 科目名称 | 科目 | 开票日期 | 发票号 | 销售货物 | 销售数量 / 件 | 含税金额 / 元 |
|---|---|---|---|---|---|---|---|
| 销售专用发票 | 天成公司 | 1122 | 2016-12-05 | 32145 | 甲产品 | 15 | 210600 |
| 销售专用发票 | 同达公司 | 1122 | 2016-12-16 | 32167 | 乙产品 | 100 | 351000 |

（2）根据表 5-4 完成应收票据期初余额录入。

表 5-4 应收票据期初余额

| 票据编号 | 单据类型 | 客户名称 | 科目 | 汇票签发及收到日期 | 票据面值 / 元 | 到期日 |
|---|---|---|---|---|---|---|
| 00001 | 商业承兑，不带息 | 科远公司 | 1121 | 2016-10-14 | 421200 | 2017-01-14 |
| 00002 | 商业承兑，不带息 | 鸿丰公司 | 1121 | 2016-11-08 | 175500 | 2017-02-08 |

## 操作指导

### 1. 应收账款期初余额录入

（1）以 201 账套主管罗强的身份登录企业应用平台，登录时间为“2017-01-01”。

（2）在业务工作选项卡中，选择“财务会计→应收款管理→设置→期初余额”按钮，弹出“期初余额—查询”窗口，单击“确定”按钮，进入“期初余额明细表”窗口，单击“增加”按钮，在单据类别对话框中选择单据名称为“销售发票”，单据类型为“销售专用发票”，单击“确定”按钮。

（3）单击“增加”按钮，根据资料所给信息录入。然后单击“保存”按钮，如图 5-6 所示。

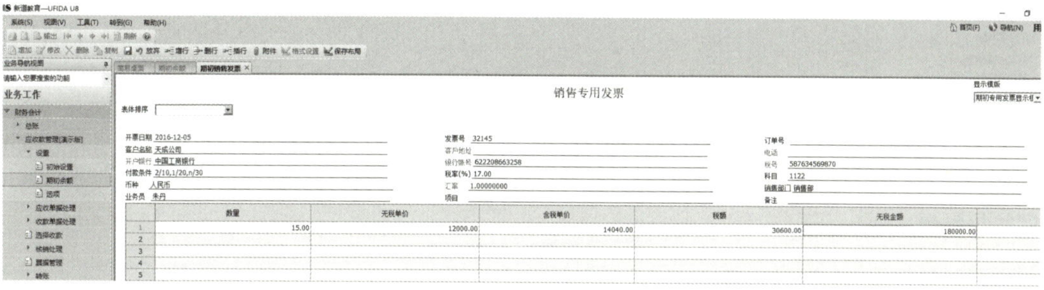


图 5-6　销售发票窗口

### 2. 应收票据期初余额录入

（1）以 201 账套主管罗强的身份登录企业应用平台，登录时间为“2017-01-01”。

（2）在业务工作选项卡中，选择“财务会计→应收款管理→设置→期初余额”按钮，弹出“期初余额—查询”窗口，单击“确定”按钮，进入“期初余额明细表”界面，单击“增加”按钮，在单据类别对话框中选择单据名称为“应收票据”，单据类型为“商业承兑汇票”，单击“确定”按钮。

（3）单击“增加”按钮，根据资料所给信息录入。然后单击“保存”按钮，如图 5-7 所示。

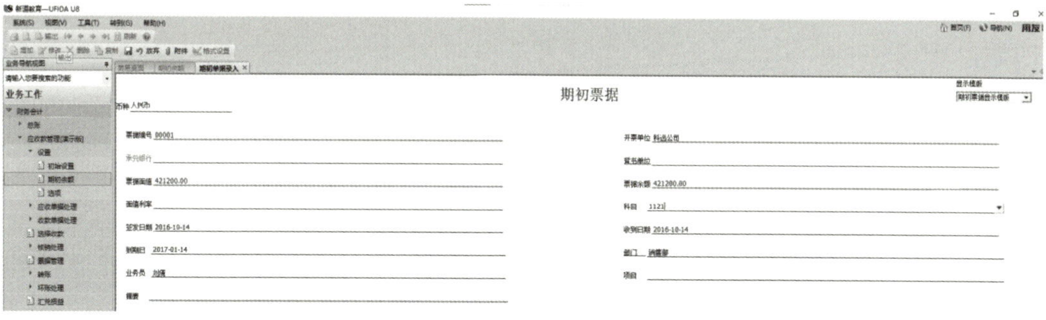


图 5-7　期初票据窗口

（4）退回至“期初余额明细”界面，单击“刷新”按钮，显示企业应收款管理系统中的所有期初数据，如图 5-8 所示。单击“对账”按钮，实现总账系统与应收款管理系统的期初余额对账，如图 5-9 所示。

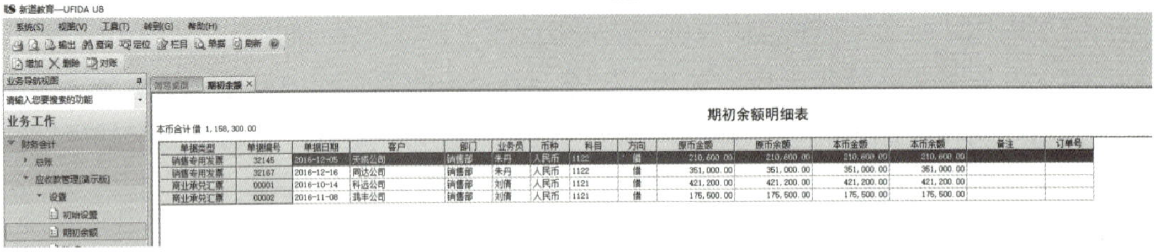


图 5-8　期初余额明细表

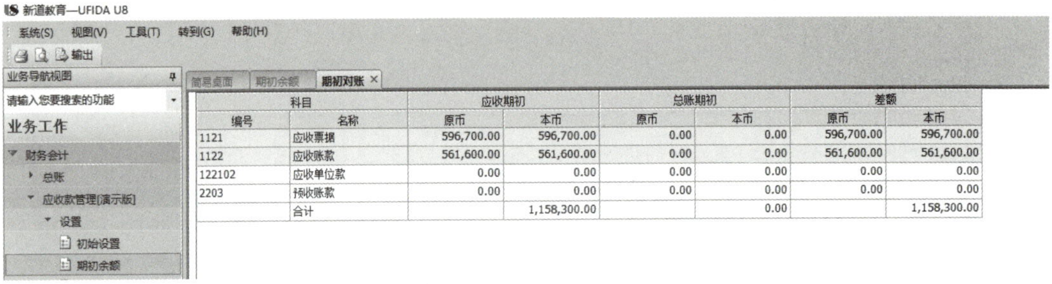


图 5-9　期初对账

操作要点

◆在总账系统与应收款管理系统同时启用的情形下，完成了全部应收款期初余额录入后，应通过对账功能将应收款管理系统期初余额与总账系统的期初余额进行核对。

◆期初余额对账差额为零，说明两个系统客户往来科目期初余额一致。

◆期初余额录入的票据保存后自动审核。

◆当会计期间已经结账后，期初余额只能查询，不能再修改。

# 项目六 应付款管理系统设置

## 职业能力目标

1. 能力目标：掌握用友U8软件应付款系统的期初选项设置。

2. 知识目标：掌握应付款管理子系统初始设置、期初对账与期初记账。

3. 素质目标：能够利用用友U8软件进行应付款的管理，掌握有关函数的应用、不同类型图表的制作和编辑。

## 项目背景资料

### 1. 初始设置

（1）系统参数设置。

自动计算现金折扣；单据审核后不立即制单；核销生成凭证；方向相反的分录合并。

（2）基本科目设置。

应付科目为220201一般应付账款；预付科目为1123预付账款；税金科目为22210101应交税费/应交增值税/进项税额；商业承兑科目为2201应付票据；银行承兑科目为2201应付票据；现金折扣科目为6603财务费用。

（3）结算方式科目设置。

现金结算对应1001，其他结算方式对应100201。

### 2. 期初余额

（1）应付账款期初余额见表6-1。

表6-1　应付账款期初余额

| 单据类型 | 供应商名称 | 科目 | 开票日期 | 发票号 | 采购货物 | 采购数量／吨 | 含税金额／元 |
|---|---|---|---|---|---|---|---|
| 采购专用发票 | 中原公司 | 220201 | 2016-12-12 | 82316 | A材料 | 60 | 280800 |
| 采购专用发票 | 华兴公司 | 220201 | 2016-12-20 | 85047 | C材料 | 50 | 117000 |

（2）应付票据期初余额见表6-2。

表6-2　应付票据期初余额

| 票据编号 | 单据类型 | 供应商名称 | 科目 | 汇票签发及收到日期 | 票据面值／元 | 到期日 |
|---|---|---|---|---|---|---|
| 10001 | 商业承兑，不带息 | 中原公司 | 2201 | 2016-10-05 | 300000 | 2017-01-05 |
| 10002 | 商业承兑，不带息 | 华兴公司 | 2201 | 2016-12-01 | 180000 | 2017-03-01 |

## 任务1 设置应付款管理系统参数

在运行应付款管理系统前，需要根据企业管理的需要，对该系统的相关参数进行设置，以保证应付款管理系统后期能够根据企业设定的选项进行相应的处理。应付款管理系统的参数包括常规、凭证、权限与预警、核销设置及收付款控制五部分，系统一旦使用参数就无法更改。

### 任务描述

进行初始设置。

（1）系统参数设置。

自动计算现金折扣；单据审核后不立即制单；核销生成凭证；方向相反的分录合并。

（2）基本科目设置。

应付科目为220201一般应付账款；预付科目为1123预付账款；税金科目为22210101应交税费/应交增值税/进项税额；商业承兑科目为2201应付票据；银行承兑科目为2201应付票据；现金折扣科目为6603财务费用。

（3）结算方式科目设置。

现金结算对应1001，其他结算方式对应100201。

### 操作指导

#### 1.系统参数设置

（1）以201账套主管罗强的身份登录企业应用平台，登录时间为“2017-01-01”。

（2）在业务工作选项卡中，选择“财务会计→应付款管理→设置→选项”按钮。

（3）打开“账套参数设置”窗口，单击“编辑”按钮，在常规界面选中“自动计算现金折扣”，如图6-1所示。在凭证界面选中“核销生成凭证”，选中“方向相反的分录合并”，不选中“单据审核后立即制单”，其他采用系统默认。单击“确定”按钮，如图6-2所示。

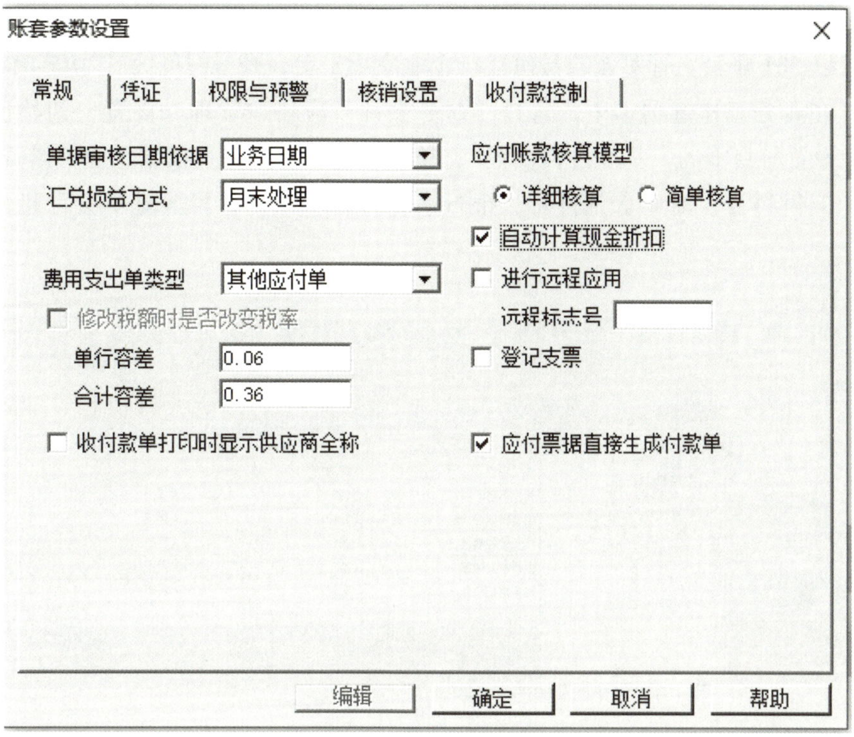


图 6-1 账套参数设置—常规窗口

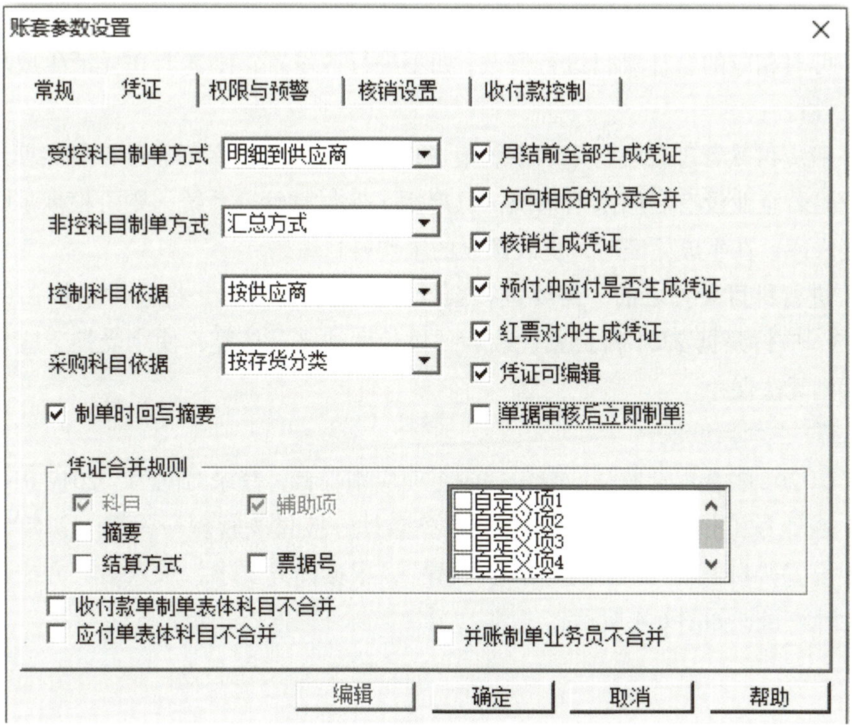


图 6-2 账套参数设置—凭证窗口

### 2.基本科目设置

（1）以 201 账套主管罗强的身份登录企业应用平台，登录时间为“2017-01-01”。

（2）在业务工作选项卡中，选择“财务会计→应付款管理→设置→初始设置”按钮，选中设置科目下的“基本科目设置”，单击“增加”按钮，根据企业所给资料信息，逐行增加应付科目、商业承兑科目、银行承兑科目、预付科目等基本会计科目，如图 6-3 所示。

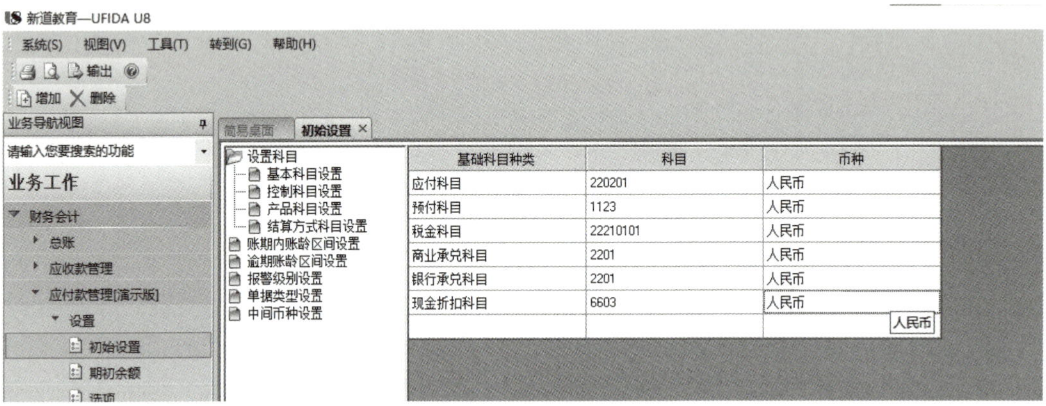


图 6-3　基本科目设置

操作要点

◆如果设置了基本科目，则在生成凭证时，系统会根据设置自动生成凭证，且凭证保存前，可对相应的会计科目进行修改；如不进行该设置，则需要在凭证生成环节手工录入相关科目。

◆一般应付款管理系统与采购系统集成使用，存货的入库可通过存货核算系统生成凭证，但是若企业没有启用采购系统，只启用了应付款管理系统，则可根据采购存货时是否直接入库，在生成凭证时，更改预设的采购科目编码。

◆在进行科目设置之前，需要进行会计科目属性的修改，将应付账款 2202、预付账款 1123、应付票据 2201 科目属性改为“供应商往来”核算，使之受控于应付款管理系统，否则无法保存。

### 3.结算方式科目设置

（1）以 201 账套主管罗强的身份登录企业应用平台，登录时间为“2017-01-01”。

（2）在业务工作选项卡中，选择“财务会计→应付款管理→设置→初始设置”按钮，选中设置科目下的“结算方式科目设置”，根据任务要求，录入结算方式、币种及对应的会计科目，如图 6-4 所示。

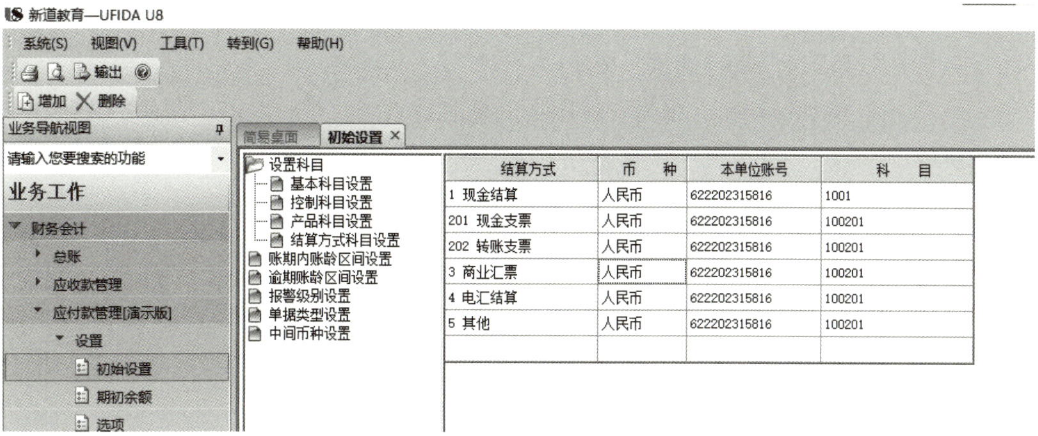


图 6-4 结算方式科目设置

## 任务 2 录入应付款管理系统期初余额

为了保证数据的连续性和完整性，企业首次启用应付款管理系统时，在系统启用前已经存在的应付账款、预付账款及应付票据。应作为企业的期初数据录入本系统中。

### 任务描述

（1）根据表 6-3 完成应付账款期初余额录入。

表 6-3 应付账款期初余额

| 单据类型 | 供应商名称 | 科目 | 开票日期 | 发票号 | 采购货物 | 采购数量 / 吨 | 含税金额 / 元 |
|---|---|---|---|---|---|---|---|
| 采购专用发票 | 中原公司 | 220201 | 2016-12-12 | 82316 | A 材料 | 60 | 280800 |
| 采购专用发票 | 华兴公司 | 220201 | 2016-12-20 | 85047 | C 材料 | 50 | 117000 |

（2）根据表 6-4 完成应付票据期初余额录入。

表 6-4 应付票据期初余额

| 票据编号 | 单据类型 | 供应商名称 | 科目 | 汇票签发及收到日期 | 票据面值 / 元 | 到期日 |
|---|---|---|---|---|---|---|
| 10001 | 商业承兑，不带息 | 中原公司 | 2201 | 2016-10-05 | 300000 | 2017-01-05 |
| 10002 | 商业承兑，不带息 | 华兴公司 | 2201 | 2016-12-01 | 180000 | 2017-03-01 |

### 操作指导

#### 1. 应付账款期初余额录入

（1）以 201 账套主管罗强的身份登录企业应用平台，登录时间为“2017-01-01”。

（2）在业务工作选项卡中，选择“财务会计→应付款管理→设置→期初余额”按钮，弹出“期初余额—查询”窗口，单击“确定”按钮，进入“期初余额明细表”界面，单击“增加”按钮，在单据类别对话框中选择单据名称为“采购发票”，单据类型为“采购专用发票”，单击“确定”按钮。

（3）单击“增加”按钮，根据资料所给信息完成录入。然后单击“保存”按钮，如图 6-5 所示。

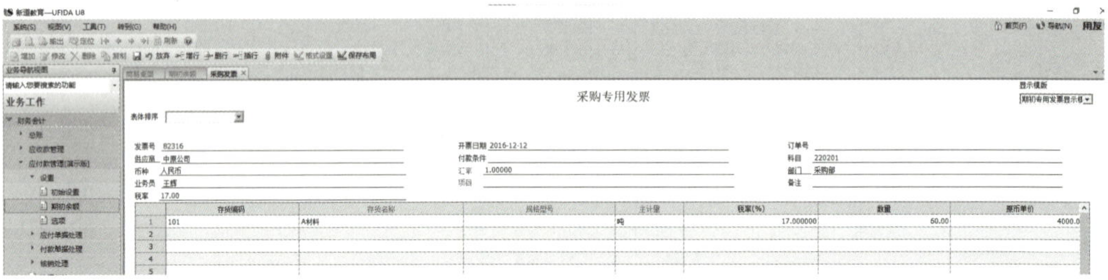

图 6-5　应付账款期初余额录入

操作要点

◆在录入采购专用发票的时候，既需要录入表头内容，也需要录入表体项目，其中蓝字部分为必录信息，而黑字部分的信息可根据情况选择录入。

◆表头的会计科目必须正确录入，否则在录入总账系统期初余额时将无法实现数据的引入功能，应付款管理系统也无法和总账系统进行对账。

◆在录入期初采购发票时，注意发票方向的选择，如果选择正向，则表明是一张蓝字发票，如果选择负向，则表明是一张红字发票。

### 2. 应付票据期初余额录入

（1）以 201 账套主管罗强的身份登录企业应用平台，登录时间为“2017-01-01”。

（2）在业务工作选项卡中，选择“财务会计→应付款管理→设置→期初余额”按钮，弹出“期初余额—查询”窗口，单击“确定”按钮，进入“期初余额明细表”界面，单击“增加”按钮，在单据类别对话框中选择单据名称为“应付票据”，单据类型为“商业承兑汇票”，单击“确定”按钮。

（3）单击“增加”按钮，根据资料所给信息完成录入，单击“保存”按钮，如图 6-6 所示。

图 6-6　应付票据期初余额录入

（4）退回至“期初余额明细”界面，单击“刷新”按钮，显示企业应付款管理系统中的所有期初数据，如图 6-7 所示。单击“对账”按钮，实现总账系统与应付款管理系统的期初余额对账，如图 6-8 所示。

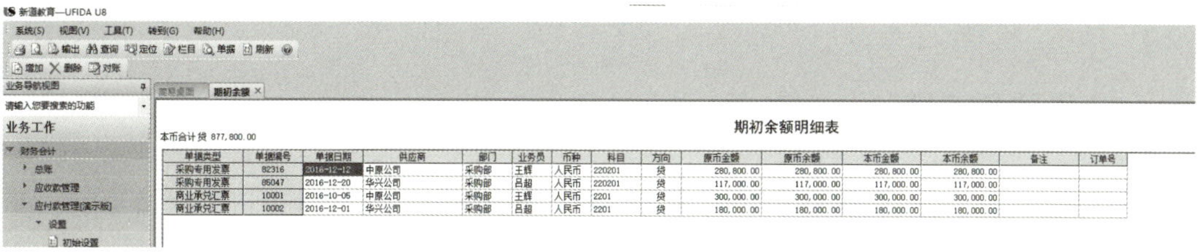


图 6-7　期初余额

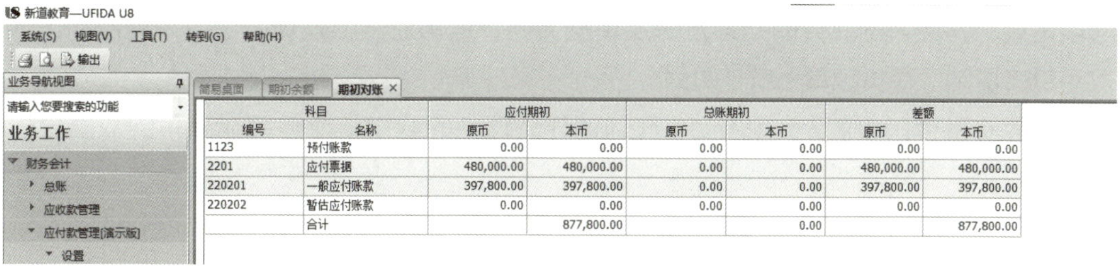


图 6-8　期初对账

操作要点

◆期初余额对账差额为零，说明总账系统与应付款管理系统的供应商往来科目的期初余额完全一致。

◆期初余额录入的应付票据保存后自动审核。

◆当会计期间已经结账后，期初余额只能查询，不能再修改。

# 项目七 供应链管理初始设置

## 职业能力目标

1. 能力目标：能够在企业供应链相关岗位上利用用友U8软件进行原材料采购、产成品销售、库存存货等业务数据的相关处理。

2. 知识目标：掌握用友U8软件供应链系统、应收款系统，以及应付款系统的期初选项设置、普通采购业务的处理方法及单据流向、销售业务的处理方法及单据流向、出入库单的填制、存货核算系统的处理。

3. 素质目标：熟练掌握用友U8在购销存管理中的运用，能够完成简单的数据分析工作。

## 项目背景资料

### 1. 采购管理系统初始设置

（1）录入期初采购入库单。

入库日期:2016-12-28；仓库：原材料库；供货单位：中原公司；采购类型：普通采购；入库类别：采购入库；存货编码：102；存货名称：B材料；数量：50吨；本币单价：3000元。

（2）办理采购期初记账。

### 2. 销售管理系统初始设置

在销售管理系统参数中设置普通销售必有订单，新增发货单默认参照订单，新增发票默认参照发货。

### 3. 存货核算系统初始设置

（1）存货科目见表7-1。

表7-1　存货科目

| 存货分类编码 | 存货分类名称 | 存货编码科目 | 存货科目名称 |
| --- | --- | --- | --- |
| 1 | 原材料 | 1403 | 原材料 |
| 2 | 产成品 | 1405 | 库存商品 |

（2）存货对方科目见表7-2。

表 7-2 存货对方科目

| 收发类别编码 | 收发类别名称 | 对方科目编码 | 对方科目名称 | 暂估科目编码 | 暂估科目名称 |
|---|---|---|---|---|---|
| 11 | 采购入库 | 1402 | 在途物资 | 220202 | 暂估应付账款 |
| 12 | 产成品入库 | 500101 | 生产成本 / 直接材料 | | |
| 21 | 销售出库 | 6401 | 主营业务成本 | | |
| 22 | 生产领用出库 | 500101 | 生产成本 / 直接材料 | | |

（3）存货期初余额见表 7-3。

表 7-3　存货期初余额

| 仓库名称 | 存货编码 | 存货名称 | 数量 / 吨、件 | 单价 / 元 |
|---|---|---|---|---|
| 原材料库 | 101 | A 材料 | 20 | 4000 |
| 原材料库 | 102 | B 材料 | 80 | 3000 |
| 原材料库 | 103 | C 材料 | 30 | 2000 |
| 原材料库 | 104 | D 材料 | 20 | 1200 |
| 产成品库 | 201 | 甲产品 | 120 | 8000 |
| 产成品库 | 202 | 乙产品 | 400 | 2000 |

### 4. 库存管理系统初始设置

从存货核算系统取数，保存后执行批审。

# 任务 1　采购管理系统初始设置

## 任务描述

（1）录入期初采购入库单。

入库日期:2016-12-28；仓库：原材料库；供货单位：中原公司；采购类型：普通采购；入库类别：采购入库；存货编码：102；存货名称：B材料；数量：50 吨；本币单价：3000 元。

（2）办理采购期初记账。

## 操作指导

### 1. 录入期初采购入库单

（1）以 201 账套主管罗强的身份登录企业应用平台，登录时间为“2017-01-01”。

（2）在业务工作选项卡中，选择“供应链→采购管理→采购入库→采购入库单”按钮，打开“期初采购入库单”窗口。

（3）单击“增加”按钮，根据资料所给信息进行逐项录入；单击“保存”按钮，如图 7-1 所示。

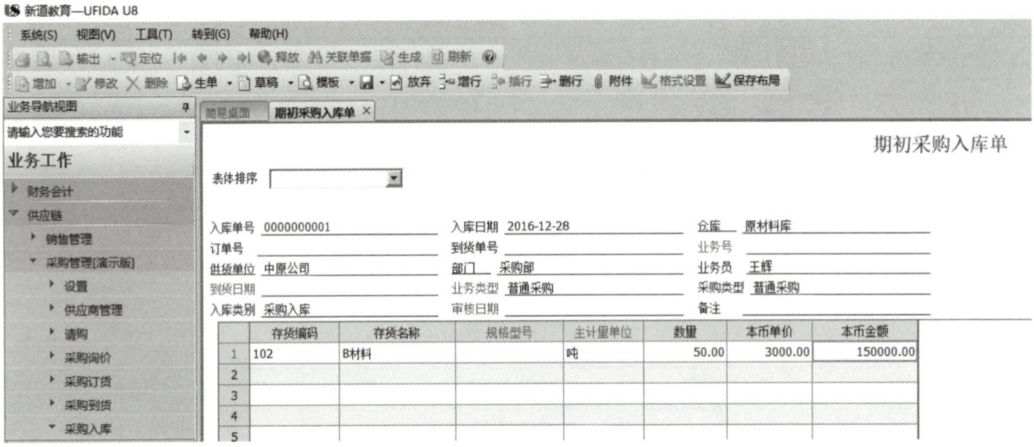

图 7-1　期初采购入库单窗口

### 2. 办理采购期初记账

（1）以 201 账套主管罗强的身份登录企业应用平台，登录时间为“2017-01-01”。

（2）在业务工作选项卡中，选择“供应链→采购管理→设置→采购期初记账”按钮，打开“期初记账”窗口，如图 7-2 所示。单击“记账”按钮，弹出“记账完毕”提示窗口。

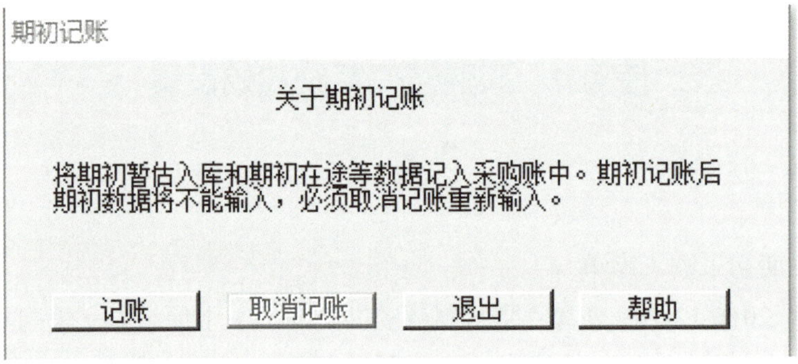


图 7-2　期初记账窗口

## 任务 2　销售管理系统初始设置

### 任务描述

销售管理系统初始设置：在销售管理系统参数中设置普通销售必有订单，新增发货单默认参照订单，新增发票默认参照发货。

### 操作指导

#### 销售管理系统初始设置

（1）以 201 账套主管罗强的身份登录企业应用平台，登录时间为“2017-01-01”。

（2）在业务工作选项卡中，选择"供应链→销售管理→设置→销售"按钮。打开"销售选项"窗口，在业务控制标签下，勾选"普通销售必有订单"，如图 7-3 所示。在其他控制标签下找到新增发货单默认勾选"参照订单"，新增发票默认勾选"参照发货"，如图 7-4 所示。其他采用系统默认。

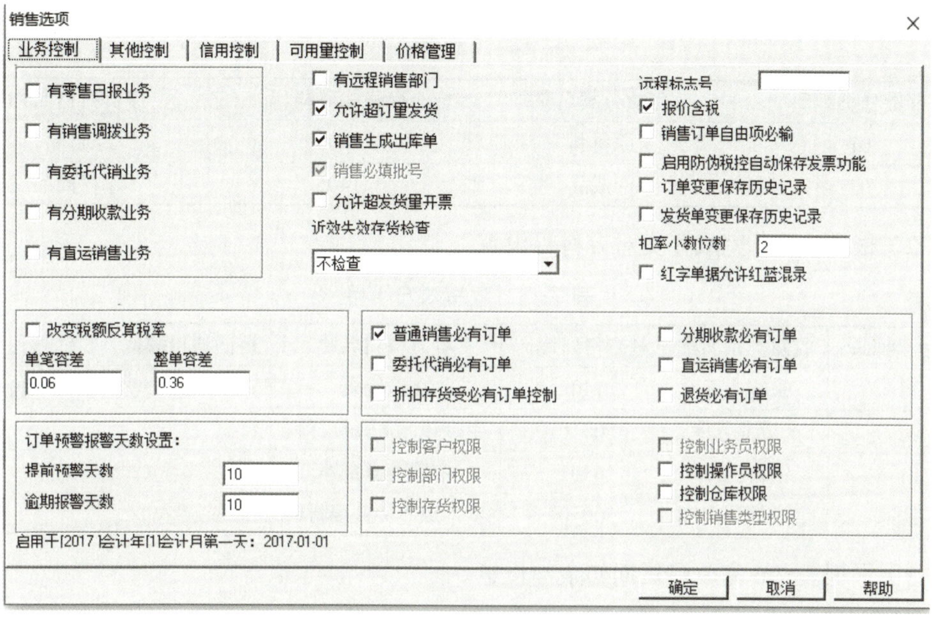


图 7-3　销售选项—业务控制窗口

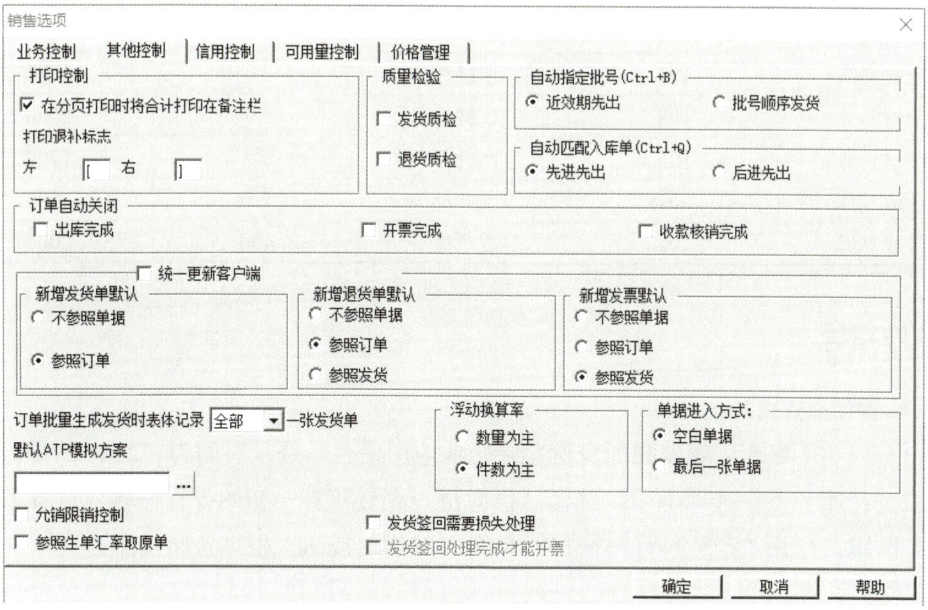


图 7-4　销售选项—其他控制窗口

# 任务 3　存货核算系统初始设置

## 任务描述

（1）根据表 7-4 完成存货科目设置。

表 7-4　存货科目

| 存货分类编码 | 存货分类名称 | 存货编码科目 | 存货科目名称 |
|---|---|---|---|
| 01 | 原材料 | 1403 | 原材料 |
| 02 | 产成品 | 1405 | 库存商品 |

（2）根据表 7-5 完成存货对方科目设置。

表 7-5　存货对方科目

| 收发类别编码 | 收发类别名称 | 对方科目编码 | 对方科目名称 | 暂估科目编码 | 暂估科目名称 |
|---|---|---|---|---|---|
| 11 | 采购入库 | 1402 | 在途物资 | 220202 | 暂估应付账款 |
| 12 | 产成品入库 | 500101 | 生产成本 / 直接材料 | | |
| 21 | 销售出库 | 6401 | 主营业务成本 | | |
| 22 | 生产领用出库 | 500101 | 生产成本 / 直接材料 | | |

（3）根据表 7-6 完成存货期初余额设置。

表 7-6　存货期初余额

| 仓库名称 | 存货编码 | 存货名称 | 数量 / 吨、件 | 单价 / 元 |
|---|---|---|---|---|
| 原材料库 | 101 | A 材料 | 20 | 4000 |
| 原材料库 | 102 | B 材料 | 80 | 3000 |
| 原材料库 | 103 | C 材料 | 30 | 2000 |
| 原材料库 | 104 | D 材料 | 20 | 1200 |
| 产成品库 | 201 | 甲产品 | 120 | 8000 |
| 产成品库 | 202 | 乙产品 | 400 | 2000 |

## 操作指导

### 1. 设置存货科目

（1）以 201 账套主管罗强的身份登录企业应用平台，登录时间为“2017-01-01”。

（2）在业务工作选项卡中，选择“供应链→存货核算→初始设置→科目设置→存货科目”按钮，打开“存货科目”窗口，单击“增加”按钮，根据资料信息进行增加，结果如图 7-5 所示。

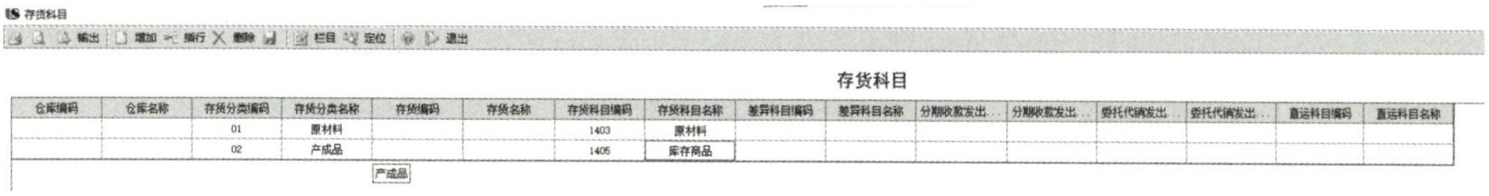

存货科目

| 仓库编码 | 仓库名称 | 存货分类编码 | 存货分类名称 | 存货编码 | 存货名称 | 存货科目编码 | 存货科目名称 | 差异科目编码 | 差异科目名称 | 分期收款发出... | 分期收款发出... | 委托代销发出... | 委托代销发出... | 直运科目编码 | 直运科目名称 |
|---|---|---|---|---|---|---|---|---|---|---|---|---|---|---|---|
| | | 01 | 原材料 | | | 1403 | 原材料 | | | | | | | | |
| | | 02 | 产成品 | | | 1405 | 库存商品 | | | | | | | | |

图 7-5　存货科目窗口

## 2. 设置存货对方科目

（1）以 201 账套主管罗强的身份登录企业应用平台，登录时间为“2017-01-01”。

（2）在业务工作选项卡中，选择“供应链→存货核算→初始设置→科目设置→对方科目”按钮，打开“对方科目”窗口，单击“增加”按钮，根据资料信息进行增加，结果如图 7-6 所示。

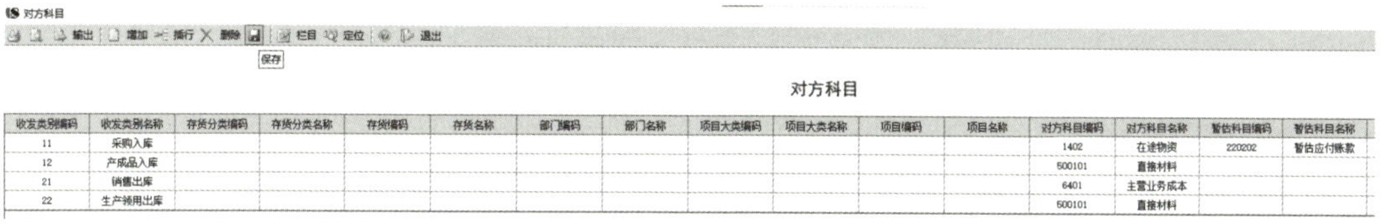

对方科目

| 收发类别编码 | 收发类别名称 | 存货分类编码 | 存货分类名称 | 存货编码 | 存货名称 | 部门编码 | 部门名称 | 项目大类编码 | 项目大类名称 | 项目编码 | 项目名称 | 对方科目编码 | 对方科目名称 | 暂估科目编码 | 暂估科目名称 |
|---|---|---|---|---|---|---|---|---|---|---|---|---|---|---|---|
| 11 | 采购入库 | | | | | | | | | | | 1402 | 在途物资 | 220202 | 暂估应付账款 |
| 12 | 产成品入库 | | | | | | | | | | | 500101 | 直接材料 | | |
| 21 | 销售出库 | | | | | | | | | | | 6401 | 主营业务成本 | | |
| 22 | 生产领用出库 | | | | | | | | | | | 500101 | 直接材料 | | |

图 7-6　对方科目窗口

## 3. 录入存货期初余额并记账

（1）以 201 账套主管罗强的身份登录企业应用平台，登录时间为“2017-01-01”。

（2）在业务工作选项卡中，选择“供应链→存货核算→初始设置→期初数据→期初余额”按钮，打开“期初余额”窗口，仓库选择“原材料库”，单击“增加”按钮，根据资料信息进行增加，结果如图 7-7 所示。仓库“选择产成品库”，单击“增加”按钮，根据资料信息进行增加，结果如图 7-8 所示。

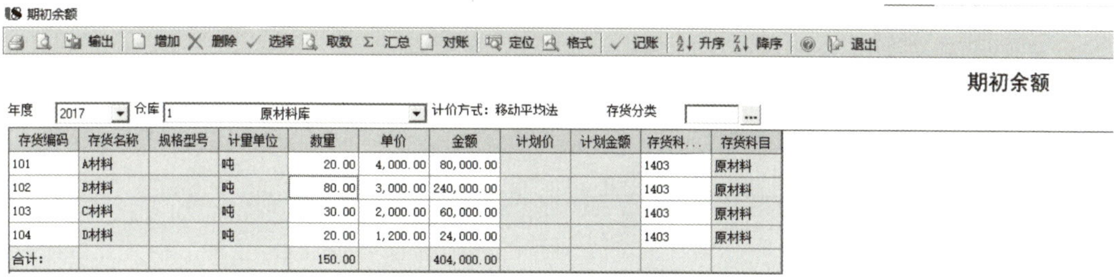

期初余额

年度 2017　仓库 1 原材料库　计价方式：移动平均法　存货分类

| 存货编码 | 存货名称 | 规格型号 | 计量单位 | 数量 | 单价 | 金额 | 计划价 | 计划金额 | 存货科... | 存货科目 |
|---|---|---|---|---|---|---|---|---|---|---|
| 101 | A材料 | | 吨 | 20.00 | 4,000.00 | 80,000.00 | | | 1403 | 原材料 |
| 102 | B材料 | | 吨 | 80.00 | 3,000.00 | 240,000.00 | | | 1403 | 原材料 |
| 103 | C材料 | | 吨 | 30.00 | 2,000.00 | 60,000.00 | | | 1403 | 原材料 |
| 104 | D材料 | | 吨 | 20.00 | 1,200.00 | 24,000.00 | | | 1403 | 原材料 |
| 合计: | | | | 150.00 | | 404,000.00 | | | | |

图 7-7　期初余额窗口

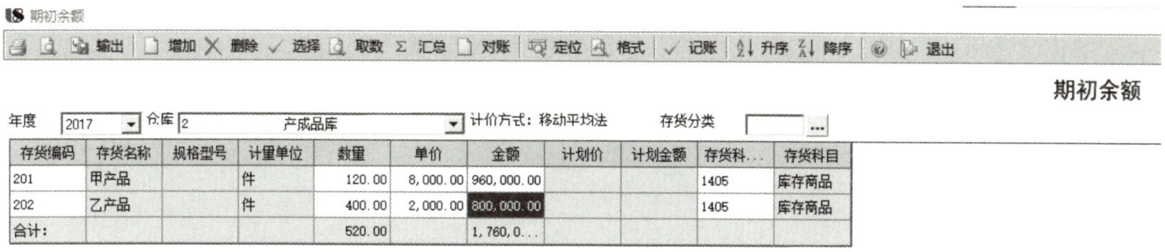

期初余额

年度 2017　仓库 2 产成品库　计价方式：移动平均法　存货分类

| 存货编码 | 存货名称 | 规格型号 | 计量单位 | 数量 | 单价 | 金额 | 计划价 | 计划金额 | 存货科... | 存货科目 |
|---|---|---|---|---|---|---|---|---|---|---|
| 201 | 甲产品 | | 件 | 120.00 | 8,000.00 | 960,000.00 | | | 1405 | 库存商品 |
| 202 | 乙产品 | | 件 | 400.00 | 2,000.00 | 800,000.00 | | | 1405 | 库存商品 |
| 合计: | | | | 520.00 | | 1,760,0... | | | | |

图 7-8　增加信息

（7）单击“记账”按钮，弹出“存货核算”窗口，提示“期初记账成功”，如图 7-9

所示。然后单击“确定”按钮，结束操作。

图 7-9　存货核算期初记账成功

## 任务 4　库存管理系统初始设置

### 任务描述

从存货核算系统取数，保存后执行批审。

### 操作指导

#### 库存管理系统初始设置

（1）以 201 账套主管罗强的身份登录企业应用平台，登录时间为“2017-01-01”。

（2）在业务工作选项卡中，选择“供应链→库存管理→初始设置→期初结存”按钮，打开“库存期初”窗口，右上角仓库选择“原材料库”，单击“修改→取数→保存”按钮，如图 7-10 所示。单击“批审”按钮，完成原材料库期初数据录入与审核工作。

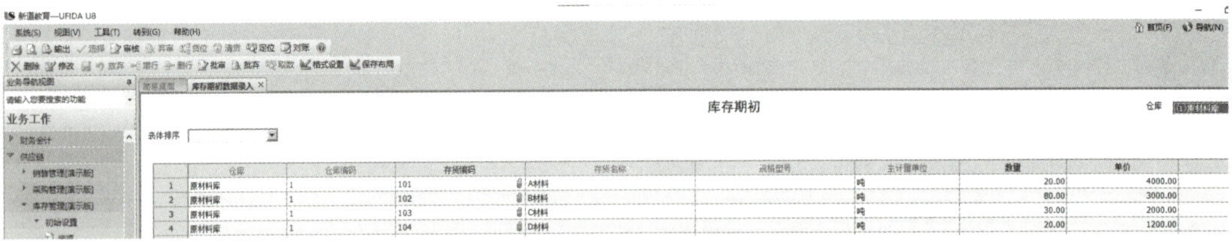


图 7-10　库存期初窗口

（3）右上角仓库选择“产成品库”，单击“修改→取数→保存”按钮，如图 7-11 所示。单击“批审”按钮，完成产成品库期初数据录入与审核工作。

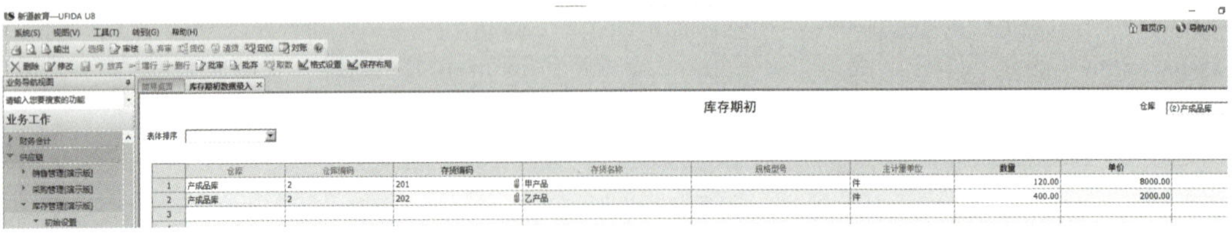


图 7-11　完成数据录入与审核

# 项目八 总账期初设置

## 职业能力目标

1. 能力目标：掌握用友U8 软件中总账系统日常业务处理的相关内容。

2. 知识目标：熟悉总账系统日常业务处理的各种操作。

3. 素质目标：运用所学理论和方法加强财务管理，规范财务核算，提高财务管理水平。

## 项目背景资料

### 1. 总账参数

制单序时控制；不可以使用应收、应付、存货受控科目；同步删除业务系统凭证；出纳凭证必须由出纳签字；不允许作废、修改他人填制的凭证。

### 2. 录入期初余额

（1）期初余额见表 8-1。

表 8-1 期初余额

| 科目名称 | 方向 | 期初余额 / 元 |
|---|---|---|
| 库存现金 1001 | 借 | 2080 |
| 银行存款 1002 | 借 | 1600692 |
| 工行 100201 | 借 | 1600692 |
| 应收票据 1121 | 借 | 596700 |
| 应收账款 1122 | 借 | 561600 |
| 其他应收款 1221 | 借 | 8000 |
| 应收个人款 122101 | 借 | 8000 |
| 原材料 1403 | 借 | 404000 |
| 库存商品 1405 | 借 | 1760000 |
| 固定资产 1601 | 借 | 9035000 |
| 累计折旧 1602 | 贷 | 1334992 |
| 短期借款 2001 | 贷 | 600000 |
| 应付票据 2201 | 贷 | 480000 |
| 应付账款 2202 | 贷 | 547800 |
| 一般应付款 220201 | 贷 | 397800 |

续表

| 科目名称 | 方向 | 期初余额 / 元 |
|---|---|---|
| 暂估应付账款 220202 | 贷 | 150000 |
| 应交税费 2221 | 贷 | 433500 |
| 未交增值税 222102 | 贷 | 255000 |
| 应交城市维护建设税 222103 | 贷 | 17850 |
| 应交教育费附加 222104 | 贷 | 7650 |
| 应交个人所得税 222105 | 贷 | 1500 |
| 应交企业所得税 222106 | 贷 | 150000 |
| 其他应付款 2241 | 贷 | 32680 |
| 长期借款 2501 | 贷 | 1000000 |
| 实收资本 4001 | 贷 | 8000000 |
| 资本公积 4002 | 贷 | 529000 |
| 盈余公积 4101 | 贷 | 651500 |
| 利润分配 4104 | 贷 | 500000 |
| 未分配利润 410415 | 贷 | 500000 |
| 生产成本 5001 | 借 | 139900 |
| 直接材料 500101 | 借 | 72950 |
| 直接人工 500102 | 借 | 7810 |
| 制造费用 500103 | 借 | 59140 |

（2）辅助账期初余额见表 8-2、表 8-3、表 8-4。

表 8-2　应收个人款

会计科目：122101 应收个人款　　余额：借 8000 元

| 日期 | 凭证号 | 部门 | 个人 | 摘要 | 方向 | 期初余额 / 元 |
|---|---|---|---|---|---|---|
| 2016-12-25 | 记 58 | 采购部 | 王辉 | 出差借款 | 借 | 3000 |
| 2016-12-27 | 记 67 | 销售部 | 朱丹 | 出差借款 | 借 | 5000 |

表 8-3　暂估应付账款

会计科目：220202 暂估应付账款　　余额：贷 15000 元

| 日期 | 凭证号 | 供应商 | 摘要 | 方向 | 期初余额 / 元 |
|---|---|---|---|---|---|
| 2016-12-31 | 记 86 | 中原公司 | 购 B 材料 | 贷 | 150000 |

表 8-4　生产成本

会计科目：5001 生产成本　　余额：借 139900 元

| 科目名称 | 甲产品 / 元 | 乙产品 / 元 | 合计 / 元 |
|---|---|---|---|
| 直接材料 500101 | 52470 | 20480 | 72950 |
| 直接人工 500102 | 4000 | 3810 | 7810 |
| 制造费用 500103 | 35160 | 23980 | 59140 |

应收票据、应收账款、应付票据、应付账款等科目期初余额在往来明细中分别从应收款管理系统、应付款管理系统引入。

### 3. 期末转账定义

（1）自定义转账设置见表 8-5。

表 8-5　自定义转账设置见表自定义转账设置

| 转账序号 | 转账说明 | 科目编码 | 方向 | 金额 / 元 |
|---|---|---|---|---|
| 0001 | 计提税金及附加 | 6403 | 借 | JG ( ) |
| | | 222103 | 贷 | QM（222101，月）*0.07 |
| | | 222104 | 贷 | QM（222101，月）*0.03 |
| 0002 | 结转未交增值税 | 22210105 | 借 | QM（222101，月） |
| | | 222102 | 贷 | JG ( ) |
| 0003 | 计提企业所得税 | 6801 | 借 | FS（4103，月，贷）*0.25-FS（4103，月，借）*0.25 |
| | | 222106 | 贷 | JG ( ) |

（2）期间损益结转设置。

凭证类别为记账凭证；本年利润科目为 4103 本年利润。

## 任务 1　总账系统参数设置

在实际工作中，在进行会计凭证的填制、审核等日常经济业务之前，应根据企业业务处理的需要进行总账系统参数设置。参数是对总账系统业务处理规则的限定，后期由于具体情况需要或者业务变更，发生一些账套信息与核算内容不符的情况时，可对参数进行调整。

### 任务描述

对总账参数进行设置：制单序时控制；不可以使用应收、应付、存货受控科目；同步删除业务系统凭证；出纳凭证必须由出纳签字；不允许作废、修改他人填制的凭证。

### 操作指导

#### 总账参数

（1）以 201 账套主管罗强的身份登录企业应用平台，登录时间为“2017-01-01”。

（2）在业务工作选项卡中，选择“财务会计→总账→设置→选项”按钮。

（3）打开“选项”窗口，单击“编辑”按钮，在凭证选项卡界面勾选“制单序时控制”，不勾选可以使用应收、应付、存货受控科目这 3 项，勾选“同步删除业务系统凭证”，如图 8-1 所示。

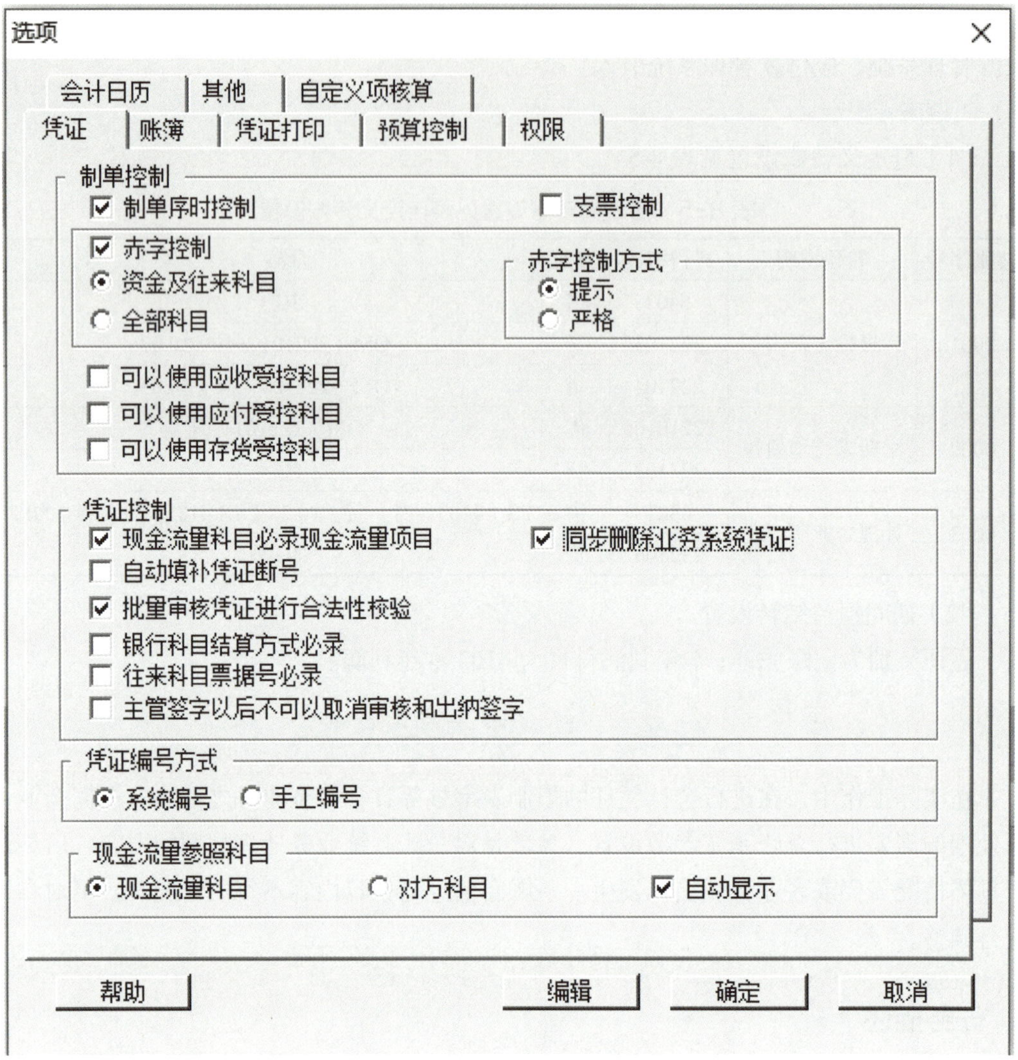


图 8-1　选项—凭证窗口

（4）在权限选项卡界面勾选“出纳凭证必须由出纳签字”，不勾选“允许修改、作废他人填制的凭证”，勾选“可查询他人凭证”，如图 8-2 所示。单击“确定”按钮保存。

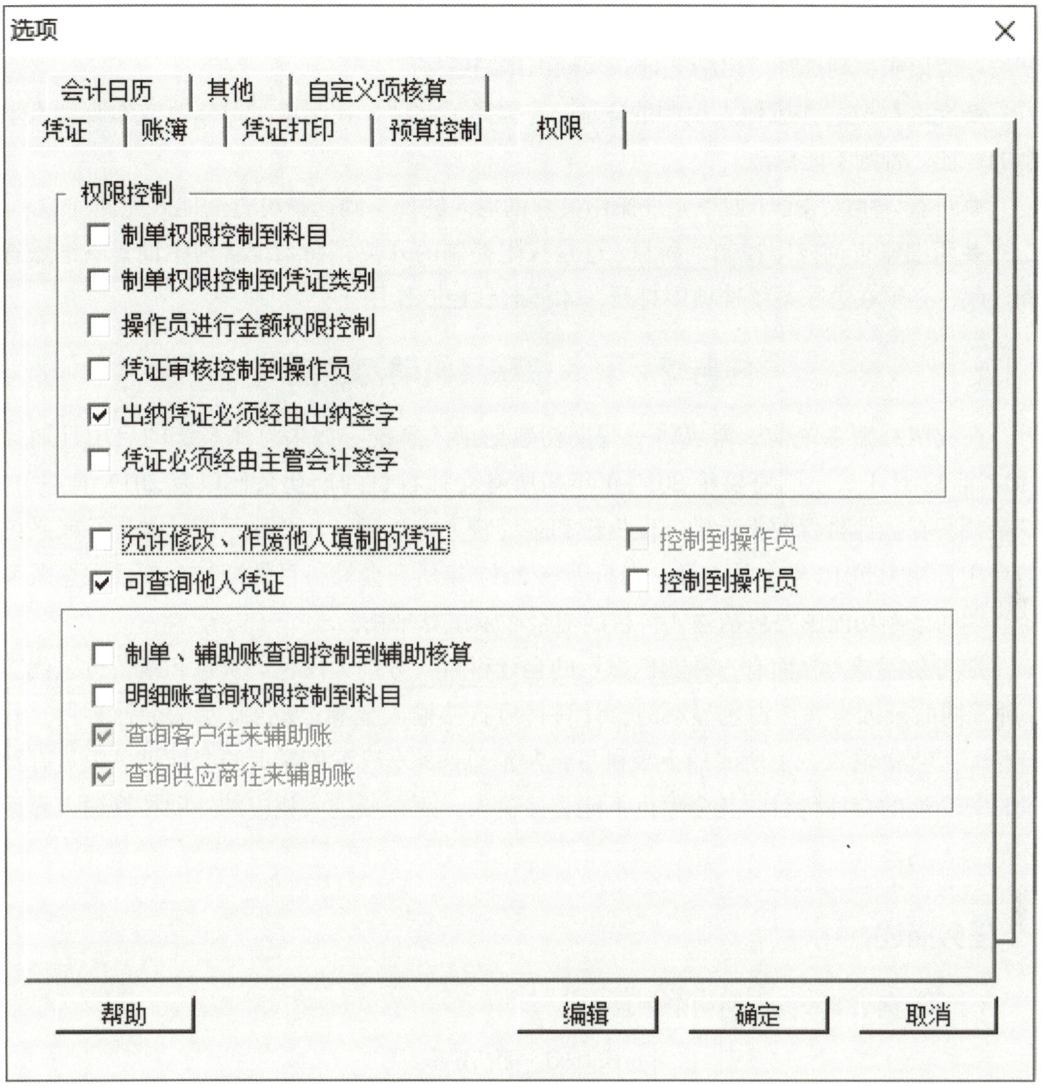


图 8–2　选项—权限窗口

操作要点

◆制单序时控制：此项和系统编号项联用，制单时凭证编号必须按日期顺序排列。例如，10 月 25 日编制 25 号凭证，10 月 26 日只能编制 26 号凭证，即制单序时。如果有特殊需要可以将其改为不序时制单。

◆支票控制：若选择此项，则在制单过程中使用银行科目编制凭证时，系统针对票据管理的结算方式进行登记，如果录入支票号在支票登记簿中已存，则系统提供登记支票报销的功能，否则，系统提供登记支票簿的功能。

◆可以使用存货受控科目：若科目为存货核算系统的受控科目，则为了防止重复制单，只允许存货核算系统使用此科目制单，总账系统是不能使用此科目制单的。因此，如果在总账系统中，也需要使用这些科目填制凭证，则应选择此项。

◆出纳凭证必须经由出纳签字：若要求现金、银行科目凭证必须由出纳人员核对签字后才能记账，则选择"出纳凭证必须经由出纳签字"。

◆允许修改、作废他人填制的凭证：若选择了此项，在制单时可修改或作废别人填制的凭证，否则不能修改。

◆可查询他人凭证：如果允许操作员查询他人凭证，则选择可查询他人凭证。

◆明细账查询权限控制到科目：这是权限控制的开关，在系统管理中设置明细账查询权限，必须在总账系统选项中打开，才能起到控制作用。

## 任务 2　录入总账系统期初余额

在应用总账系统前，需要将一些期初数据录入系统。如果总账系统的启用日期为 2017 年 12 月 1 日，则需要将 2017 年年初所有会计科目的期初余额以及 2017 年 1—11 月余额所有会计科目的累计借方发生额和累计贷方发生额录入总账系统。如果总账系统的启用日期为 2018 年 1 月 1 日，则只需将 2017 年所有会计科目的期初余额录入总账系统。期初余额功能主要包括输入科目期初余额及试算平衡。

期初余额录入界面有三种颜色显示的会计科目，分别为白色、灰色和浅黄色，代表 3 种不同的录入方式。白色显示的会计科目可直接输入金额；灰色显示的会计科目，其金额不可直接输入，由所属的下级科目金额汇总而来；浅黄色显示的会计科目为具有辅助核算功能的会计科目，其金额也不能直接输入，而需要进入相应的辅助核算输入界面才能录入。

### 任务描述

（1）根据表 8-6 完成期初余额录入。

表 8-6　期初余额

| 科目名称 | 方向 | 期初余额 / 元 |
|---|---|---|
| 库存现金 1001 | 借 | 2080 |
| 银行存款 1002 | 借 | 1600692 |
| 工行 100201 | 借 | 1600692 |
| 应收票据 1121 | 借 | 596700 |
| 应收账款 1122 | 借 | 561600 |
| 其他应收款 1221 | 借 | 8000 |
| 应收个人款 122101 | 借 | 8000 |
| 原材料 1403 | 借 | 404000 |
| 库存商品 1405 | 借 | 1760000 |
| 固定资产 1601 | 借 | 9035000 |
| 累计折旧 1602 | 贷 | 1334992 |

续表

| 科目名称 | 方向 | 期初余额 / 元 |
|---|---|---|
| 短期借款 2001 | 贷 | 600000 |
| 应付票据 2201 | 贷 | 480000 |
| 应付账款 2202 | 贷 | 547800 |
| 一般应付款 220201 | 贷 | 397800 |
| 暂估应付账款 220202 | 贷 | 150000 |
| 应交税费 2221 | 贷 | 433500 |
| 未交增值税 222102 | 贷 | 255000 |
| 应交城市维护建设税 222103 | 贷 | 17850 |
| 应交教育费附加 222104 | 贷 | 7650 |
| 应交个人所得税 222105 | 贷 | 1500 |
| 应交企业所得税 222106 | 贷 | 150000 |
| 其他应付款 2241 | 贷 | 32680 |
| 长期借款 2501 | 贷 | 1000000 |
| 实收资本 4001 | 贷 | 8000000 |
| 资本公积 4002 | 贷 | 529000 |
| 盈余公积 4101 | 贷 | 651500 |
| 利润分配 4104 | 贷 | 500000 |
| 未分配利润 410415 | 贷 | 500000 |
| 生产成本 5001 | 借 | 139900 |
| 直接材料 500101 | 借 | 72950 |
| 直接人工 500102 | 借 | 7810 |
| 制造费用 500103 | 借 | 59140 |

（2）根据表 8-7、表 8-8、表 8-9 完成辅助账期初余额录入。

表 8–7　应收个人款

会计科目：122101 应收个人款　　　　余额：借 8000 元

| 日期 | 凭证号 | 部门 | 个人 | 摘要 | 方向 | 期初余额 / 元 |
|---|---|---|---|---|---|---|
| 2016-12-25 | 记 58 | 采购部 | 王辉 | 出差借款 | 借 | 3000 |
| 2016-12-27 | 记 67 | 销售部 | 朱丹 | 出差借款 | 借 | 5000 |

表 8–8　暂估应付账款

会计科目：220202 暂估应付账款　　　　余额：贷 15000 元

| 日期 | 凭证号 | 供应商 | 摘要 | 方向 | 期初余额 / 元 |
|---|---|---|---|---|---|
| 2016-12-31 | 记 86 | 中原公司 | 购 B 材料 | 贷 | 150000 |

表 8-9　生产成本

会计科目：5001 生产成本　　　　余额：借 139900 元

| 科目名称 | 甲产品 / 元 | 乙产品 / 元 | 合计 / 元 |
| --- | --- | --- | --- |
| 直接材料 500101 | 52470 | 20480 | 72950 |
| 直接人工 500102 | 4000 | 3810 | 7810 |
| 制造费用 500103 | 35160 | 23980 | 59140 |

应收票据、应收账款、应付票据、应付账款等科目期初余额在往来明细中分别从应收款管理系统、应付款管理系统引入。

## 操作指导

### 1. 直接输入余额

（1）以 201 账套主管罗强的身份登录企业应用平台，登录时间为“2017-01-01”。

（2）在业务工作选项卡中，选择“财务会计→总账→设置→期初余额”按钮，打开“期初余额录入”窗口。

（3）底色显示为白色的会计科目可以直接输入金额。如在“1001 库存现金”对应的期初余额栏输入期初余额为“2080.00”。

### 2. 有明细科目余额录入方式

在“100201 工行”对应的期初余额栏输入余额“1600692.00”，银行存款栏自动加和，如图 8-3 所示。同理录入其他会计科目的余额。

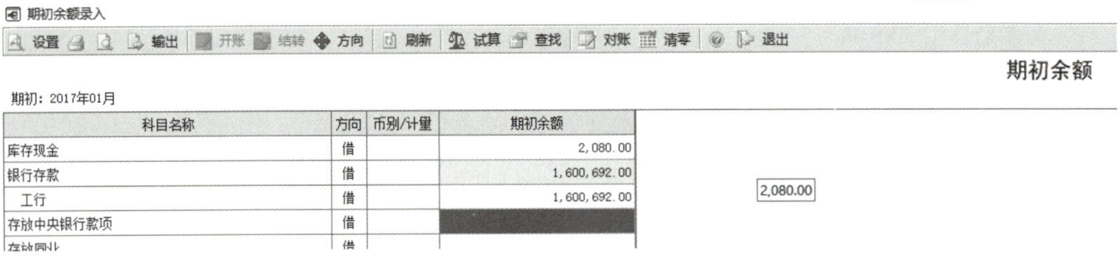


图 8-3　期初余额录入

### 3. 客户往来、供应商往来科目余额录入

（1）在业务工作选项卡中，选择“财务会计→总账→设置→期初余额”按钮，打开“期初余额录入”窗口。双击应收票据期初余额栏，进入“辅助期初余额”界面，单击“往来明细”，进入“期初往来明细”界面，单击“引入”按钮，将应收票据的余额从应收款管理系统引入总账系统，最后单击“退出”按钮，完成该科目余额录入，如图 8-4 所示。

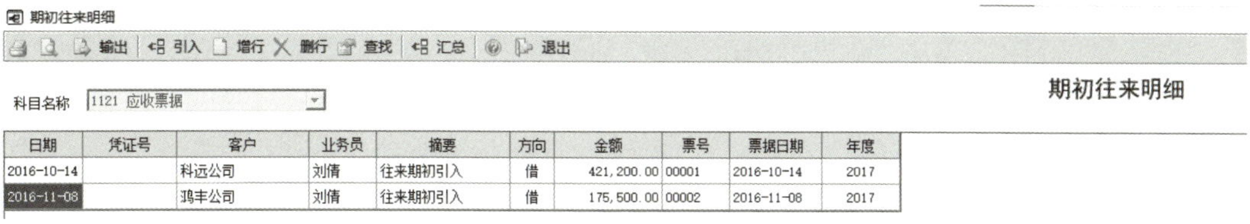


| 日期 | 凭证号 | 客户 | 业务员 | 摘要 | 方向 | 金额 | 票号 | 票据日期 | 年度 |
|---|---|---|---|---|---|---|---|---|---|
| 2016-10-14 | | 科远公司 | 刘倩 | 往来期初引入 | 借 | 421,200.00 | 00001 | 2016-10-14 | 2017 |
| 2016-11-08 | | 鸿丰公司 | 刘倩 | 往来期初引入 | 借 | 175,500.00 | 00002 | 2016-11-08 | 2017 |

图 8-4 应收票据期初余额引入

（2）“应收账款”“应付票据”“应付账款——一般应付款”在总账系统期初余额的引入，如图 8-5、图 8-6、图 8-7 所示。

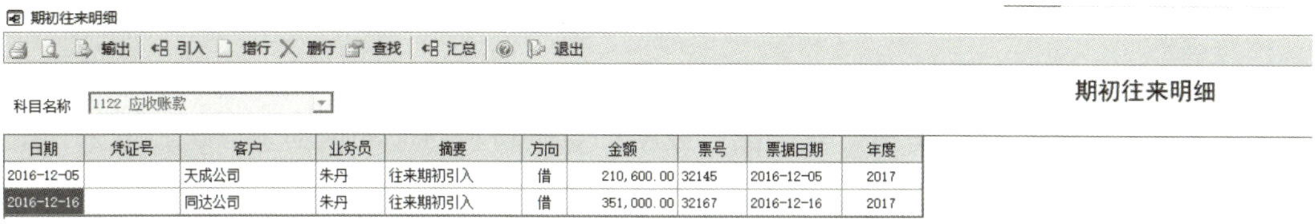


| 日期 | 凭证号 | 客户 | 业务员 | 摘要 | 方向 | 金额 | 票号 | 票据日期 | 年度 |
|---|---|---|---|---|---|---|---|---|---|
| 2016-12-05 | | 天成公司 | 朱丹 | 往来期初引入 | 借 | 210,600.00 | 32145 | 2016-12-05 | 2017 |
| 2016-12-16 | | 同达公司 | 朱丹 | 往来期初引入 | 借 | 351,000.00 | 32167 | 2016-12-16 | 2017 |

图 8-5 应收账款期初余额引入

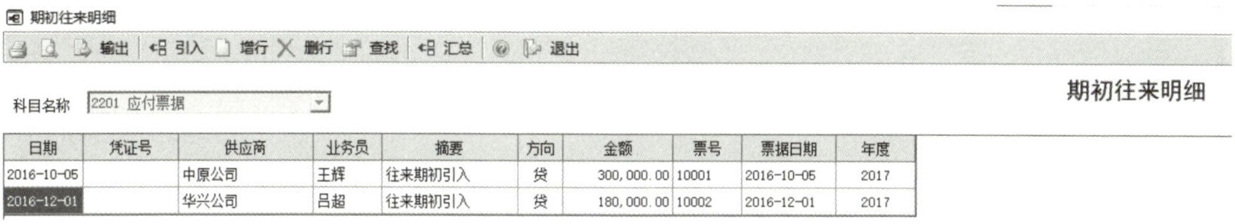


| 日期 | 凭证号 | 供应商 | 业务员 | 摘要 | 方向 | 金额 | 票号 | 票据日期 | 年度 |
|---|---|---|---|---|---|---|---|---|---|
| 2016-10-05 | | 中原公司 | 王辉 | 往来期初引入 | 贷 | 300,000.00 | 10001 | 2016-10-05 | 2017 |
| 2016-12-01 | | 华兴公司 | 吕超 | 往来期初引入 | 贷 | 180,000.00 | 10002 | 2016-12-01 | 2017 |

图 8-6 应付票据期初余额引入

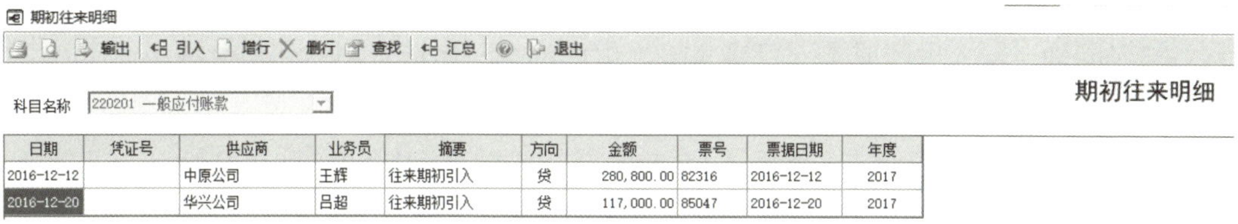


| 日期 | 凭证号 | 供应商 | 业务员 | 摘要 | 方向 | 金额 | 票号 | 票据日期 | 年度 |
|---|---|---|---|---|---|---|---|---|---|
| 2016-12-12 | | 中原公司 | 王辉 | 往来期初引入 | 贷 | 280,800.00 | 82316 | 2016-12-12 | 2017 |
| 2016-12-20 | | 华兴公司 | 吕超 | 往来期初引入 | 贷 | 117,000.00 | 85047 | 2016-12-20 | 2017 |

图 8-7 应付账款——一般应付款期初余额引入

操作要点

◆如果启用了应收款管理系统和应付款管理系统，“应收账款”和“应付账款”的期初余额应分别在应收款管理系统和应付款管理系统录入，然后在总账系统的期初余额窗口中的应收账款、应付账款的期初往来明细对话框中通过引入命令完成。

### 4. 个人往来科目余额录入

（1）在“期初余额录入”窗口，双击其他应收款→应收个人款对应的期初余额栏，进入“辅助期初余额”界面。

（2）单击“往来明细”，进入“期初往来明细”界面，单击“增行”按钮，输入日期为“2016-12-25”，凭证号为“记 58”，部门为“采购部”，个人为“王辉”，摘要为“出差借款”，金额为“3000”。

（3）同理录入日期为“2016-12-27”，凭证号为“记 67”，部门为“销售部”，个人为“朱丹”，摘要为“出差借款”，金额为“5000”。

（4）单击“汇总”按钮进行期初余额汇总，然后单击“退出”按钮，完成该科目余额的录入，如图 8-8 所示。

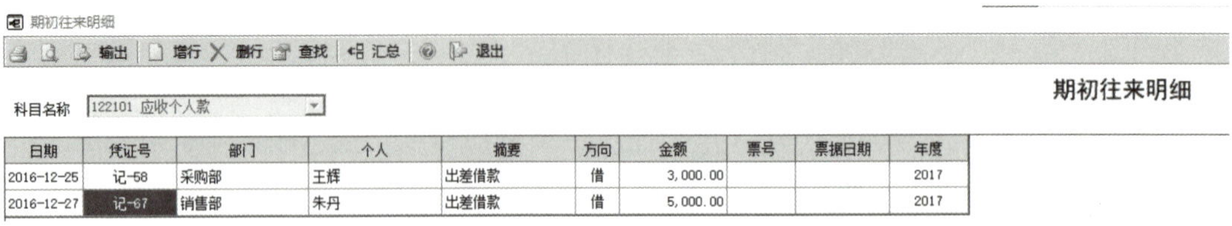


图 8-8　应收个人款期初余额录入

### 5. 项目核算科目余额录入

（1）在期初余额录入窗口，双击生产成本—直接材料对应的期初余额栏，进入“辅助期初余额”界面。

（2）单击“增行”按钮，在增加的一行中输入项目为“甲产品”，金额为“52470”，再增加一行输入项目为“乙产品”，金额为“20480”，如图 8-9 所示。

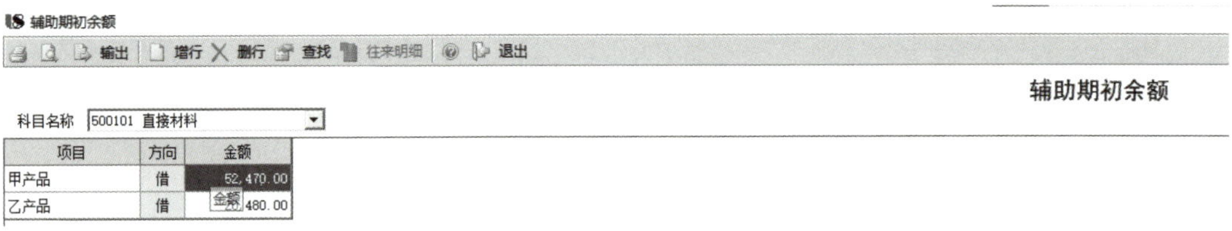


图 8-9　直接材料期初余额录入

（3）同理，输入生产成本—直接人工、生产成本—制造费用的期初余额。

### 6. 期初余额试算平衡

（1）在“期初余额录入”界面，单击上方的“试算”按钮，弹出“期初试算平衡表”窗口，当显示“试算结果平衡”时，表明期初数据录入正确，如图 8-10 所示。

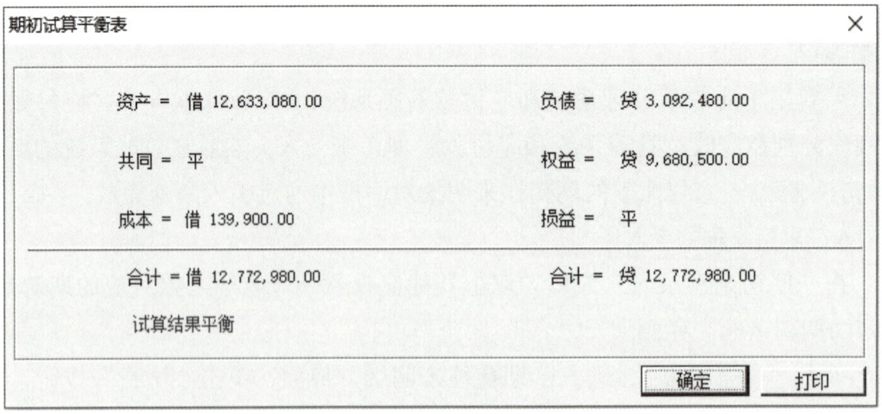


图 8-10　期初试算平衡表窗口

操作要点

◆若期初余额试算不平衡，则不能记账，但是可以填制凭证。

◆若已经使用本系统记过账，则不能再录入、修改期初余额，也不能执行结转上年余额的功能。

## 任务3　期末转账定义

每个企业每月都有一些会发生的、规律性较强的经济业务，如利息的计提、制造费用的分摊、销售成本的结转、损益结转等。对于这些经济业务，企业可以通过查询账簿相关科目本期的发生金额、余额，使用制单方式在总账系统中直接编制凭证，也可以通过总账系统的期末自定义功能来定义公式，生成凭证，进而提升业务处理的准确性和效率。本系统的期末转账定义功能提供了自定义转账、销售成本结转、期间损益结转等八种转账定义方式。

### 任务描述

（1）根据表8-10完成自定义转账设置。

表8-10　自定义转账设置

| 转账序号 | 转账说明 | 科目编码 | 方向 | 金额 |
|---|---|---|---|---|
| 0001 | 计提税金及附加 | 6403 | 借 | JG（） |
| | | 222103 | 贷 | QM（222101，月）*0.07 |
| | | 222104 | 贷 | QM（222101，月）*0.03 |
| 0002 | 结转未交增值税 | 22210105 | 借 | QM（222101，月） |
| | | 222102 | 贷 | JG（） |
| 0003 | 计提企业所得税 | 6801 | 借 | FS（4103，月，贷）*0.25-FS（4103，月，借）*0.25 |
| | | 222106 | 贷 | JG（） |

（2）期间损益结转设置。

凭证类别为记账凭证；本年利润科目为4103本年利润。

### 操作指导

#### 1. 自定义公式

（1）以201账套主管罗强的身份登录企业应用平台，登录时间为“2017-01-01”。

（2）在业务工作选项卡中，选择“财务会计→总账→期末→转账定义→自定义转账”按钮，进入“自定义转账设置”窗口，单击“增加”按钮，弹出“转账目录”窗口，填写转账序号、转账说明，选择凭证类别为“记账凭证”，如图8-11所示。

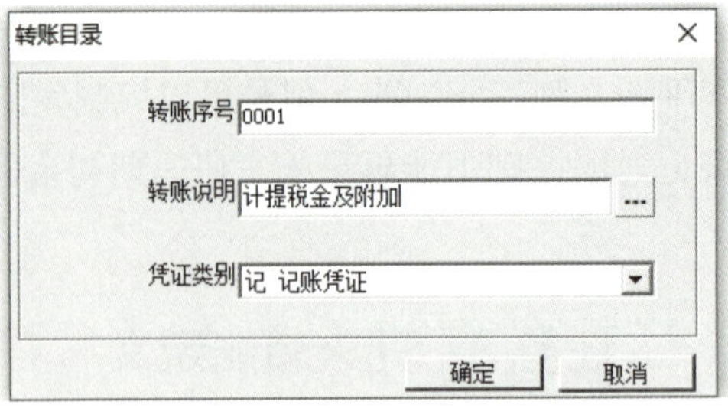


图 8-11 转账目录窗口

（3）单击“确定”按钮，进入“自定义转账设置”窗口。单击“增行”按钮，系统自动出现摘要。选择科目编码为“6403”，方向为“借”，双击金额公式，单击“参照”图标，弹出“公式向导”窗口，选择公式名称为“取对方科目计算结果”，函数名自动选择“JG（ ）”，如图 8-12 所示。

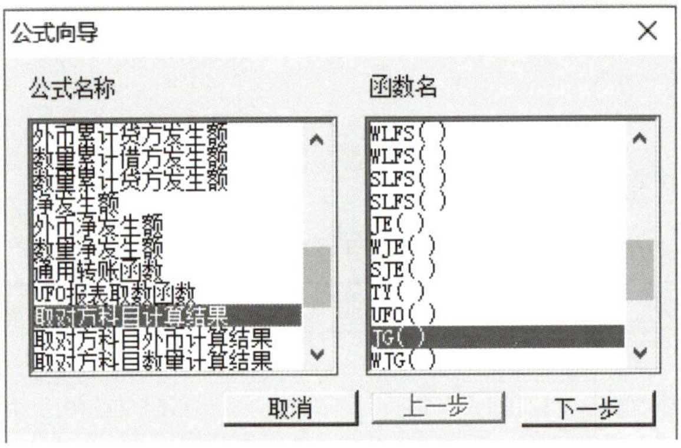


图 8-12 公式向导窗口 1

（4）单击“下一步”按钮，打开“公式向导”窗口，直接单击“完成”按钮。

（5）回到“自定义转账设置”窗口，单击“增行”按钮，系统自动出现摘要，选择科目编码为“222103”，方向为“贷”；双击金额公式，单击“参照”图标，弹出“公式向导”窗口，选择公式名称为“期末余额”，函数名自动选择“QM（ ）”，如图 8-13 所示。

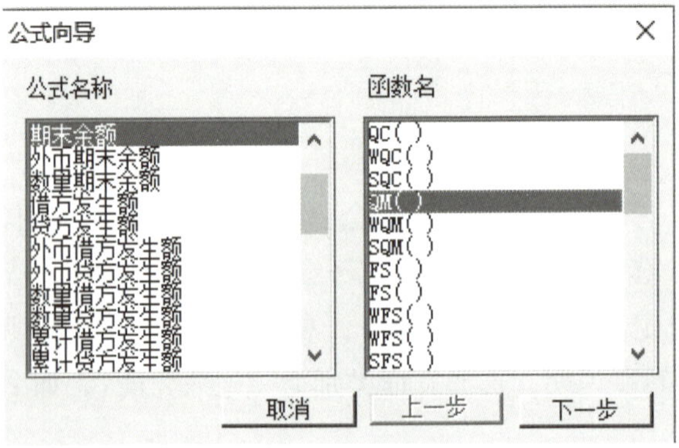


图 8-13 公式向导窗口 2

（6）单击“下一步”按钮，打开“公式向导”窗口，在科目处输入“222101”，期间选择“月”，勾选“继续输入公式”，选择运算符为“*”，如图 8-14 所示。

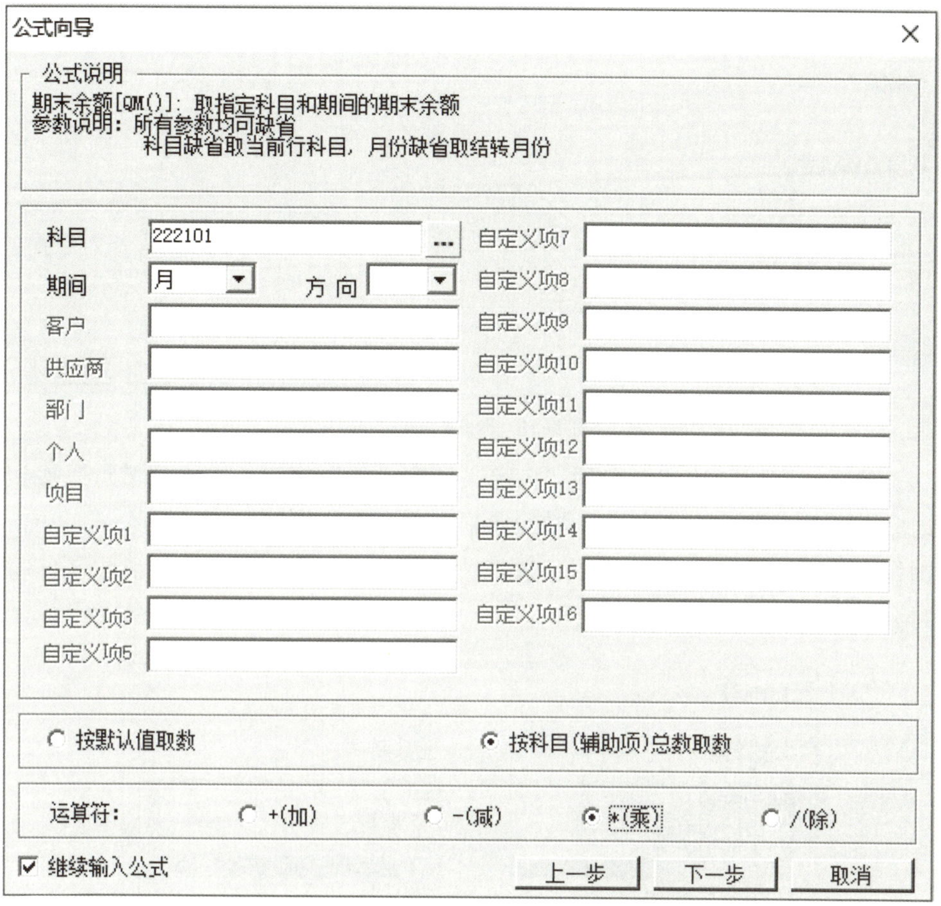


图 8-14　公式向导窗口 3

（7）单击“下一步”按钮，回到“公式向导”窗口，将鼠标拖到最下方，选择“常数”，如图 8-15 所示。

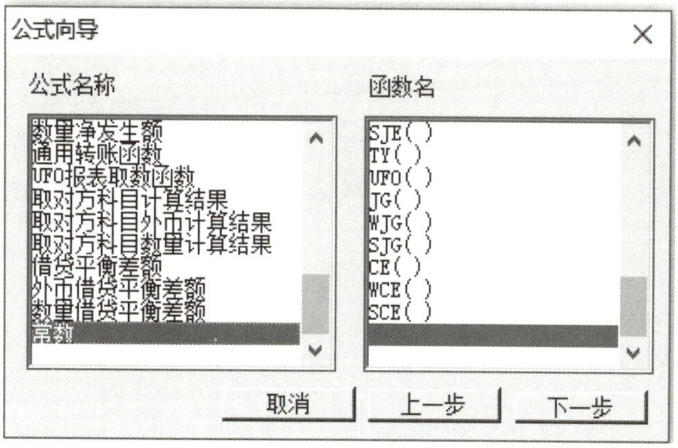


图 8-15　公式向导窗口 4

（8）单击“下一步”按钮，回到“公式向导”窗口，在常数处输入“0.07”，如图 8-16 所示。

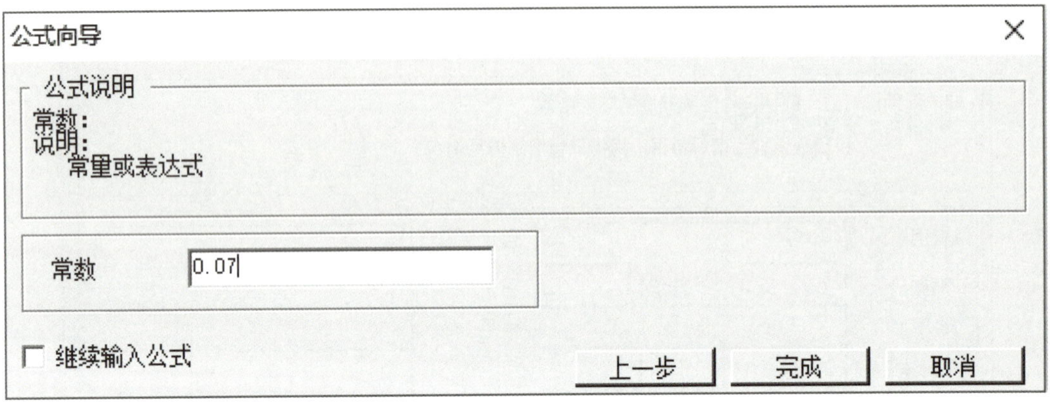


图 8-16　公式向导窗口 5

（9）单击“完成”按钮。回到“自定义转账设置”窗口，单击“增行”按钮，系统自动出现摘要，选择科目编码为“222104”，方向为“贷”；双击金额公式，单击“参照”图标，弹出“公式向导”窗口，选择公式名称为“期末余额”，函数名自动选择“QM（ ）”，如图 8-17 所示。

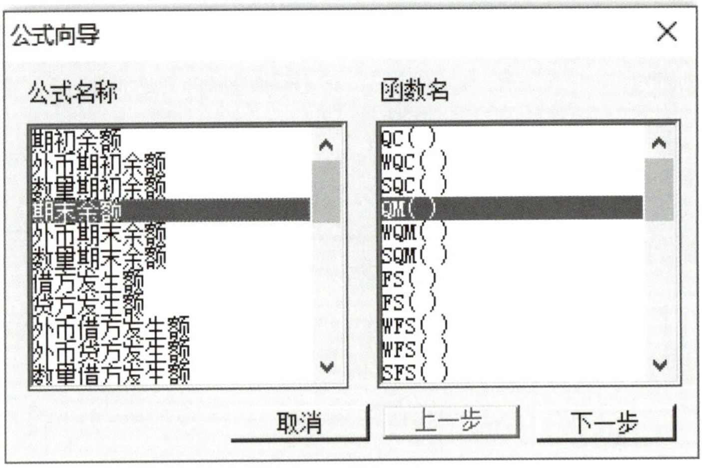


图 8-17　公式向导窗口 6

（10）单击“下一步”按钮，打开“公式向导”窗口，在科目处输入“222101”，期间选择“月”，勾选“继续输入公式”，选择运算符为“*”，如图 8-18 所示。

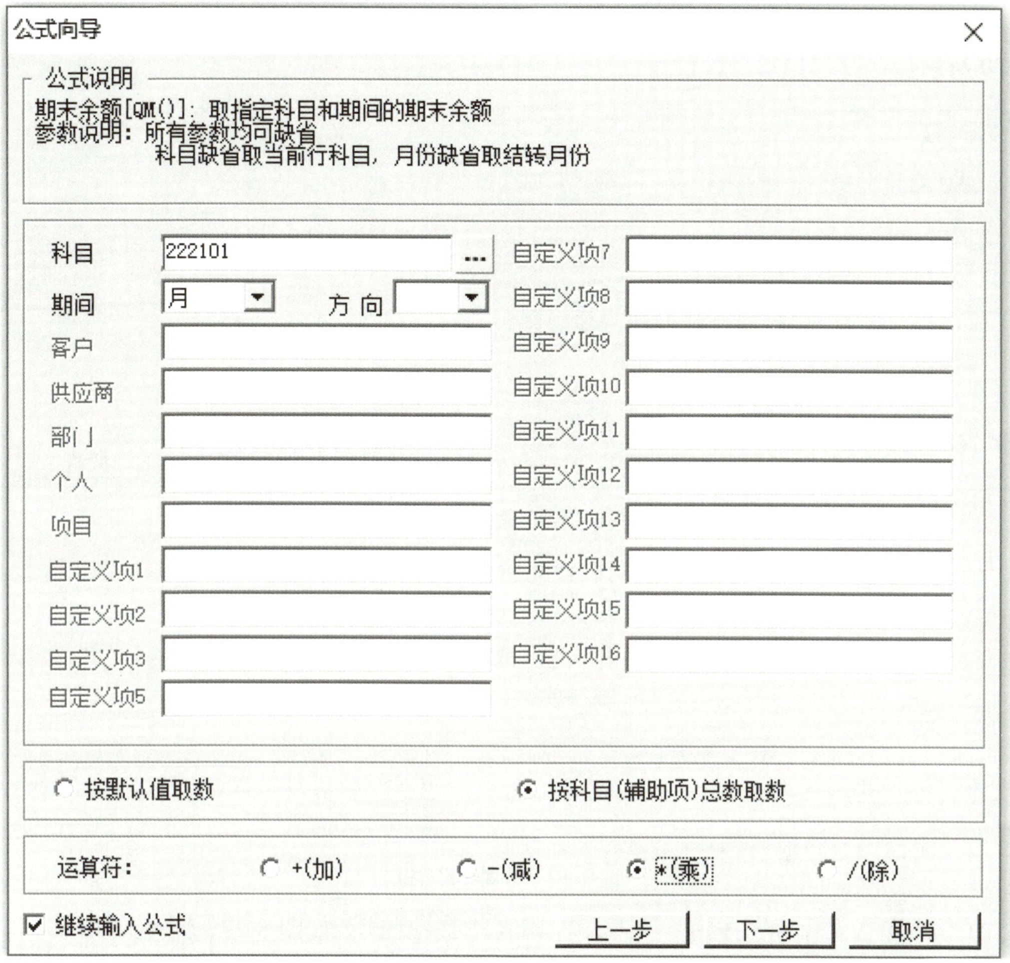


图 8-18　公式向导窗口 7

（11）单击“下一步”按钮，回到“公式向导”窗口，将鼠标拖到最下方，选择“常数”，如图 8-19 所示。

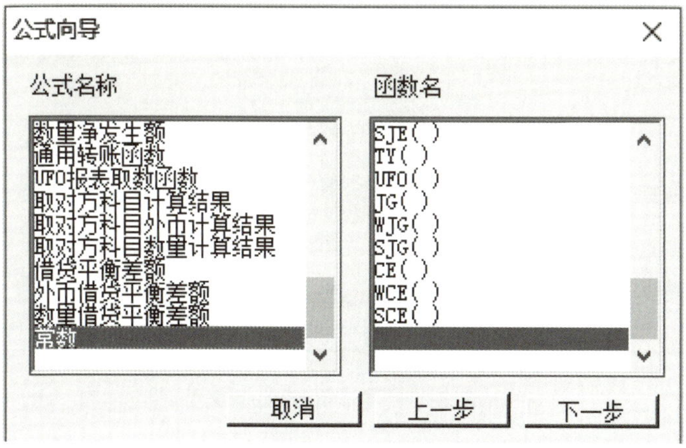


图 8-19　公式向导窗口 8

（12）单击“下一步”按钮，回到“公式向导”窗口，在常数处输入“0.03”，如图8-20所示。

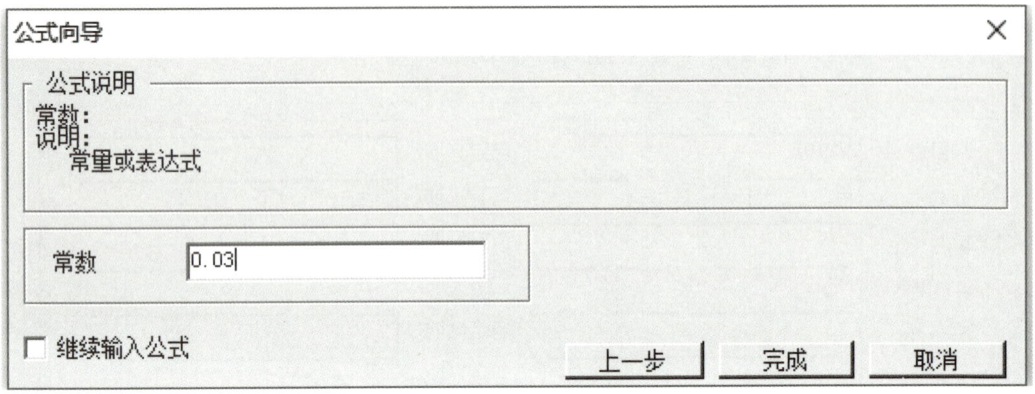


图 8-20　公式向导窗口 9

（13）单击“完成”按钮，公式设置完毕，如图8-21所示。

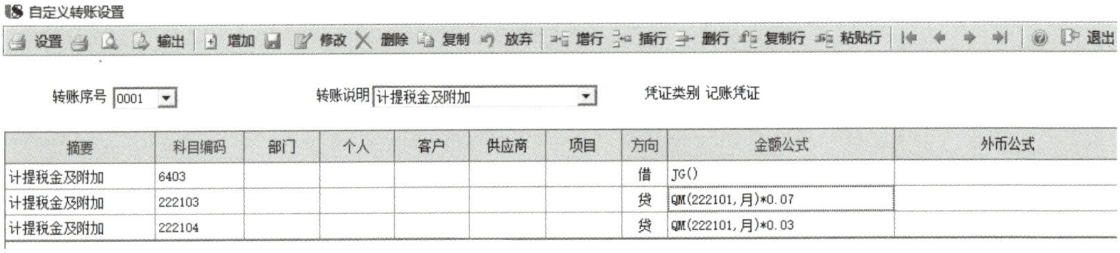


| 摘要 | 科目编码 | 部门 | 个人 | 客户 | 供应商 | 项目 | 方向 | 金额公式 | 外币公式 |
|---|---|---|---|---|---|---|---|---|---|
| 计提税金及附加 | 6403 | | | | | | 借 | JG() | |
| 计提税金及附加 | 222103 | | | | | | 贷 | QM(222101,月)*0.07 | |
| 计提税金及附加 | 222104 | | | | | | 贷 | QM(222101,月)*0.03 | |

图 8-21　公式设置完毕

（14）单击“保存”按钮。同理设置其他自定义公式，如图8-22、图8-23所示。

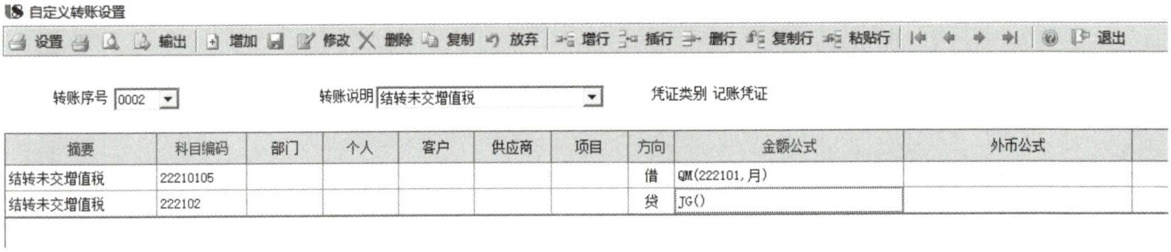


| 摘要 | 科目编码 | 部门 | 个人 | 客户 | 供应商 | 项目 | 方向 | 金额公式 | 外币公式 |
|---|---|---|---|---|---|---|---|---|---|
| 结转未交增值税 | 22210105 | | | | | | 借 | QM(222101,月) | |
| 结转未交增值税 | 222102 | | | | | | 贷 | JG() | |

图 8-22　自定义转账设置 1

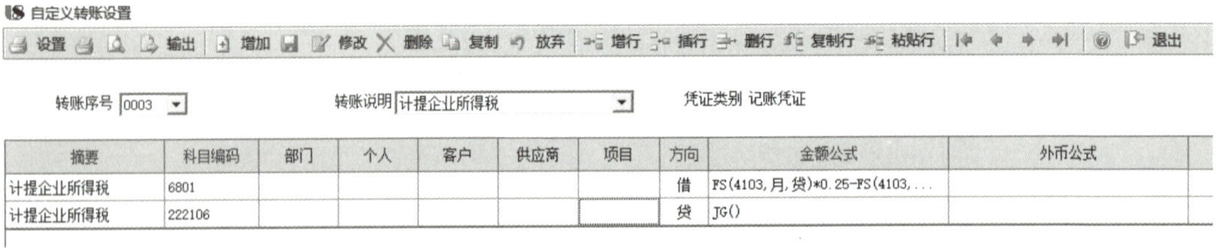


| 摘要 | 科目编码 | 部门 | 个人 | 客户 | 供应商 | 项目 | 方向 | 金额公式 | 外币公式 |
|---|---|---|---|---|---|---|---|---|---|
| 计提企业所得税 | 6801 | | | | | | 借 | FS(4103,月,贷)*0.25-FS(4103,... | |
| 计提企业所得税 | 222106 | | | | | | 贷 | JG() | |

图 8-23　自定义转账设置 2

## 2. 期间损益结转设置

（1）以 201 账套主管罗强的身份登录企业应用平台，登录时间为“2017-01-01”。

（2）在业务工作选项卡中，选择“财务会计→总账→期末→转账定义→期间损益”按钮，进入“期间损益结转设置”窗口，凭证类别为“记账凭证”，在本年利润科目处输入“4103”，如图 8-24 所示。

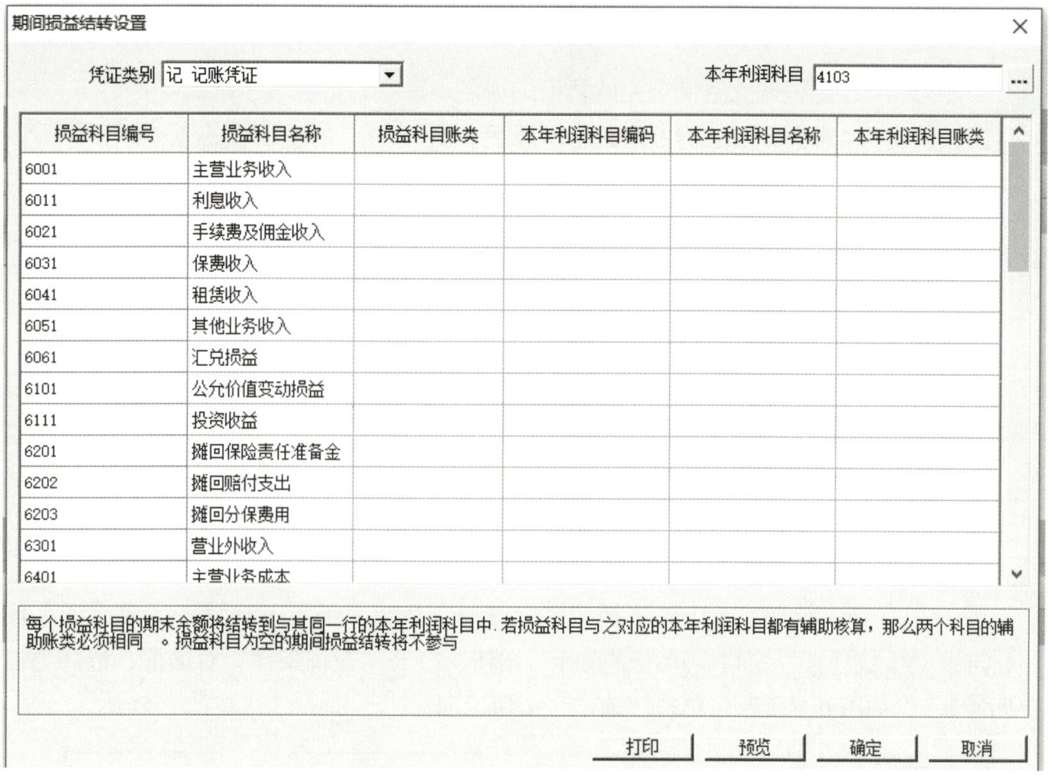


图 8-24　期间损益结转设置窗口

（3）单击“确定”按钮，关闭“期间损益结转设置”窗口。

# 项目九　日常经济业务操作

## 职业能力目标

1. 能力目标：能根据业务情况完成凭证的填制、审核、记账等工作。
2. 知识目标：掌握经济业务处理的基本原理。
3. 素质目标：培养学生认真谨慎的职业态度。

## 日常经济业务操作

2017 年 1 月份发生以下经济业务。

**业务 1：** 1 月 1 日，冲回上月暂估应付账款。

借：原材料　　　　　　　　　　　　　　　　　（红字）150000

　　贷：应付账款/暂估应付账款　　　　　　　　　（红字）150000

**操作向导：**

（1）以 202 徐静的身份登录企业应用平台，登录时间为“2017-01-01”。

（2）在业务工作选项卡中，选择“供应链→存货核算→财务核算→生成凭证”按钮，进入“生成凭证”窗口。单击“选择”按钮，打开“查询条件”对话框，选择“红字回冲单”，如图 9-1 所示。单击“确定”按钮返回。

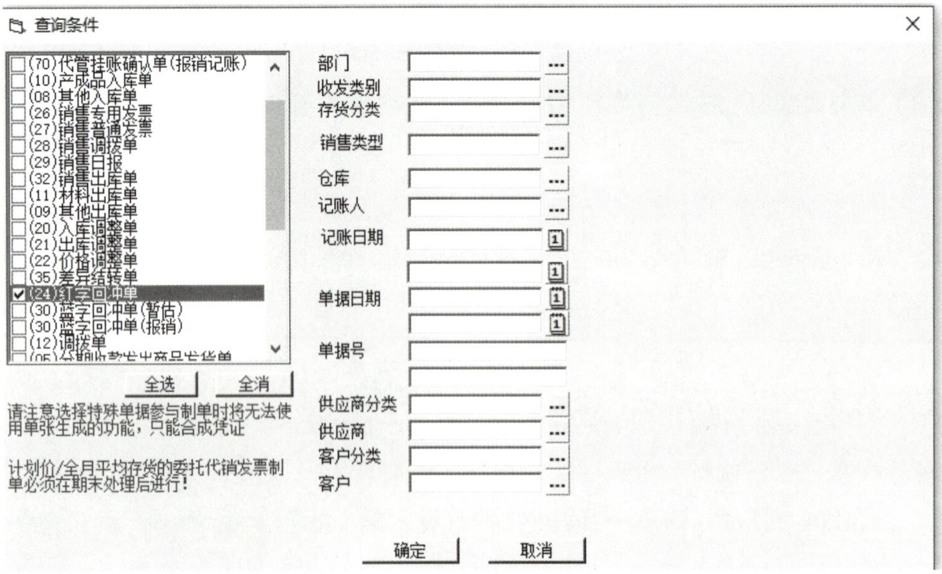


图 9-1　查询条件对话框

（3）单击“全选”按钮，然后单击“确定”按钮，进入“生成凭证”窗口。选择凭证类别为“记账凭证”，单击“生成”按钮，进入“填制凭证”窗口。单击“保存”按钮，保存根据“红字回冲单”生成的凭证如图 9-2 所示。如有多张红字回冲单，则单击“下张”按钮，继续保存下张凭证。

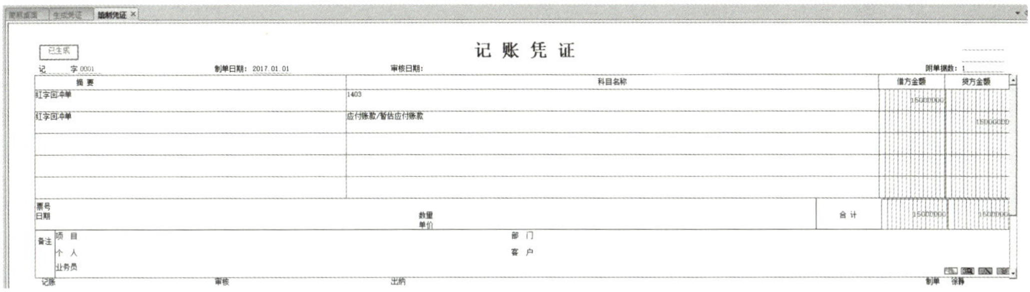


图 9-2　生成的凭证

**业务 2：** 1 月 1 日，收到中原公司开出的采购专用发票，票号为 60025，发票上列明B材料 50 吨，无税单价 2980 元，另代垫运费 1000 元，增值税税率为 11%，票号为 32001。

借：原材料　　　　　　　　　　　　　149890

　　应交税费/应交增值税/进项税额　　　25440

　　贷：应付账款/一般应付账款　　　　　　175330

**操作向导：**

（1）以 301 王辉的身份登录企业应用平台，登录时间为“2017-01-01”。

（2）在业务工作选项卡中，选择“供应链→采购管理→采购发票→采购专用发票”按钮，打开“采购专用发票”窗口。单击“增加”按钮，输入发票号为“60025”，供应商为“中原公司”，存货编码为“102”、数量为“50”，原币单价为“2980”，单击“保存”按钮，如图 9-3 所示。

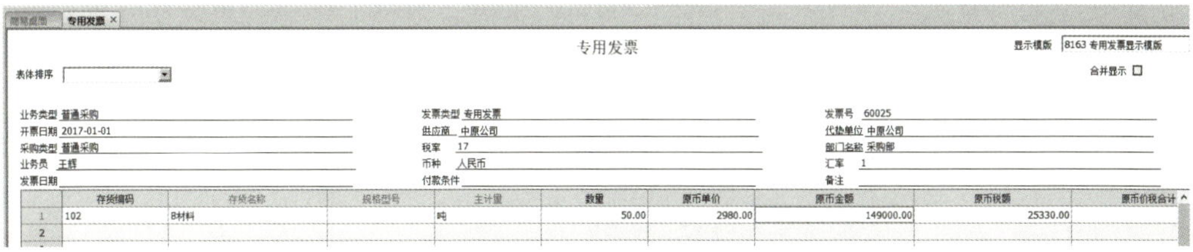


图 9-3　专用发票

（3）在业务工作选项卡中，选择“供应链→采购管理→采购发票→运费发票”按钮，打开“运费发票”窗口。单击“增加”按钮，发票号为“32001”，供应商为“中原公司”，税率为“11%”，存货编码为“301”，原币金额为“1000”，单击“保存”按钮，如图 9-4 所示。

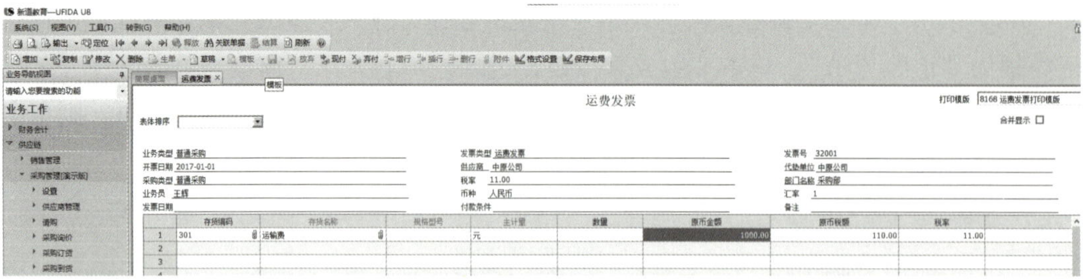


图 9-4　运费发票

（4）在业务工作选项卡中，选择“供应链→采购管理→采购结算”按钮，打开“手工结算”窗口，单击“选单”按钮，打开结算选单窗口，单击“查询→确定→全选（结算发票和结算入库单要对应）→确定”按钮，弹出提示信息，单击“是”按钮。选择按数量分摊运费，单击“分摊”按钮，弹出“选择按数量分量，是否开始计算”窗口，单击“是”按钮。弹出“费用分摊（按数量）完毕，请检查”窗口，单击“确定”按钮，然后单击“结算”按钮，弹出“完成结算”窗口，再单击“确定”按钮。

（5）以 202 徐静的身份登录企业应用平台，登录时间为“2017-01-01”。在业务工作选项卡中，选择“财务会计→应付款管理→应付单据处理→应付单据审核”按钮，打开“应付单查询条件”窗口，单击“确定”按钮，系统弹出“应付单据列表”窗口，如图 9-5 所示。

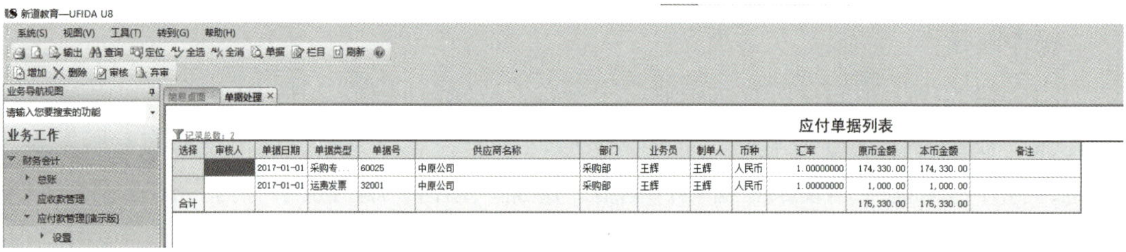


图 9-5　应付单据列表

（6）双击选择栏，或者单击“全选”按钮，单击“审核”按钮，系统完成审核并给出审核报告，如图 9-6 所示。单击“确定”按钮后退出。

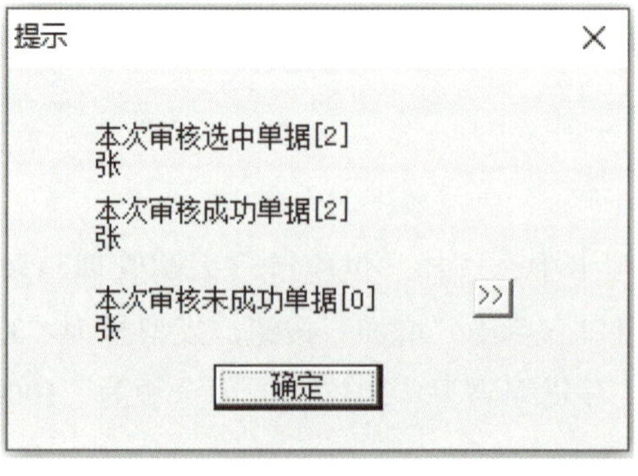


图 9-6　审核报告

（7）供应链→存货核算→业务核算→结算成本处理→选择原材料库，如图 9-7 所示。单击“确定→全选→暂估”按钮，弹出“暂估处理完成”窗口，单击“确定”按钮。

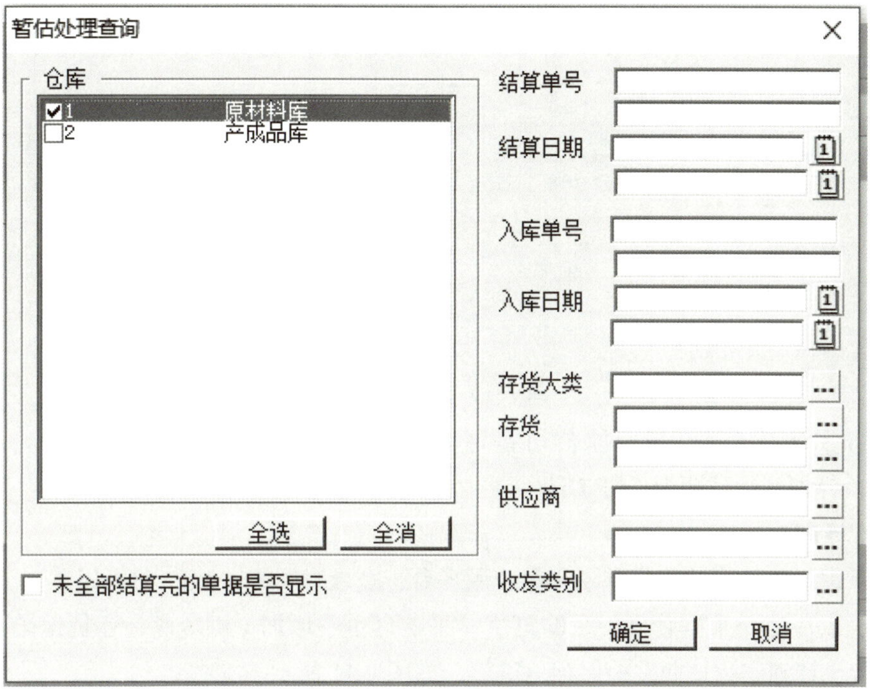


图 9-7　暂估处理查询

（8）财务核算→生成凭证→选择→蓝字回冲单（报销），如图 9-8 所示。单击“确定→全选”按钮，勾选表头复选框（已结算采购），如图 9-9 所示。单击“确定→生成→保存凭证”按钮，如图 9-10 所示。

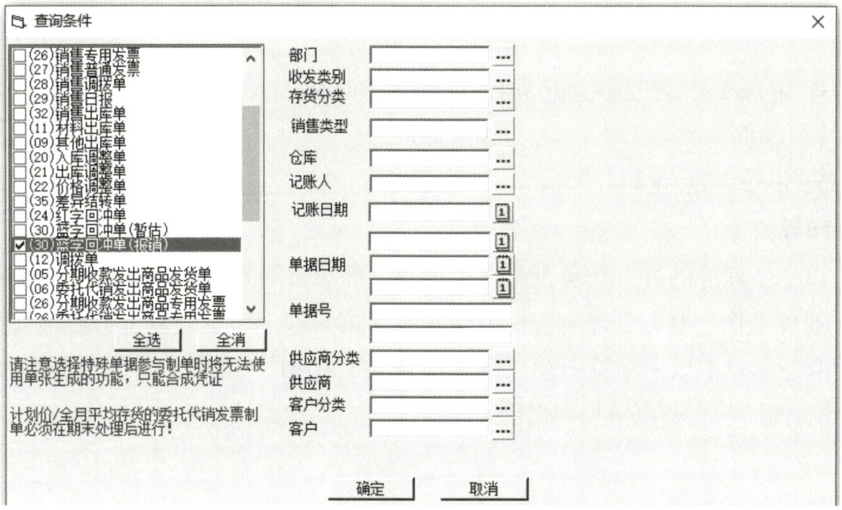


图 9-8　选择“蓝字回冲单（报销）”

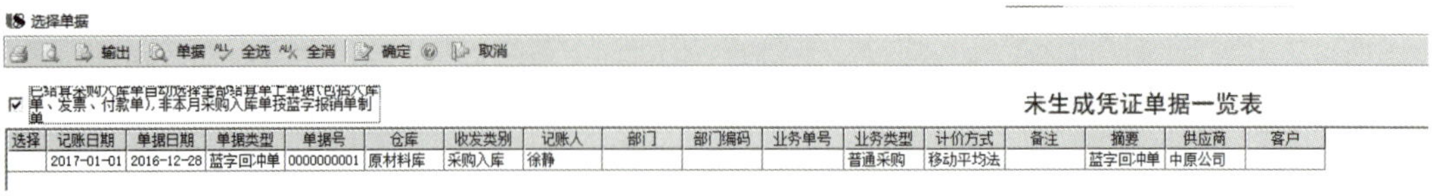


图 9-9　勾选表头复选框

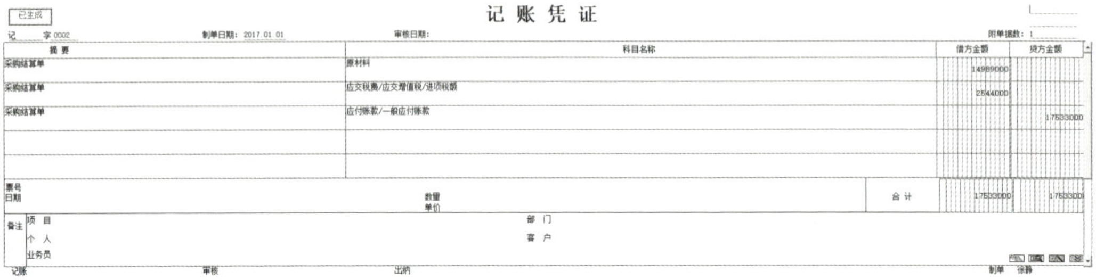


图 9-10　生成记账凭证

**业务 3：** 1 月 4 日，与中原公司签订购销合同，订购 A 材料 100 吨，无税单价为 3980 元，计划到货日期为 1 月 7 日。

**操作导向：**

（1）以 301 王辉的身份登录企业应用平台，登录时间为“2017-01-04”。

（2）供应链→采购管理→采购订货→采购订单→增加（供应商、存货编码、数量、原币单价、计划到货日期）→保存→审核，如图 9-11 所示。

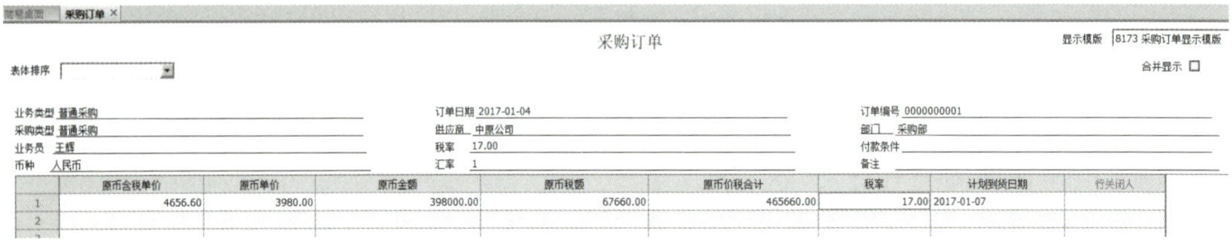


图 9-11　采购订单

**业务 4：** 1 月 5 日，应付中原公司商业汇票 300000 元到期，以工行存款支付。

借：应付票据　　　　　　　　300000

　　贷：银行存款 / 工行　　　　　　300000

**操作向导：**

（1）以 202 徐静的身份登录企业应用平台，登录时间为“2017-01-05”。

（2）业务工作→财务会计→应付款管理→票据管理→确定→双击选择第一行应付中原公司的商业承兑汇票→结算→输入结算科目为 100201 →确定→弹出“是否立即制单”窗口，单击“是”→保存凭证，如图 9-12 所示。

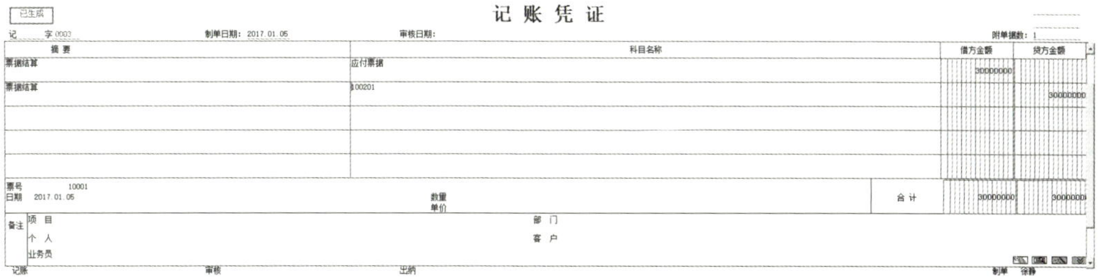

已生成

记账凭证

记 字 0003 制单日期：2017.01.05 审核日期： 附单据数：1

| 摘要 | 科目名称 | 借方金额 | 贷方金额 |
|---|---|---|---|
| 票据结算 | 应付票据 | 30000000 | |
| 票据结算 | 100201 | | 30000000 |
| | | | |
| | | | |
| | | | |
| 票号 10001 日期 2017.01.05 | 数量 单价 合计 | 30000000 | 30000000 |

备注 项目 部门 个人 客户 业务员

记账 审核 出纳 制单 徐静

图 9-12　记账凭证

**业务 5：** 1 月 5 日，销售部朱丹报销差旅费 4280 元，预借 5000 元，差额交回现金。附单据 2 张。

借：销售费用/差旅费　　　　　　4280
　　库存现金　　　　　　　　　720
　　贷：其他应收款/应收个人款　　　5000

**操作向导：**

（1）以 202 徐静的身份登录企业应用平台，登录时间为“2017-01-05”。

（2）业务工作→财务会计→总账→凭证→填制凭证→增加→保存，如图 9-13 所示。

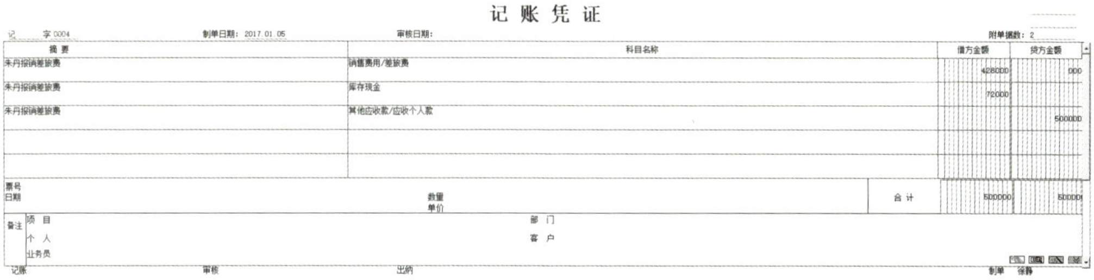

记账凭证

记 字 0004 制单日期：2017.01.05 审核日期： 附单据数：2

| 摘要 | 科目名称 | 借方金额 | 贷方金额 |
|---|---|---|---|
| 朱丹报销差旅费 | 销售费用/差旅费 | 428000 | 000 |
| 朱丹报销差旅费 | 库存现金 | 72000 | |
| 朱丹报销差旅费 | 其他应收款/应收个人款 | | 500000 |
| | | | |
| | | | |
| 票号 日期 | 数量 单价 合计 | 500000 | 500000 |

备注 项目 部门 个人 客户 业务员

记账 审核 出纳 制单 徐静

图 9-13　记账凭证

**业务 6：** 1 月 5 日，收到天成公司汇来货款 210600 元，票号为 51267，结算方式为电汇。

借：银行存款/工行　　　　　　210600
　　贷：应收账款　　　　　　　　210600

**操作向导：**

（1）以 203 赵敏的身份登录企业应用平台，登录时间为“2017-01-05”。

（2）业务工作→财务会计→应收款管理→收款单据处理→收款单据录入→增加（客户、金额、票据号、结算方式电汇、结算科目 100201）→保存→审核，如图 9-14 所示。

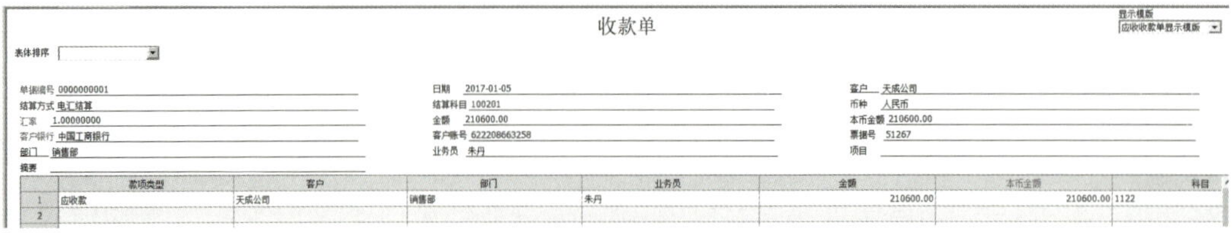


图 9-14　收款单

（3）以 202 徐静的身份登录企业应用平台，登录时间为“2017-01-05”。

（4）业务工作→财务会计→应收款管理→制单处理→收付款单制单（如图 9-15 所示）→确定→双击选择→制单→保存，如图 9-16 所示。

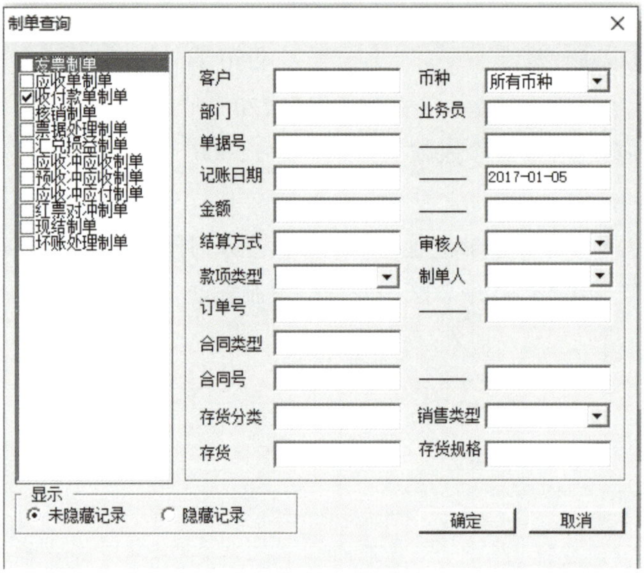


图 9-15　收付款单制单

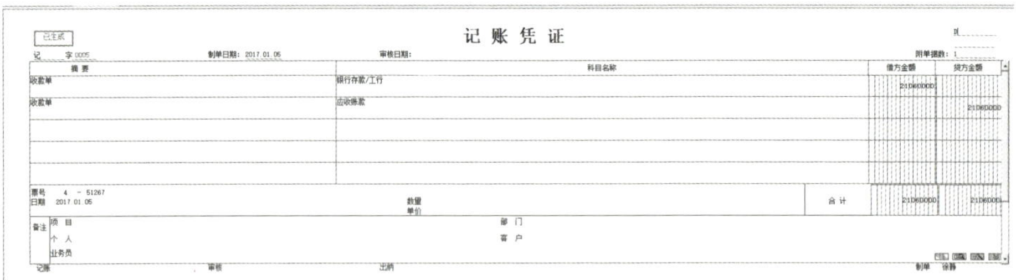

记 账 凭 证
摘要
科目名称
借方金额
贷方金额
收款单
银行存款/工行
收款单
应收账款
合计


图 9-16　记账凭证

**业务 7:** 1 月 6 日，与华兴公司签订购销合同，订购 C 材料 60 吨，无税单价为 1990 元，订购 D 材料 60 吨，无税单价为 1190 元，计划到货日期为 1 月 8 日。

**操作向导:**

（1）以 301 王辉的身份登录企业应用平台，登录时间为“2017-01-06”。

（2）供应链→采购管理→采购订货→采购订单→增加（供应商、存货编码、数量、原币单价、计划到货日期）→保存→审核，如图 9-17 所示。

采购订单

显示模版 8173 采购订单显示模版

表体排序

合并显示 □

业务类型 普通采购　　订单日期 2017-01-06　　订单编号 0000000002
采购类型 普通采购　　供应商 华兴公司　　部门 采购部
业务员 吕超　　税率 17.00　　付款条件
币种 人民币　　汇率 1　　备注

| | 原币含税单价 | 原币单价 | 原币金额 | 原币税额 | 原币价税合计 | 税率 | 计划到货日期 | 行关闭人 |
|---|---|---|---|---|---|---|---|---|
| 1 | 2328.30 | 1990.00 | 119400.00 | 20298.00 | 139698.00 | 17.00 | 2017-01-08 | |
| 2 | 1392.30 | 1190.00 | 71400.00 | 12138.00 | 83538.00 | 17.00 | 2017-01-08 | |
| 3 | | | | | | | | |
| 4 | | | | | | | | |
| 5 | | | | | | | | |
| 6 | | | | | | | | |

图 9-17　采购订单

**业务 8**：1 月 6 日，与天成公司签订购销合同，销售甲产品 60 件，无税单价为 12000 元，预发货日期为 1 月 8 日。

**操作向导：**

（1）以 401 朱丹的身份登录企业应用平台，登录时间为“2017-01-06”。

（2）供应链→销售管理→销售订货→销售订单→增加（订单日期、客户简称、税率、存货编码、数量、无税单价、预发货日期）→保存→审核，如图 9-18 所示。

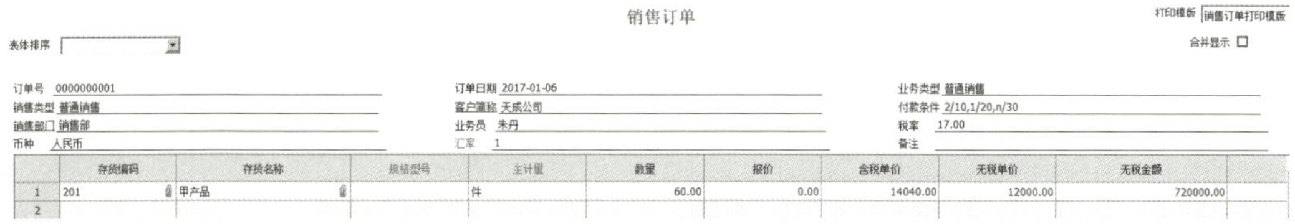

销售订单

打印模版 销售订单打印模版

表体排序

合并显示 □

订单号 0000000001　　订单日期 2017-01-06　　业务类型 普通销售
销售类型 普通销售　　客户简称 天成公司　　付款条件 2/10,1/20,n/30
销售部门 销售部　　业务员 朱丹　　税率 17.00
币种 人民币　　汇率 1　　备注

| | 存货编码 | 存货名称 | 规格型号 | 主计量 | 数量 | 报价 | 含税单价 | 无税单价 | 无税金额 |
|---|---|---|---|---|---|---|---|---|---|
| 1 | 201 | 甲产品 | | 件 | 60.00 | 0.00 | 14040.00 | 12000.00 | 720000.00 |
| 2 | | | | | | | | | |

图 9-18　销售订单

**业务 9**：1 月 6 日，经理办叶芳购买办公用品，出纳以现金 780 元付讫。附单据一张。

借：管理费用/办公费　　　　780

　　贷：库存现金　　　　　　780

**操作向导：**

（1）以 202 徐静的身份登录企业应用平台，登录时间为“2017-01-06”。

（2）业务工作→财务会计→总账→凭证→填制凭证→增加→保存，如图 9-19 所示。

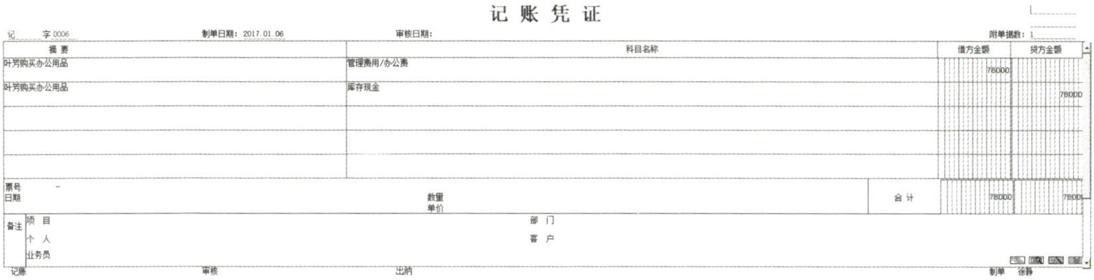

记 账 凭 证

记 字 0006　　制单日期：2017.01.06　　审核日期：　　附单据数：1

| 摘要 | 科目名称 | 借方金额 | 贷方金额 |
|---|---|---|---|
| 叶芳购买办公用品 | 管理费用/办公费 | 78000 | |
| 叶芳购买办公用品 | 库存现金 | | 78000 |
| | | | |
| | | | |
| | | | |
| 票号 - 日期 | 数量 单价　合计 | 78000 | 78000 |

备注　项目　部门
　　　个人　客户
　　　业务员

记账　审核　出纳　制单 徐静

图 9-19　记账凭证

**业务 10**：1 月 7 日，中原公司发来的A材料 100 吨验收入库，收到中原公司开出的采购专用发票，票号为 60218。发票列明：A材料 100 吨，无税单价为 3980 元。另代垫运费 2000 元，增值税税率为 11%，票号为 32056。货款当即办妥电汇手续，票号为 39205。

借：原材料　　399780

　　应交税费/应交增值税/进项税额　　67880

　　贷：银行存款/工行　　467660

**操作向导：**

（1）以 301 王辉的身份登录企业应用平台，登录时间为“2017-01-07”。

（2）供应链→采购管理→采购到货→到货单→增加→生单（采购订单）→订货日期（2017-01-04）→确定→双击第一行中原公司进行拷贝（如图 9-20 所示）→确定→保存→审核。

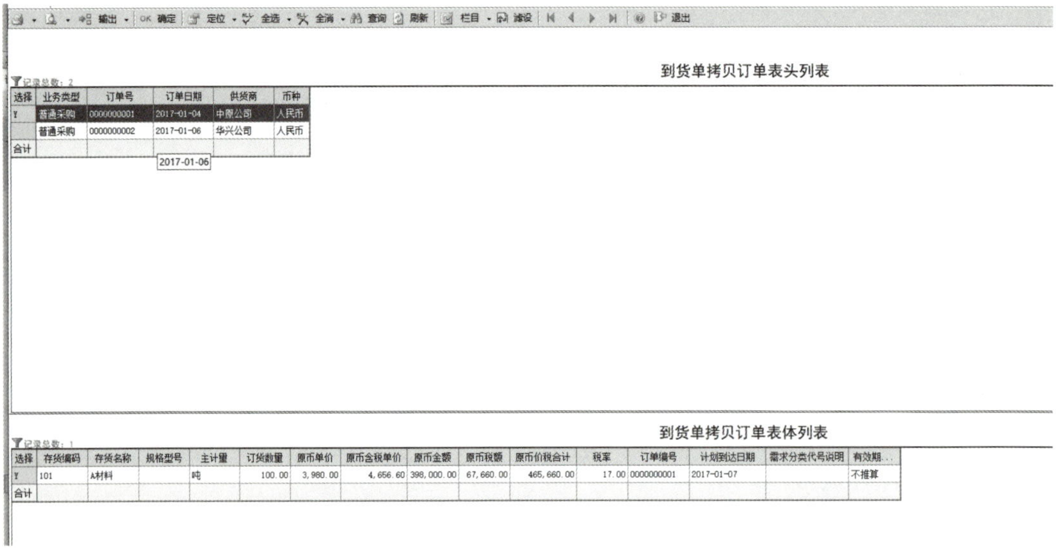


图 9-20　到货单拷贝

（3）以 601 董乐的身份登录企业应用平台，登录时间为“2017-01-07”。

（4）供应链→库存管理→入库业务→采购入库单→生单（采购到货单蓝字）→确定→双击选择→确定→仓库（原材料库）→保存→审核，如图 9-21 所示。

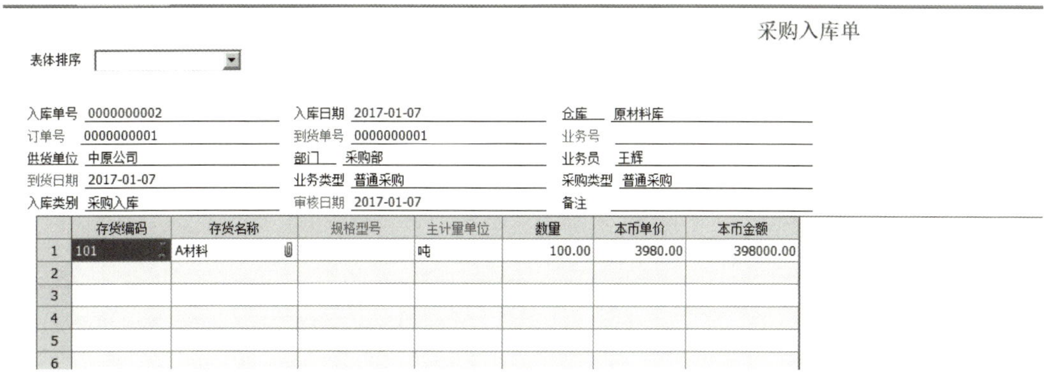


图 9-21　采购入库单

（5）以 301 王辉的身份登录企业应用平台，登录时间为“2017-01-07”。在业务工作选项卡中，选择“供应链→采购管理→采购发票→采购专用发票”按钮，打开“采购专用发票”窗口。单击“增加”按钮，输入发票号、供应商、存货编码、数量、原币单价，单击“保存→现付（结算方式电汇结算、原币金额、票据号）→确定”按钮，如图 9-22 所示。

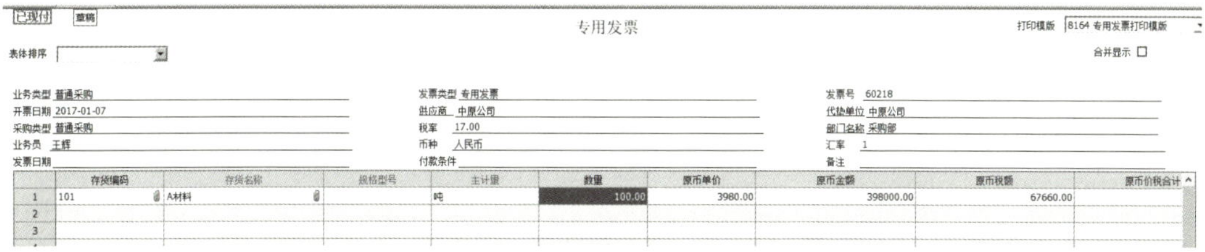


图 9-22　专用发票

（6）以 301 王辉的身份登录企业应用平台，登录时间为“2017-01-07”。在业务工作选项卡中，选择“供应链→采购管理→采购发票→运费发票”按钮。单击“增加”按钮，输入发票号、供应商、税率、存货编码、原币金额，单击“保存→现付（结算方式电汇结算、原币金额、票据号）→确定”按钮，如图 9-23 所示。

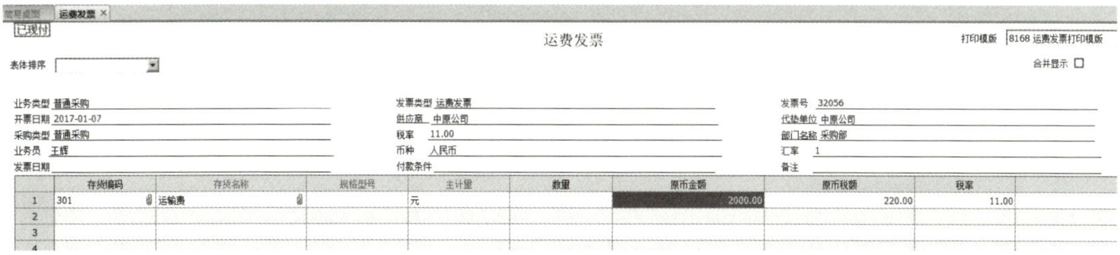


图 9-23　运费发票

（7）在业务工作选项卡中，选择“供应链→采购管理→采购结算”按钮，打开“手工结算”窗口，单击“选单”按钮，打开“结算选单”窗口，单击“查询→确定→全选（结算发票和结算入库单要对应）→确定”按钮，弹出提示信息，点击“是”按钮，选择“按数量分摊运费”，单击“分摊”按钮，弹出“选择按数量分量，是否开始计算”窗口，单击“是”按钮。弹出“费用分摊（按数量）完毕，请检查”，单击“确定”按钮，再单击“结算”按钮，弹出“完成结算”窗口，然后单击“确定”按钮。

（8）以 202 徐静的身份登录企业应用平台，登录时间为“2017-01-07”。财务会计→应付款管理→应付单据处理→应付单据审核→选择“采购发票”并勾选“包含已现结发票复选框”→确定→全选→审核。

（9）供应链→存货核算→业务核算→正常单据记账→确定→全选→记账→财务核算→生成凭证→选择采购入库单（报销）→确定→全选（勾选已结算采购入库单）→确定→生成凭证→保存，如图 9-24 所示。

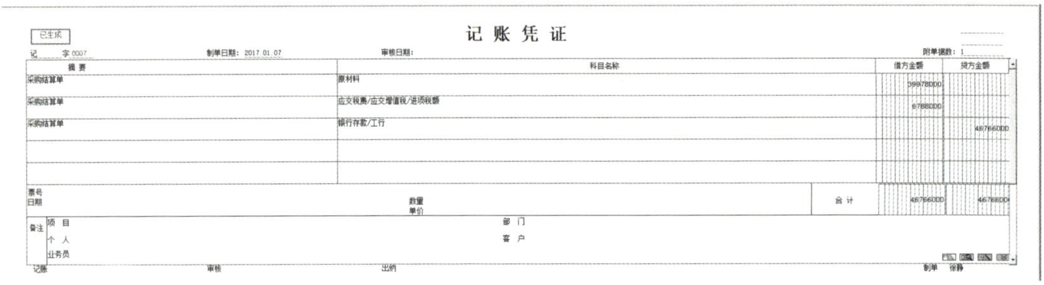


图 9-24 记账凭证

**业务 11：**1 月 7 日，以电汇结算（票号：37695）方式偿还所欠中原公司货款 280800 元。

借：应付账款/一般应付账款　　　　280800

　　贷：银行存款/工行　　　　　　　280800

**操作向导：**

（1）以 203 赵敏的身份登录企业应用平台，登录时间为“2017-01-07”。

（2）业务工作→财务会计→应付款管理→付款单据处理→付款单据录入→增加（供应商、金额、票据号、结算方式）→保存→审核，如图 9-25 所示。

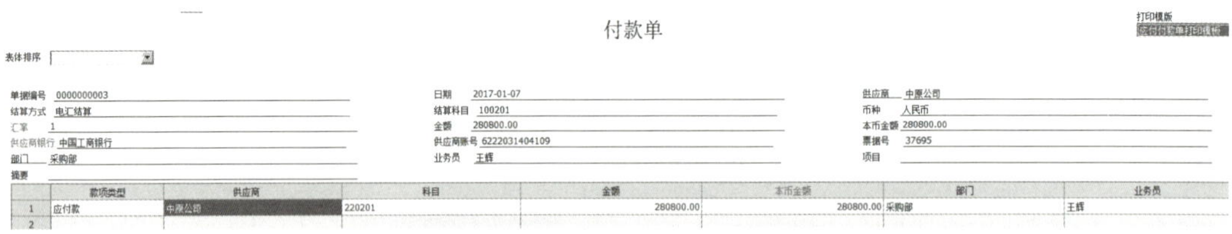


图 9-25 付款单

（3）以 202 徐静的身份登录企业应用平台，登录时间为“2017-01-07”。

（4）业务工作→财务会计→应付款管理→制单处理→收付款单制单→确定，单击“选择→制单→保存”按钮，如图 9-26 所示。

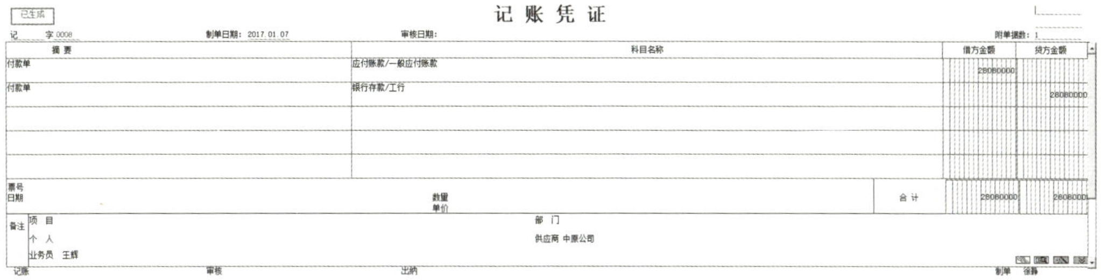

已生成

记账凭证

记 字 0008　制单日期：2017.01.07　审核日期：　附单据数：1

| 摘要 | 科目名称 | 借方金额 | 贷方金额 |
|---|---|---|---|
| 付款单 | 应付账款/一般应付账款 | 28080000 | |
| 付款单 | 银行存款/工行 | | 28080000 |
| | | | |
| | | | |
| | | | |
| 票号<br>日期 | 数量<br>单价 合计 | 28080000 | 28080000 |

备注　项　目　部　门
个　人　供应商　中原公司
业务员　王辉

记账　审核　出纳　制单　徐静

图 9-26　记账凭证

**业务 12**：1 月 8 日，徐静根据上月考勤情况计算工资数据。叶芳事假 1天，赵敏病假 2 天。录入工资变动数据后进行工资重新计算、汇总。进入银行代发功能，设置银行文件格式，选择银行模板：中国工商银行；单位编号：3362785002；录入日期：20170108。将银行代发一览表输出到账套备份文件夹，保存为“1 月份银行代发一览表.xls”。

**操作向导：**

（1）以 202 徐静的身份登录企业应用平台，登录时间为“2017-01-08”。

（2）业务工作→人力资源→薪资管理→业务处理→工资变动（叶芳事假 1 天，赵敏病假 2 天）→计算→汇总→全选→审核→退出→银行代发→选中所有部门（勾选选定下级部门复选框）→确定→设置银行文件格式（中国工商银行；单位编号：3362785002；录入日期：20170108）→确定，弹出“确认设置的银行文件格式”，单击“是”按钮，如图 9-27 所示，输出备份。

银行代发一览表

名称：中国工商银行

| 单位编号 | 人员编号 | 账号 | 金额 | 录入日期 |
|---|---|---|---|---|
| 3362785002 | 101 | 62203180101 | 8261.40 | 20170108 |
| 3362785002 | 102 | 62203180102 | 5491.40 | 20170108 |
| 3362785002 | 201 | 62203180201 | 5536.40 | 20170108 |
| 3362785002 | 202 | 62203180202 | 4826.96 | 20170108 |
| 3362785002 | 203 | 62203180203 | 4410.83 | 20170108 |
| 3362785002 | 301 | 62203180301 | 5626.40 | 20170108 |
| 3362785002 | 302 | 62203180302 | 4546.63 | 20170108 |
| 3362785002 | 401 | 62203180401 | 5626.40 | 20170108 |
| 3362785002 | 402 | 62203180402 | 4546.63 | 20170108 |
| 3362785002 | 501 | 62203180501 | 6236.60 | 20170108 |
| 3362785002 | 502 | 62203180502 | 4449.63 | 20170108 |
| 3362785002 | 503 | 62203180503 | 4449.63 | 20170108 |
| 3362785002 | 504 | 62203180504 | 4449.63 | 20170108 |
| 3362785002 | 505 | 62203180505 | 4449.63 | 20170108 |
| 3362785002 | 601 | 62203180601 | 5536.40 | 20170108 |
| 合计 | | | 78,444.57 | |

图 9-27　银行代发一览表

**业务 13**：1 月 8 日，支付本月应付职工工资 101810 元，代扣个人所得税 1498.43 元，代扣养老保险 7880 元，代扣医疗保险 1970 元，代扣失业保险 197 元，代扣住房公积金 11820 元，实发 78444.57 元，工资代发清单交银行发放。结算方式：其他；票号 52006，附单据 2 张。

借：应付职工薪酬/工资　　　　101810

　　贷：应交税费/应交个人所得税　　1498.43

　　　　其他应付款　　21867.00

　　　　银行存款/工行　　78444.57

**操作向导：**

（1）以 202 徐静的身份登录企业应用平台，登录时间为“2017-01-08”。

（2）业务工作→财务会计→总账→凭证→填制凭证→增加→保存，如图 9-28 所示。

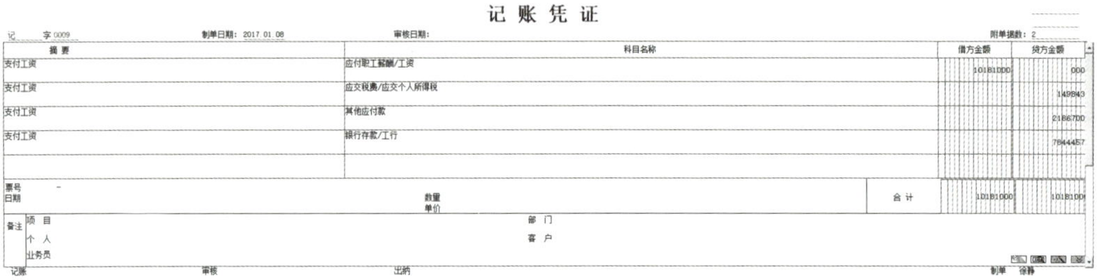

记 账 凭 证
记 字 0009
制单日期：2017.01.08
审核日期：
附单据数：2
摘要
科目名称
借方金额
贷方金额
支付工资
应付职工薪酬/工资
10181000
000
支付工资
应交税费/应交个人所得税
149843
支付工资
其他应付款
2186700
支付工资
银行存款/工行
7844457
票号
日期
数量
单价
合 计
10181000
10181000
备注
项 目
部 门
个 人
客 户
业务员
记账
审核
出纳
制单 徐静


图 9-28　记账凭证

**业务 14：** 1 月 8 日，收到华兴公司开出的采购专用发票，票号为 73226。发票列明：C材料 60 吨，无税单价为 1990 元；D材料 60 吨，无税单价为 1190 元。另代垫运费 1200 元，税率为 11%，票号为 47323。材料验收入库，货款当即办妥电汇手续，票号为 39267。

借：原材料　　　　191868

　　应交税费/应交增值税/进项税额　　32568

　　贷：银行存款/工行　　224436

**操作向导：**

（1）以 301 王辉的身份登录企业应用平台，登录时间为“2017-01-08”。

（2）供应链→采购管理→采购到货→到货单→增加→生单（采购订单）→确定→全选→确定→保存→审核，如图 9-29 所示。

图 9-29　到货单

（3）以 601 董乐的身份登录企业应用平台，登录时间为“2017-01-08”。

（4）供应链→库存管理→入库业务→采购入库单→生单（采购到货单蓝字）→确定→

双击选择→确定→仓库（原材料库）→保存→审核，如图 9-30 所示。

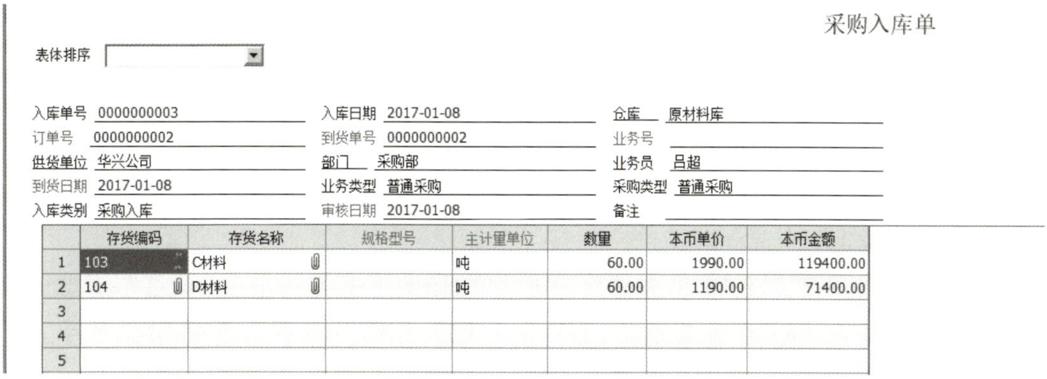

采购入库单

表体排序

入库单号 0000000003　入库日期 2017-01-08　仓库 原材料库
订单号 0000000002　到货单号 0000000002　业务号
供货单位 华兴公司　部门 采购部　业务员 吕超
到货日期 2017-01-08　业务类型 普通采购　采购类型 普通采购
入库类别 采购入库　审核日期 2017-01-08　备注

| | 存货编码 | 存货名称 | 规格型号 | 主计量单位 | 数量 | 本币单价 | 本币金额 |
|---|---|---|---|---|---|---|---|
| 1 | 103 | C材料 | | 吨 | 60.00 | 1990.00 | 119400.00 |
| 2 | 104 | D材料 | | 吨 | 60.00 | 1190.00 | 71400.00 |
| 3 | | | | | | | |
| 4 | | | | | | | |
| 5 | | | | | | | |

图 9-30　采购入库单

（5）以 301 王辉的身份登录企业应用平台，登录时间为“2017-01-08”。在业务工作选项卡中，选择“供应链→采购管理→采购发票→专用采购发票”按钮，打开“采购专用发票”窗口。单击“增加”按钮，输入发票号、供应商、存货编码、数量、原币单价，单击“保存→现付（结算方式电汇结算、原币金额、票据号）→确定”按钮，如图 9-31 所示。

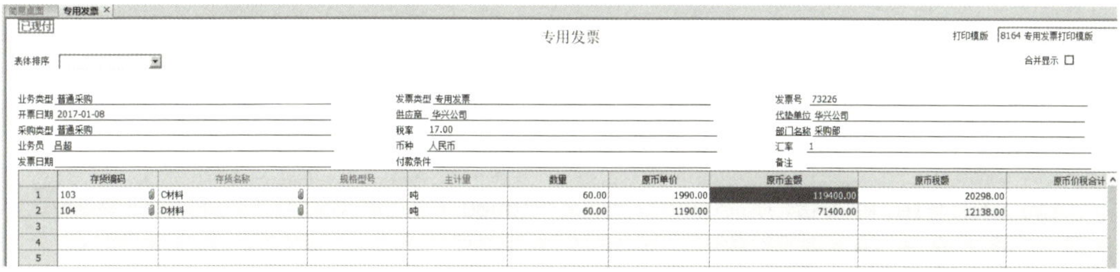

已现付

专用发票

打印模版 8164 专用发票打印模版
合并显示

表体排序

业务类型 普通采购　发票类型 专用发票　发票号 73226
开票日期 2017-01-08　供应商 华兴公司　代垫单位 华兴公司
采购类型 普通采购　税率 17.00　部门名称 采购部
业务员 吕超　币种 人民币　汇率 1
发票日期　付款条件　备注

| | 存货编码 | 存货名称 | 规格型号 | 主计量 | 数量 | 原币单价 | 原币金额 | 原币税额 | 原币价税合计 |
|---|---|---|---|---|---|---|---|---|---|
| 1 | 103 | C材料 | | 吨 | 60.00 | 1990.00 | 119400.00 | 20298.00 | |
| 2 | 104 | D材料 | | 吨 | 60.00 | 1190.00 | 71400.00 | 12138.00 | |
| 3 | | | | | | | | | |
| 4 | | | | | | | | | |
| 5 | | | | | | | | | |

图 9-31　专用发票

（6）以 301 王辉的身份登录企业应用平台，登录时间为“2017-01-08”。在业务工作选项卡中，选择“供应链→采购管理→采购发票→运费发票”按钮。单击“增加”按钮，输入发票号、供应商、税率、存货编码、原币金额，单击“保存→现付（结算方式电汇结算、原币金额、票据号）→确定”按钮，如图 9-32 所示。

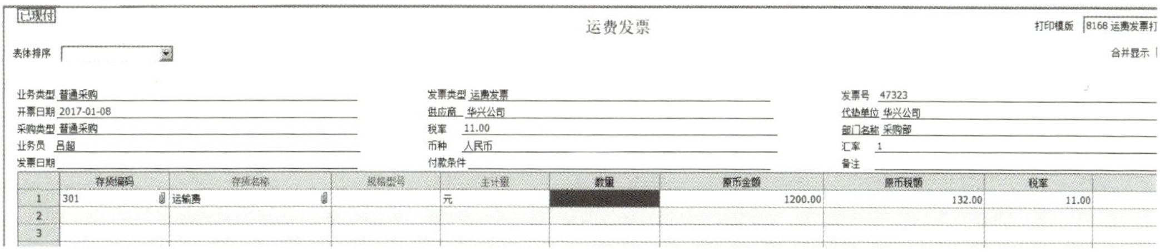

已现付

运费发票

打印模版 8168 运费发票打
合并显示

表体排序

业务类型 普通采购　发票类型 运费发票　发票号 47323
开票日期 2017-01-08　供应商 华兴公司　代垫单位 华兴公司
采购类型 普通采购　税率 11.00　部门名称 采购部
业务员 吕超　币种 人民币　汇率 1
发票日期　付款条件　备注

| | 存货编码 | 存货名称 | 规格型号 | 主计量 | 数量 | 原币金额 | 原币税额 | 税率 |
|---|---|---|---|---|---|---|---|---|
| 1 | 301 | 运输费 | | 元 | | 1200.00 | 132.00 | 11.00 |
| 2 | | | | | | | | |
| 3 | | | | | | | | |

图 9-32　运费发票

（7）在业务工作选项卡中，选择“供应链→采购管理→采购结算”按钮，打开“手工结算”窗口，单击“选单”按钮，打开结算选单窗口，单击“查询→确定→全选（结算发票和结算入库单要对应）→确定”按钮，弹出提示信息，点击“是”按钮，选择“按数量分摊运费”，单击“分摊”按钮，弹出“选择按数量分量，是否开始计算”窗口，单击“是”按钮。弹出“费用分摊（按数量）完毕，请检查”窗口，单击“确定”按钮，再单击“结算”按钮，弹出“完成结算”窗口，然后单击“确定”按钮。

（8）以 202 徐静的身份登录企业应用平台，登录时间为“2017-01-08”。财务会计→应付款管理→应付单据处理→应付单据审核→选择“采购发票”并勾选“包含已现结发票”复选框→确定→全选→审核。

（9）供应链→存货核算→业务核算→正常单据记账→确定→全选→记账→退出→财务核算→生成凭证→选择采购入库单（报销）→确定→全选（勾选已结算采购入库单）→确定→生成凭证→保存，如图 9-33 所示。

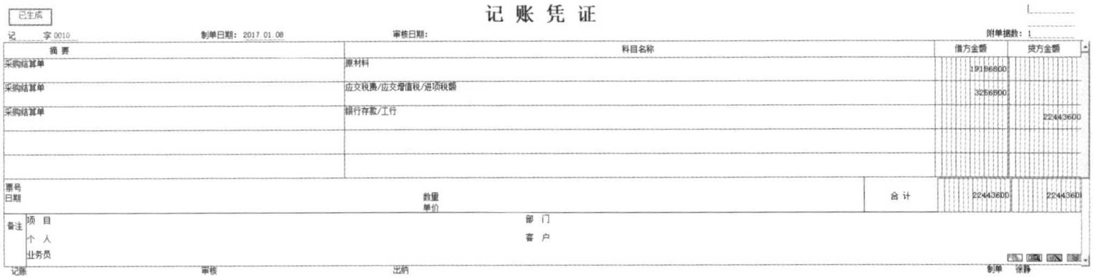
已生成

记账凭证

记 字 0010　制单日期：2017.01.08　审核日期：　附单据数：1

| 摘要 | 科目名称 | 借方金额 | 贷方金额 |
|---|---|---|---|
| 采购结算单 | 原材料 | 19186800 | |
| 采购结算单 | 应交税费/应交增值税/进项税额 | 3256800 | |
| 采购结算单 | 银行存款/工行 | | 22443600 |
| 票号 日期 | 数量 单价　合计 | 22443600 | 22443600 |

备注　项目　部门　个人　客户　业务员

记账　审核　出纳　制单　徐静

图 9-33　记账凭证

**业务 15**：1 月 8 日，销售部朱丹领用转账支票，票号为 12307，支付广告费 30000 元。附单据 2 张。

借：销售费用/广告费　　30000

　　贷：银行存款/工行　　30000

**操作向导：**

（1）以 202 徐静的身份登录企业应用平台，登录时间为“2017-01-08”。

（2）业务工作→财务会计→总账→凭证→填制凭证→增加→保存，如图 9-34 所示。

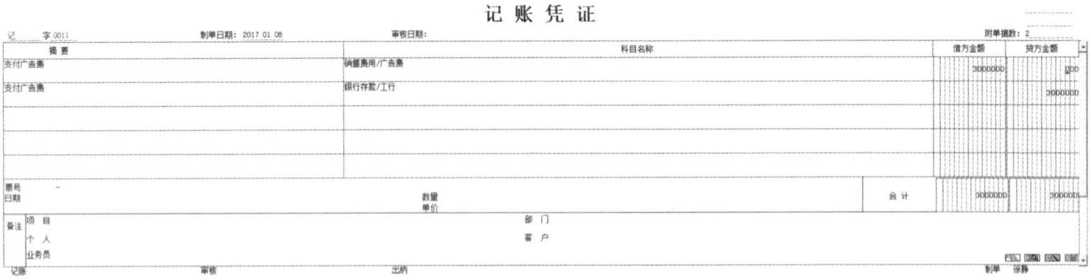
记账凭证

记 字 0011　制单日期：2017.01.08　审核日期：　附单据数：2

| 摘要 | 科目名称 | 借方金额 | 贷方金额 |
|---|---|---|---|
| 支付广告费 | 销售费用/广告费 | 3000000 | |
| 支付广告费 | 银行存款/工行 | | 3000000 |
| 票号 日期 | 数量 单价　合计 | 3000000 | 3000000 |

备注　项目　部门　个人　客户　业务员

记账　审核　出纳　制单　徐静

图 9-34　记账凭证

**业务 16**：1 月 8 日，开出销售专用发票，票号为 92001，向天成公司发出甲产品 60件。

借：应收账款　　　　　　　　　　　842400
　　贷：主营业务收入　　　　　　　　　720000
　　　　应交税费/应交增值税/销项税额　　122400
借：主营业务成本　　　　　　　　　480000
　　贷：库存商品　　　　　　　　　　　480000

**操作向导：**

（1）以401朱丹的身份登录企业应用平台，登录时间为“2017-01-08”。

（2）供应链→销售管理→销售开票→销售专用发票→增加→取消→生单（参照订单）→客户编码→确认→全选→确定→录入发票号、仓库名称→保存→复核，如图9-35所示。

销售专用发票
打印模版 销售专用发票打印模
表体排序
合并显示

发票号 92001　开票日期 2017-01-08　业务类型 普通销售
销售类型 普通销售　订单号 0000000001　发货单号
客户简称 天成公司　销售部门 销售部　业务员 朱丹
付款条件 2/10,1/20,n/30　客户地址　联系电话
开户银行 中国工商银行　账号 622208663258　税号 587634569870
币种 人民币　汇率 1　税率 17.00
备注

| | 仓库名称 | 存货编码 | 存货名称 | 规格型号 | 主计量 | 数量 | 报价 | 含税单价 | 无税单价 | 无税金额 |
|---|---|---|---|---|---|---|---|---|---|---|
| 1 | 产成品库 | 201 | 甲产品 | | 件 | 60.00 | 0.00 | 14040.00 | 12000.00 | |
| 2 | | | | | | | | | | |
| 3 | | | | | | | | | | |

图9-35　销售专用发票

（3）以601董乐的身份登录企业应用平台，登录时间为“2017-01-08”。

（4）供应链→库存管理→出库业务→销售出库单→单击“下一张”按钮找到出库单→审核。

（5）以202徐静的身份登录企业应用平台，登录时间为“2017-01-08”。业务工作→财务会计→应收款管理→应收单据处理→应收单据审核→销售发票→确定→全选→审核→确定→退出。

（6）制单处理→发票制单→确定→全选→制单→保存，如图9-36所示。

已生成
记账凭证
记　字 0012　制单日期：2017.01.08　审核日期：　附单据数：1

| 摘要 | 科目名称 | 借方金额 | 贷方金额 |
|---|---|---|---|
| 销售专用发票 | 应收账款 | 84240000 | |
| 销售专用发票 | 主营业务收入 | | 72000000 |
| 销售专用发票 | 应交税费/应交增值税/销项税额 | | 12240000 |
| 票号 日期　数量 单价 | 合计 | 84240000 | 84240000 |

备注　项目　部门
个人　客户 天成公司
业务员 朱丹
记账　审核　出纳　制单 徐静

图9-36　记账凭证1

（7）供应链→存货核算→业务核算→正常单据记账→仓库（产成品库）→确定→全选→记账→确定→退出→财务核算→生成凭证→选择销售专用发票→确定→全选→确定→生成→保存，如图9-37所示。

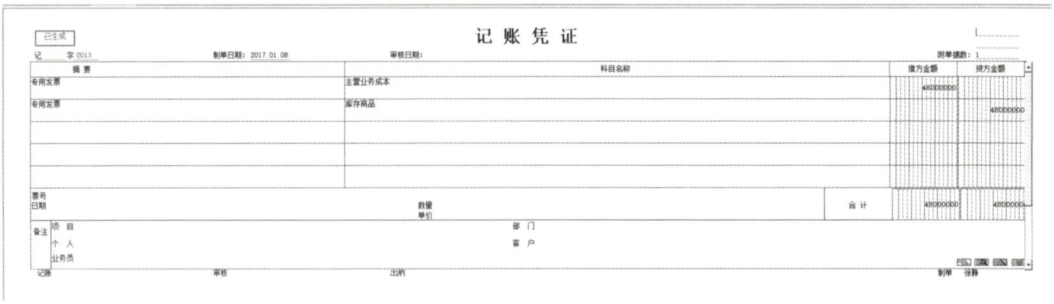


图 9-37　记账凭证 2

**业务 17**：1 月 8 日，生产部生产甲产品领用 A 材料 70 吨、B 材料 70 吨，生产乙产品领用 C 材料 60 吨、D 材料 60 吨。

借：生成成本 / 直接材料 / 甲产品　　　　490000

　　生成成本 / 直接材料 / 乙产品　　　　192000

　　贷：原材料　　　　　　　　　　　　　682000

**操作向导：**

（1）以 601 董乐的身份登录企业应用平台，登录时间为“2017-01-08”。

（2）供应链→库存管理→出库业务→材料出库单→增加（仓库、部门、出库类别→材料编码、数量）→保存→审核，如图 9-38、图 9-39 所示。

材料出库单

表体排序

出库单号 0000000001　出库日期 2017-01-08　仓库 原材料库

订单号　产品编码　产量 0.00

生产批号　业务类型 领料　业务号

出库类别 生产领用出库　部门 生产部　委外商

审核日期 2017-01-08　备注

| | 材料编码 | 材料名称 | 规格型号 | 主计量单位 | 数量 | 单价 | 金额 | 子件补料申请单号 |
|---|---|---|---|---|---|---|---|---|
| 1 | 101 | A材料 | | 吨 | 70.00 | | | |
| 2 | 102 | B材料 | | 吨 | 70.00 | | | |
| 3 | | | | | | | | |

图 9-38　材料出库单 1

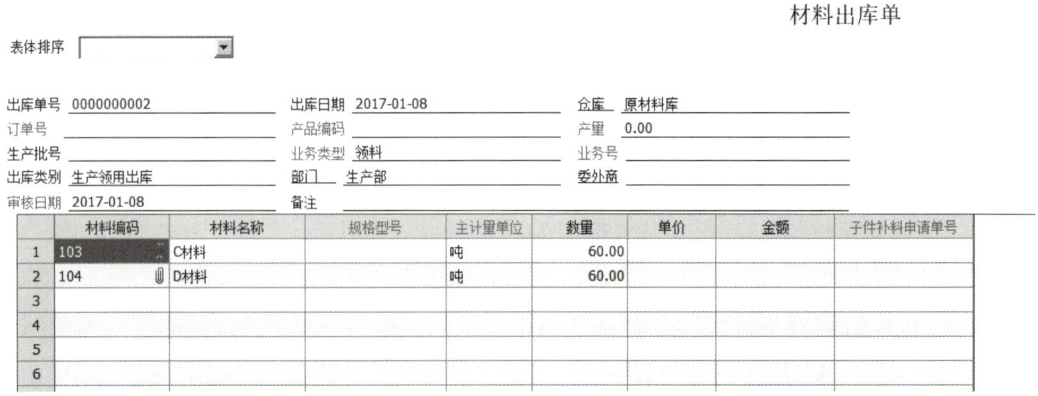

材料出库单

表体排序

出库单号 0000000002　出库日期 2017-01-08　仓库 原材料库

订单号　产品编码　产量 0.00

生产批号　业务类型 领料　业务号

出库类别 生产领用出库　部门 生产部　委外商

审核日期 2017-01-08　备注

| | 材料编码 | 材料名称 | 规格型号 | 主计量单位 | 数量 | 单价 | 金额 | 子件补料申请单号 |
|---|---|---|---|---|---|---|---|---|
| 1 | 103 | C材料 | | 吨 | 60.00 | | | |
| 2 | 104 | D材料 | | 吨 | 60.00 | | | |
| 3 | | | | | | | | |
| 4 | | | | | | | | |
| 5 | | | | | | | | |
| 6 | | | | | | | | |

图 9-39　材料出库单 2

（3）以 202 徐静的身份登录企业应用平台，登录时间为“2017-01-08”。供应链→存货核算→业务核算→正常单据记账→选择仓库（原材料库）→确定→选择 4 张材料出库单→记账→确定→退出→财务核算→生成凭证→选择材料出库单→确定→全选→确定→输入项目大类和项目编码→合成凭证→保存，如图 9-40 所示。

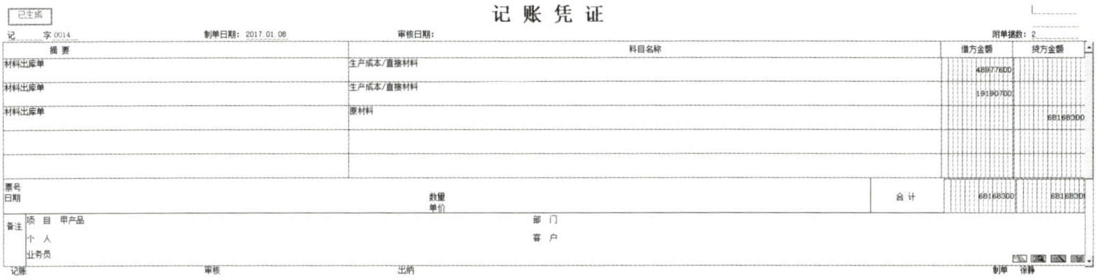
已生成

记账凭证

记 字 0014　制单日期：2017.01.08　审核日期：　附单据数：2

| 摘要 | 科目名称 | 借方金额 | 贷方金额 |
|---|---|---|---|
| 材料出库单 | 生产成本/直接材料 | 48977600 | |
| 材料出库单 | 生产成本/直接材料 | 19190700 | |
| 材料出库单 | 原材料 | | 68168300 |
| | | | |
| | | | |
| 票号 日期 | 数量 单价 合计 | 68168300 | 68168300 |

备注　项目 甲产品　部门
个人　客户
业务员

记账　审核　出纳　制单 徐静

图 9-40　记账凭证

**业务 18:** 1 月 9 日，以电汇结算（票号: 32661）方式偿还所欠华兴公司货款 117000 元。

借: 应付账款/一般应付账款　　117000

　贷: 银行存款/工行　　117000

（1）以 203 赵敏的身份登录企业应用平台，登录时间为“2017-01-09”。

（2）业务工作→财务会计→应付款管理→付款单据处理→付款单据录入→增加（供应商、金额、票据号、结算方式）→保存→审核，如图 9-41 所示。

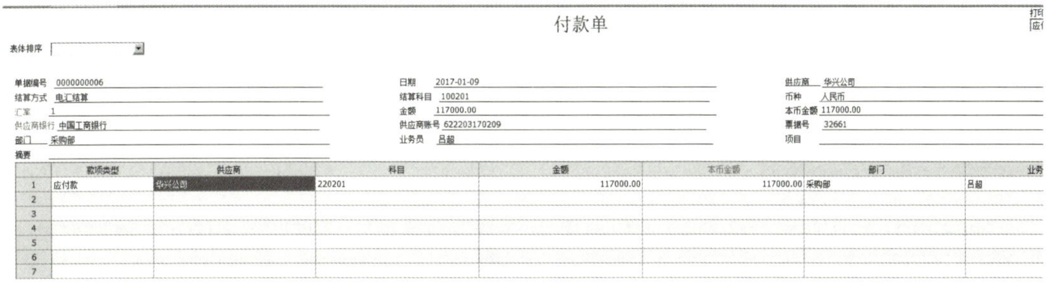
付款单

表体排序

单据编号 0000000006　日期 2017-01-09　供应商 华兴公司
结算方式 电汇结算　结算科目 100201　币种 人民币
汇率 1　金额 117000.00　本币金额 117000.00
供应商银行 中国工商银行　供应商账号 622203170209　票据号 32661
部门 采购部　业务员 吕超　项目
摘要

| | 款项类型 | 供应商 | 科目 | 金额 | 本币金额 | 部门 | 业务 |
|---|---|---|---|---|---|---|---|
| 1 | 应付款 | 华兴公司 | 220201 | 117000.00 | 117000.00 | 采购部 | 吕超 |
| 2 | | | | | | | |
| 3 | | | | | | | |
| 4 | | | | | | | |
| 5 | | | | | | | |
| 6 | | | | | | | |
| 7 | | | | | | | |

图 9-41　付款单

（3）以 202 徐静的身份登录企业应用平台，登录时间为“2017-01-09”。

（4）业务工作→财务会计→应付款管理→制单处理→收付款单制单→确定→全选→制单→保存，如图 9-42 所示。

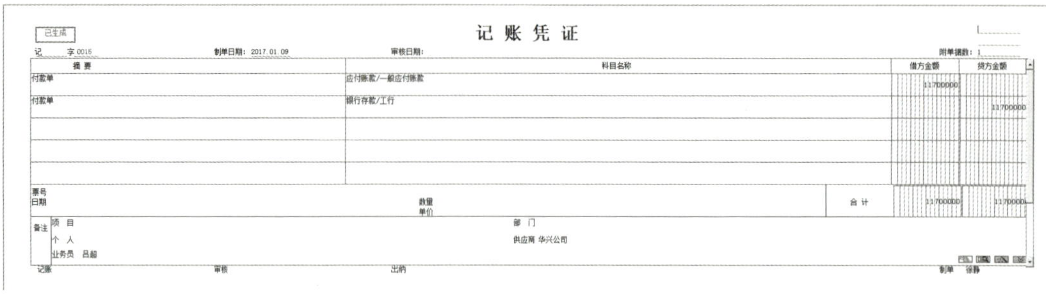

已生成

记账凭证

记 字 0015 制单日期：2017.01.09 审核日期： 附单据数：1

| 摘要 | 科目名称 | 借方金额 | 贷方金额 |
|---|---|---|---|
| 付款单 | 应付账款/一般应付账款 | 11700000 | |
| 付款单 | 银行存款/工行 | | 11700000 |
| | | | |
| | | | |
| | | | |
| 票号 日期 | 数量 单价 合计 | 11700000 | 11700000 |

备注 项目 部门

个人 供应商 华兴公司

业务员 吕超

记账 审核 出纳 制单 徐静

图 9-42 记账凭证

**业务 19**：1 月 9 日。采购部王辉报销差旅费 3260 元，预借款 3000 元，差额付给现金。附单据 2 张。

借：管理费用/其他费用 3260

　　贷：库存现金 260

　　　　其他应收款/应收个人款 3000

**操作向导：**

（1）以 202 徐静的身份登录企业应用平台，登录时间为“2017-01-09”。

（2）业务工作→财务会计→总账→凭证→填制凭证→增加→保存，如图 9-43 所示。

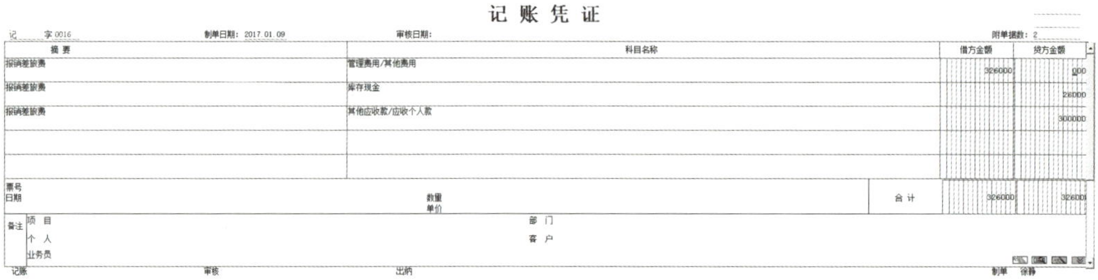

记账凭证

记 字 0016 制单日期：2017.01.09 审核日期： 附单据数：2

| 摘要 | 科目名称 | 借方金额 | 贷方金额 |
|---|---|---|---|
| 报销差旅费 | 管理费用/其他费用 | 326000 | |
| 报销差旅费 | 库存现金 | | 26000 |
| 报销差旅费 | 其他应收款/应收个人款 | | 300000 |
| | | | |
| | | | |
| 票号 日期 | 数量 单价 合计 | 326000 | 326000 |

备注 项目 部门

个人 客户

业务员

记账 审核 出纳 制单 徐静

图 9-43 记账凭证

**业务 20**：1 月 9 号，收到同达公司汇来货款 343980 元，票号为 54126，原销货款为 351000 元，可享受折扣 7020 元。

借：银行存款/工行 343980

　　贷：应收账款 343980

借：财务费用 7020

　　贷：应收账款 7020

**操作向导：**

（1）以 203 赵敏的身份登录企业应用平台，登录时间为“2017-01-09”。

（2）业务工作→财务会计→应收款管理→收款单据录入→增加（客户、金额、票据号、结算方式电汇、结算科目 100201）→保存→审核，如图 9-44 所示。

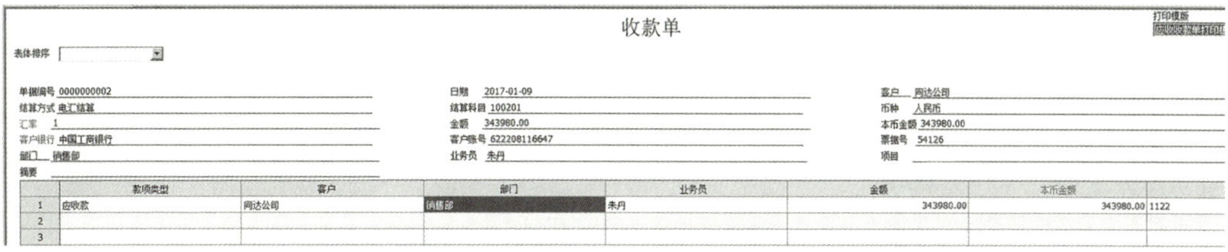


图 9-44　收款单

（3）以 202 徐静的身份登录企业应用平台，登录时间为“2017-01-09”。

（4）业务工作→财务会计→应收款管理→制单处理→收付款单制单→确定→双击选择→制单→保存，如图 9-45 所示。

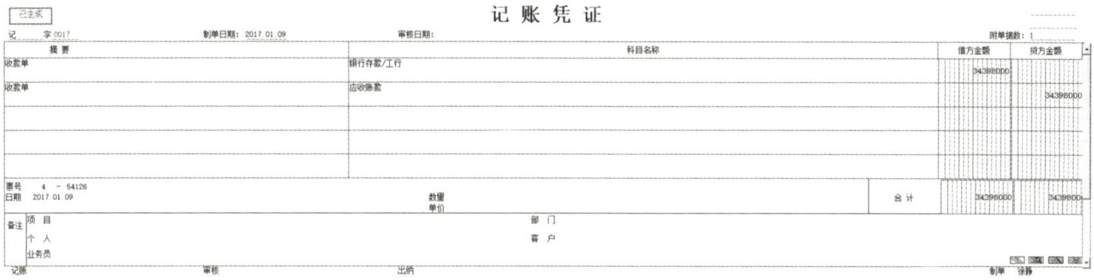


图 9-45　记账凭证 1

（5）应收款管理→核销处理→手工核销→客户→确定→输入本次结算金额→保存→退出→制单处理→核销制单→确定→全选→制单→保存，如图 9-46 所示。

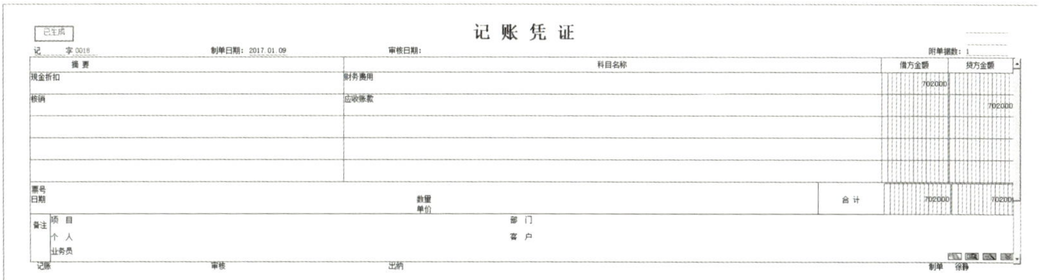


图 9-46　记账凭证 2

**业务 21:** 1 月 10 日，与同达公司签订购销合同，销售甲产品 20 件，无税单价为 12000 元，乙产品 100 件，无税单价为 3000元，预发货日期为 1 月 15 日。

**操作向导:**

（1）以 401 朱丹的身份登录企业应用平台，登录时间为“2017-01-10”。

（2）供应链→销售管理→销售订货→销售订单→增加（订单日期、客户简称、存货编码、数量、无税单价、预发货日期）→保存→审核，如图 9-47 所示。

销售订单

打印模版 销售订单打印模版

表体排序

合并显示 □

订单号 0000000002　订单日期 2017-01-10　业务类型 普通销售

销售类型 普通销售　客户简称 同达公司　付款条件 3/10,2/30,1/60,n/90

销售部门 销售部　业务员 朱丹　税率 17.00

币种 人民币　汇率 1　备注

| | 存货编码 | 存货名称 | 规格型号 | 主计量 | 数量 | 报价 | 含税单价 | 无税单价 | 无税金额 |
|---|---|---|---|---|---|---|---|---|---|
| 1 | 201 | 甲产品 | | 件 | 20.00 | 0.00 | 14040.00 | 12000.00 | 240000.00 |
| 2 | 202 | 乙产品 | | 件 | 100.00 | 0.00 | 3510.00 | 3000.00 | 300000.00 |
| 3 | | | | | | | | | |
| 4 | | | | | | | | | |
| 5 | | | | | | | | | |

图 9-47　销售订单

**业务 22：** 1 月 10 日，缴纳上月增值税 255000 元，城市维护建设税 17850 元，教育费附加 7650 元，个人所得税 1500 元、企业所得税 150000 元。结算方式：其他；票号：38026；附单据 2 张。

借：应交税费/未交增值税　　255000

　　应交税费/应交城市维护建设税　　17850

　　应交税费/应交教育费附加　　7650

　　应交税费/应交个人所得税　　1500

　　应交税费/应交企业所得税　　150000

　　贷：银行存款/工行　　432000

**操作向导：**

（1）以 202 徐静的身份登录企业应用平台，登录时间为“2017-01-10”。

（2）业务工作→财务会计→总账→凭证→填制凭证→增加→保存，如图 9-48 所示。

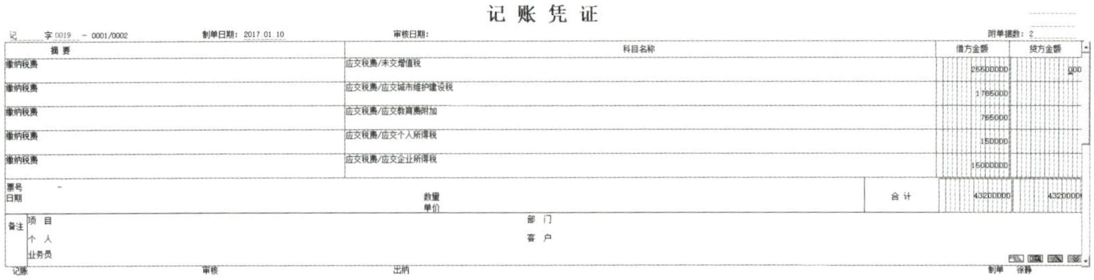

记 账 凭 证

记 字 0019 － 0001/0002　制单日期：2017.01.10　审核日期：　附单据数：2

| 摘要 | 科目名称 | 借方金额 | 贷方金额 |
|---|---|---|---|
| 缴纳税费 | 应交税费/未交增值税 | 25500000 | 000 |
| 缴纳税费 | 应交税费/应交城市维护建设税 | 1785000 | |
| 缴纳税费 | 应交税费/应交教育费附加 | 765000 | |
| 缴纳税费 | 应交税费/应交个人所得税 | 150000 | |
| 缴纳税费 | 应交税费/应交企业所得税 | 15000000 | |
| 票号 - 日期 | 数量 单价 合计 | 43200000 | 43200000 |

备注　项目　部门

　　　个人　客户

　　　业务员

记账　审核　出纳　制单 徐静

图 9-48　记账凭证

**业务 23：** 1 月 10 日，开出 12308 号转账支票，向中国儿童少年基金会捐赠 20000 元，经办人为叶芳。附单据 2 张。

借：营业外支出　　20000

　　贷：银行存款/工行　　20000

**操作向导：**

（1）以 202 徐静的身份登录企业应用平台，登录时间为“2017-01-10”。

（2）业务工作→财务会计→总账→凭证→填制凭证→增加→保存，如图 9-49 所示。

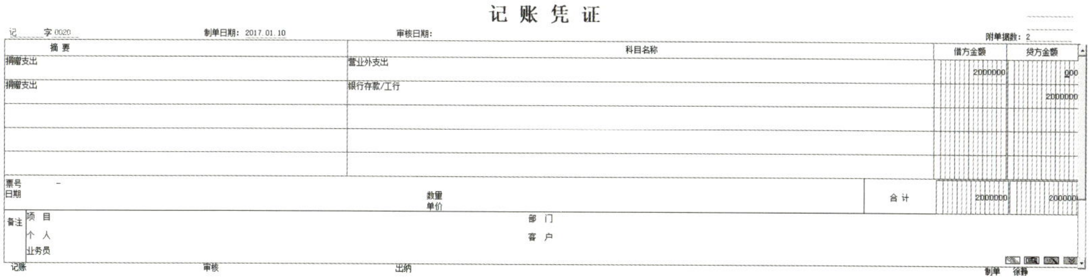


图 9-49 记账凭证

上旬凭证后续处理：

（1）赵敏进行出纳签字。

①以 203 赵敏的身份登录企业应用平台，登录时间为“2017-01-10”。

②业务工作→财务会计→总账→凭证→出纳签字→确定→双击打开凭证签字，全部签字完成后如图 9-50 所示。

简易桌面 | 出纳签字列表

凭证共 14张 已签字 14张 未签字 0张 ◉ 凭证号排序 ○ 制单日期排序

| 制单日期 | 凭证编号 | 摘要 | 借方金额合计 | 贷方金额合计 | 制单人 | 签字人 | 系统名 | 备注 | 审核日期 | 年度 |
|---|---|---|---|---|---|---|---|---|---|---|
| 2017-01-05 | 记 - 0003 | 票据结算 | 300,000.00 | 300,000.00 | 徐静 | 赵敏 | 应付系统 | | | 2017 |
| 2017-01-05 | 记 - 0004 | 朱丹报销差旅费 | 5,000.00 | 5,000.00 | 徐静 | 赵敏 | | | | 2017 |
| 2017-01-05 | 记 - 0005 | 收款单 | 210,600.00 | 210,600.00 | 徐静 | 赵敏 | 应收系统 | | | 2017 |
| 2017-01-06 | 记 - 0006 | 叶芳购买办公用品 | 780.00 | 780.00 | 徐静 | 赵敏 | | | | 2017 |
| 2017-01-07 | 记 - 0007 | 采购 收款单 | 467,660.00 | 467,660.00 | 徐静 | 赵敏 | 存货核算系统 | | | 2017 |
| 2017-01-07 | 记 - 0008 | 付款单 | 280,800.00 | 280,800.00 | 徐静 | 赵敏 | 应付系统 | | | 2017 |
| 2017-01-08 | 记 - 0009 | 支付工资 | 101,810.00 | 101,810.00 | 徐静 | 赵敏 | | | | 2017 |
| 2017-01-08 | 记 - 0010 | 采购结算单 | 224,436.00 | 224,436.00 | 徐静 | 赵敏 | 存货核算系统 | | | 2017 |
| 2017-01-08 | 记 - 0011 | 支付广告费 | 30,000.00 | 30,000.00 | 徐静 | 赵敏 | | | | 2017 |
| 2017-01-09 | 记 - 0015 | 付款单 | 117,000.00 | 117,000.00 | 徐静 | 赵敏 | 应付系统 | | | 2017 |
| 2017-01-09 | 记 - 0016 | 报销差旅费 | 3,260.00 | 3,260.00 | 徐静 | 赵敏 | | | | 2017 |
| 2017-01-09 | 记 - 0017 | 收款单 | 343,980.00 | 343,980.00 | 徐静 | 赵敏 | 应收系统 | | | 2017 |
| 2017-01-10 | 记 - 0019 | 缴纳税费 | 432,000.00 | 432,000.00 | 徐静 | 赵敏 | | | | 2017 |
| 2017-01-10 | 记 - 0020 | 捐赠支出 | 20,000.00 | 20,000.00 | 徐静 | 赵敏 | | | | 2017 |

图 9-50 出纳签字列表

（2）罗强进行凭证审核。

①以 201 罗强的身份登录企业应用平台，登录时间为“2017-01-10”。

②业务工作→财务会计→总账→凭证→审核凭证→确定→双击打开凭证审核，全部审核完成后如图 9-51 所示。

| 凭证共 20张 | 已审核 20 张 | 未审核 0 张 | | | | | 凭证号排序 | 制单日期排序 | | |
|---|---|---|---|---|---|---|---|---|---|---|
| 制单日期 | 凭证编号 | 摘要 | 借方金额合计 | 贷方金额合计 | 制单人 | 审核人 | 系统名 | 备注 | 审核日期 | 年度 |
| 2017-01-01 | 记 - 0001 | 凭证编号 单 | -150,000.00 | -150,000.00 | 徐静 | 罗强 | 存货核算系统 | | 2017-01-10 | 2017 |
| 2017-01-01 | 记 - 0002 | 采购结算单 | 175,330.00 | 175,330.00 | 徐静 | 罗强 | 存货核算系统 | | 2017-01-10 | 2017 |
| 2017-01-05 | 记 - 0003 | 票据结算 | 300,000.00 | 300,000.00 | 徐静 | 罗强 | 应付系统 | | 2017-01-10 | 2017 |
| 2017-01-05 | 记 - 0004 | 朱丹报销差旅费 | 5,000.00 | 5,000.00 | 徐静 | 罗强 | | | 2017-01-10 | 2017 |
| 2017-01-05 | 记 - 0005 | 收款单 | 210,600.00 | 210,600.00 | 徐静 | 罗强 | 应收系统 | | 2017-01-10 | 2017 |
| 2017-01-06 | 记 - 0006 | 叶芳购买办公用品 | 780.00 | 780.00 | 徐静 | 罗强 | | | 2017-01-10 | 2017 |
| 2017-01-07 | 记 - 0007 | 采购结算单 | 467,660.00 | 467,660.00 | 徐静 | 罗强 | 存货核算系统 | | 2017-01-10 | 2017 |
| 2017-01-07 | 记 - 0008 | 付款单 | 280,800.00 | 280,800.00 | 徐静 | 罗强 | 应付系统 | | 2017-01-10 | 2017 |
| 2017-01-08 | 记 - 0009 | 支付工资 | 101,810.00 | 101,810.00 | 徐静 | 罗强 | | | 2017-01-10 | 2017 |
| 2017-01-08 | 记 - 0010 | 采购结算单 | 224,436.00 | 224,436.00 | 徐静 | 罗强 | 存货核算系统 | | 2017-01-10 | 2017 |
| 2017-01-08 | 记 - 0011 | 支付广告费 | 30,000.00 | 30,000.00 | 徐静 | 罗强 | | | 2017-01-10 | 2017 |
| 2017-01-08 | 记 - 0012 | 销售专用发票 | 842,400.00 | 842,400.00 | 徐静 | 罗强 | 应收系统 | | 2017-01-10 | 2017 |
| 2017-01-08 | 记 - 0013 | 专用发票 | 480,000.00 | 480,000.00 | 徐静 | 罗强 | 存货核算系统 | | 2017-01-10 | 2017 |
| 2017-01-08 | 记 - 0014 | 材料出库单 | 681,683.00 | 681,683.00 | 徐静 | 罗强 | 存货核算系统 | | 2017-01-10 | 2017 |
| 2017-01-09 | 记 - 0015 | 付款单 | 117,000.00 | 117,000.00 | 徐静 | 罗强 | 应付系统 | | 2017-01-10 | 2017 |
| 2017-01-09 | 记 - 0016 | 报销差旅费 | 3,260.00 | 3,260.00 | 徐静 | 罗强 | | | 2017-01-10 | 2017 |
| 2017-01-09 | 记 - 0017 | 收款单 | 343,980.00 | 343,980.00 | 徐静 | 罗强 | 应收系统 | | 2017-01-10 | 2017 |
| 2017-01-09 | 记 - 0018 | 现金折扣 | 7,020.00 | 7,020.00 | 徐静 | 罗强 | 应收系统 | | 2017-01-10 | 2017 |
| 2017-01-10 | 记 - 0019 | 缴纳税费 | 432,000.00 | 432,000.00 | 徐静 | 罗强 | | | 2017-01-10 | 2017 |
| 2017-01-10 | 记 - 0020 | 捐赠支出 | 20,000.00 | 20,000.00 | 徐静 | 罗强 | | | 2017-01-10 | 2017 |

图 9-51　凭证审核

（3）徐静对记 0001——记 0020 号凭证进行记账，查询上旬科目汇总表，输出“2017 年 1 月上旬科目汇总表.xls”到文件夹。

①以 202徐静的身份登录企业应用平台，登录时间为“2017-01-10”。

②业务工作→财务会计→总账→凭证→记账→全选→记账→确定。

③业务工作→财务会计→总账→凭证→科目汇总→汇总→输出，如图 9-52 所示。

| 科目编码 | 科目名称 | 外币名称 | 计量单位 | 金额合计 | | 外币合计 | | 数量合计 | |
|---|---|---|---|---|---|---|---|---|---|
| | | | | 借方 | 贷方 | 借方 | 贷方 | 借方 | 贷方 |
| 1001 | 库存现金 | | | 720.00 | 1,040.00 | | | | |
| 1002 | 银行存款 | | | 554,580.00 | 1,845,040.57 | | | | |
| 1122 | 应收账款 | | | 842,400.00 | 561,600.00 | | | | |
| 1221 | 其他应收款 | | | | 8,000.00 | | | | |
| 1403 | 原材料 | | | 591,538.00 | 681,683.00 | | | | |
| 1405 | 库存商品 | | | | 480,000.00 | | | | |
| 资产 小计 | | | | 1,989,238.00 | 3,577,363.57 | | | | |
| 2201 | 应付票据 | | | 300,000.00 | | | | | |
| 2202 | 应付账款 | | | 292,500.00 | 25,330.00 | | | | |
| 2211 | 应付职工薪酬 | | | 101,810.00 | | | | | |
| 2221 | 应交税费 | | | 557,888.00 | 123,898.43 | | | | |
| 2241 | 其他应付款 | | | | 21,867.00 | | | | |
| 负债 小计 | | | | 1,252,198.00 | 171,095.43 | | | | |
| 5001 | 生产成本 | | | 681,683.00 | | | | | |
| 成本 小计 | | | | 681,683.00 | | | | | |
| 6001 | 主营业务收入 | | | | 720,000.00 | | | | |
| 6401 | 主营业务成本 | | | 480,000.00 | | | | | |
| 6601 | 销售费用 | | | 34,280.00 | | | | | |
| 6602 | 管理费用 | | | 4,040.00 | | | | | |
| 6603 | 财务费用 | | | 7,020.00 | | | | | |
| 6711 | 营业外支出 | | | 20,000.00 | | | | | |
| 损益 小计 | | | | 545,340.00 | 720,000.00 | | | | |
| 合计 | | | | 4,468,459.00 | 4,468,459.00 | | | | |

图 9-52　科目汇总

**业务 24：**1 月 11 日，将鸿丰公司签发的无息商业承兑汇票 175500 元向银行贴现，贴现率为 3.8%，以其他结算（票号：52003）方式进账，附单据 1 张。

借：银行存款/工行　　　　174981.30

　　财务费用　　　　518.70

　　贷：应收票据　　　　175500

**操作向导：**

（1）以 202 徐静的身份登录企业应用平台，登录时间为“2017-01-11”。

（2）业务工作→财务会计→应收款管理→票据管理→确定→选择鸿丰公司签发的无息商业承兑汇票→贴现（贴现率 3.8%，结算科目 100201）→确定→弹出“是否立即制单”窗口，单击“是”→对记账凭证进行补充（结算方式、票号、会计科目）→保存，如图 9-53 所示。

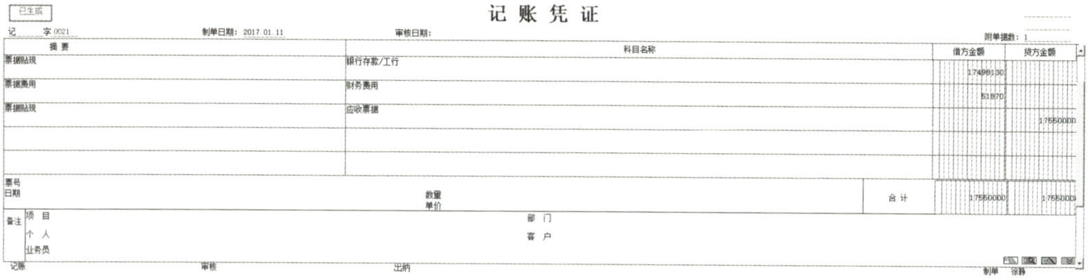

已生成

记账凭证

记 字 0021 制单日期：2017.01.11 审核日期： 附单据数：1

| 摘要 | 科目名称 | 借方金额 | 贷方金额 |
|---|---|---|---|
| 票据贴现 | 银行存款/工行 | 17498130 | |
| 票据费用 | 财务费用 | 51870 | |
| 票据贴现 | 应收票据 | | 17550000 |
| | | | |
| | | | |
| 票号 日期 | 数量 单价 合计 | 17550000 | 17550000 |

备注 项目 部门 个人 客户 业务员

记账 审核 出纳 制单 徐静

图 9-53 记账凭证

**业务 25：**1 月 12 日，经理办叶芳以现金 1280 元支付业务招待费。附单据 1 张。

借：管理费用/业务招待费 1280

贷：库存现金 1280

**操作向导：**

（1）以 202 徐静的身份登录企业应用平台，登录时间为“2017-01-12”。

（2）业务工作→财务会计→总账→凭证→填制凭证→增加→保存，如图 9-54 所示。

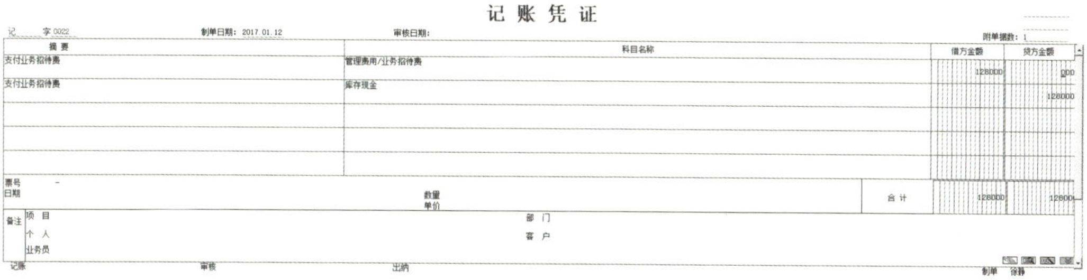

记账凭证

记 字 0022 制单日期：2017.01.12 审核日期： 附单据数：1

| 摘要 | 科目名称 | 借方金额 | 贷方金额 |
|---|---|---|---|
| 支付业务招待费 | 管理费用/业务招待费 | 128000 | 000 |
| 支付业务招待费 | 库存现金 | | 128000 |
| | | | |
| | | | |
| | | | |
| 票号 日期 | 数量 单价 合计 | 128000 | 128000 |

备注 项目 部门 个人 客户 业务员

记账 审核 出纳 制单 徐静

图 9-54 记账凭证

**业务 26：**1 月 12 日，开出 21632 号现金支票提取现金 2000 元备用。附单据 1 张。

借：库存现金 2000

贷：银行存款/工行 2000

**操作向导：**

（1）以 202 徐静的身份登录企业应用平台，登录时间为“2017-01-12”。

（2）业务工作→财务会计→总账→凭证→填制凭证→增加→保存，如图 9-55 所示。

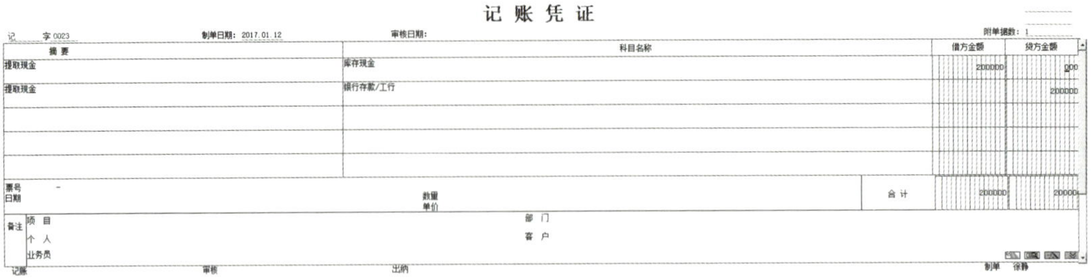
记账凭证

记 字 0023　制单日期：2017.01.12　审核日期：　附单据数：1

| 摘要 | 科目名称 | 借方金额 | 贷方金额 |
| --- | --- | --- | --- |
| 提取现金 | 库存现金 | 200000 | |
| 提取现金 | 银行存款/工行 | | 200000 |
| 票号 - 日期 | 数量 单价 | 合计 200000 | 200000 |

备注　项目　个人　业务员　部门　客户

记账　审核　出纳　制单 徐静

图 9-55　记账凭证

**业务 27：** 1 月 12 日，与中原公司签订购销合同，订购 A 材料 20 吨，无税单价为 3980 元，B 材料 80 吨，无税单价为 2980 元，计划到货日期为 1 月 16 日。

**操作向导：**

（1）以 301 王辉的身份登录企业应用平台，登录时间为“2017-01-12”。

（2）供应链→采购管理→采购订货→采购订单→增加（供应商、存货编码、数量、原币单价、计划到货日期）→保存→审核，如图 9-56 所示。

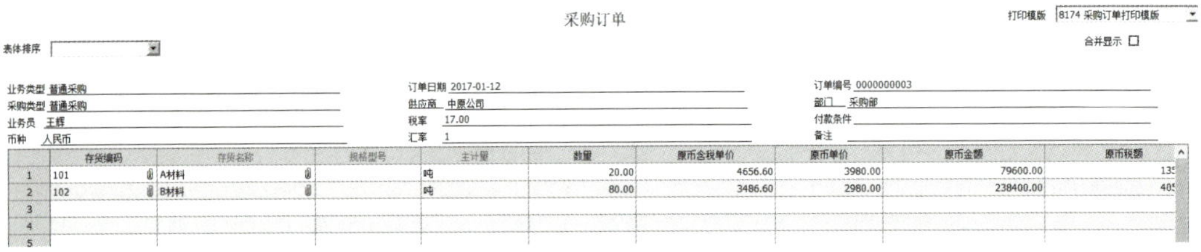
采购订单

打印模版 8174 采购订单打印模版　合并显示 □

表体排序

业务类型 普通采购　订单日期 2017-01-12　订单编号 0000000003

采购类型 普通采购　供应商 中原公司　部门 采购部

业务员 王辉　税率 17.00　付款条件

币种 人民币　汇率 1　备注

| | 存货编码 | 存货名称 | 规格型号 | 主计量 | 数量 | 原币含税单价 | 原币单价 | 原币金额 | 原币税额 |
| --- | --- | --- | --- | --- | --- | --- | --- | --- | --- |
| 1 | 101 | A材料 | | 吨 | 20.00 | 4656.60 | 3980.00 | 79600.00 | 135 |
| 2 | 102 | B材料 | | 吨 | 80.00 | 3486.60 | 2980.00 | 238400.00 | 405 |
| 3 | | | | | | | | | |
| 4 | | | | | | | | | |
| 5 | | | | | | | | | |

图 9-56　采购订单

**业务 28：** 1 月 12 日，销售部刘倩预借差旅费 3000 元，开出 21633 号现金支票支付。附单据 1 张。

借：其他应收款/应收个人款　　3000

　　贷：银行存款/工行　　3000

**操作向导：**

（1）以 202 徐静的身份登录企业应用平台，登录时间为“2017-01-12”。

（2）业务工作→财务会计→总账→凭证→填制凭证→增加→保存，如图 9-57 所示。

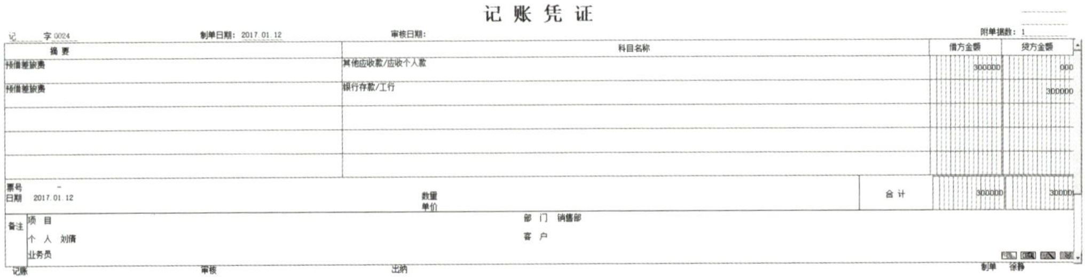
记账凭证

记 字 0024　制单日期：2017.01.12　审核日期：　附单据数：1

| 摘要 | 科目名称 | 借方金额 | 贷方金额 |
| --- | --- | --- | --- |
| 预借差旅费 | 其他应收款/应收个人款 | 300000 | |
| 预借差旅费 | 银行存款/工行 | | 300000 |
| 票号 - 日期 2017.01.12 | 数量 单价 | 合计 300000 | 300000 |

备注　项目　个人 刘倩　业务员　部门 销售部　客户

记账　审核　出纳　制单 徐静

图 9-57　记账凭证

**业务 29：** 1 月 13 日，购入联想电脑 3 台，无税单价为 5000 元，共计 17550 元，已分别交付采购部、销售部、仓管部使用，货款开出 12309 号转账支票付讫。附单据 2 张。

借：固定资产　　　　　　　　　　　　15000

　应交税费/应交增值税/进项税额　　2550

　贷：银行存款/工行　　　　　　　　　17550

**操作向导：**

（1）以 202 徐静的身份登录企业应用平台，登录时间为“2017-01-13”。

（2）业务工作→财务会计→固定资产→卡片→资产增加→选择办公设备→确定→增加（3 张固定资产卡片）→退出→固定资产→处理→批量制单→业务类型（新增资产）→确定→全选→在制单选择选项卡界面单击“合并”→在制单设置选项卡界面单击“凭证”→保存生成凭证，如图 9-58 所示。

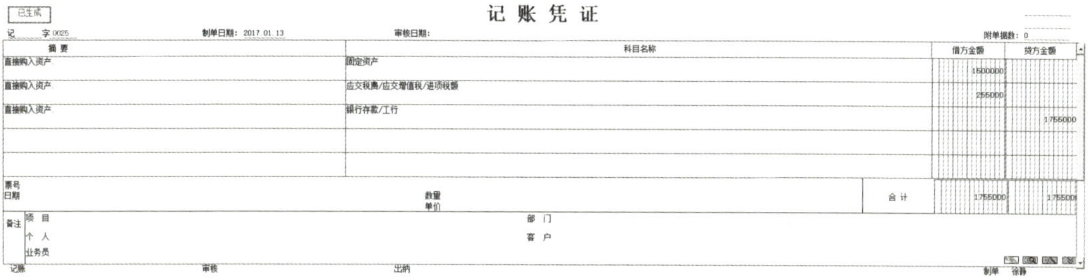


图 9-58　记账凭证

**业务 30：** 1 月 13 日，仓管部报告 C 材料非常损失 1.5 吨，经领导批准予以转销。

借：待处理财产损溢　　　　　　　　　2998.89

　贷：原材料　　　　　　　　　　　　　2998.89

借：营业外支出　　　　　　　　　　　3508.70

　贷：待处理财产损益　　　　　　　　　2998.89

　　应交税费/应交增值税/进项税额转出　509.81

**操作向导：**

（1）以 601 董乐的身份登录企业应用平台，登录时间为“2017-01-13”。

（2）供应链→库存管理→盘点业务→增加（仓库、部门、存货编码、盘点数量 28.5）→保存→审核。出库业务→其他出库单→单击“下一张”按钮找到出库单→审核。

（3）以 202 徐静的身份登录企业应用平台，登录时间为“2017-01-13”。供应链→存货核算→业务核算→正常单据记账→选择仓库（原材料库）→确定→全选→记账→确定→退出→财务核算→生成凭证→选择→其他出库单→确定→全选→确定→输入借方科目→生成凭证→保存，如图 9-59 所示。

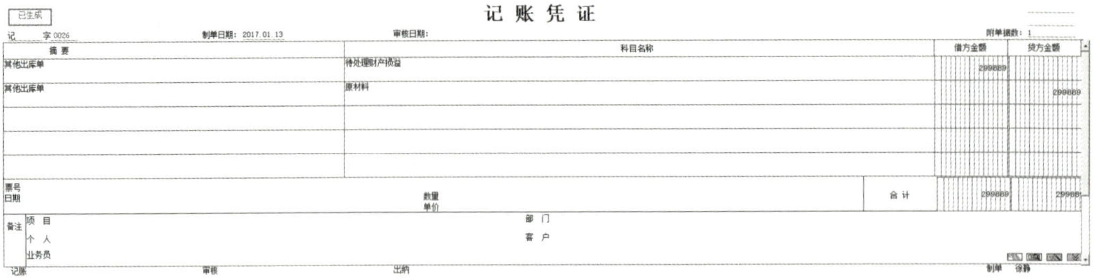

已生成

记账凭证

记 字 0026 制单日期：2017.01.13 审核日期： 附单据数：1

| 摘要 | 科目名称 | 借方金额 | 贷方金额 |
|---|---|---|---|
| 其他出库单 | 待处理财产损溢 | 299889 | |
| 其他出库单 | 原材料 | | 299889 |
| 票号 日期 | 数量 单价 合计 | 299889 | 299889 |

备注 项目 部门 个人 客户 业务员

记账 审核 出纳 制单 徐静

图 9-59 记账凭证 1

（4）业务工作→财务会计→总账→凭证→填制凭证→增加→保存，如图 9-60 所示。

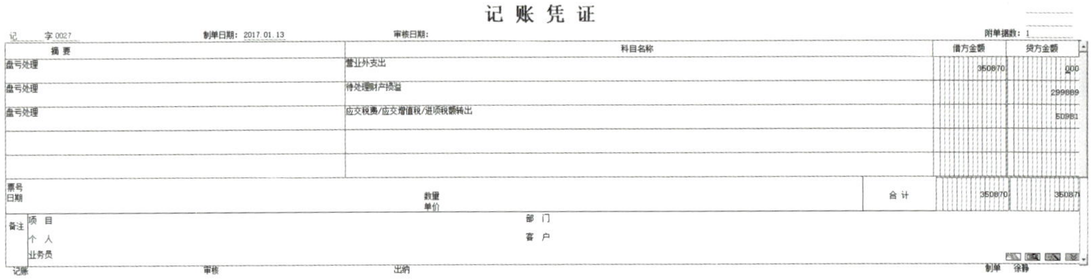

记账凭证

记 字 0027 制单日期：2017.01.13 审核日期： 附单据数：1

| 摘要 | 科目名称 | 借方金额 | 贷方金额 |
|---|---|---|---|
| 盘亏处理 | 营业外支出 | 350870 | 000 |
| 盘亏处理 | 待处理财产损溢 | | 299889 |
| 盘亏处理 | 应交税费/应交增值税/进项税额转出 | | 50981 |
| 票号 日期 | 数量 单价 合计 | 350870 | 350870 |

备注 项目 部门 个人 客户 业务员

记账 审核 出纳 制单 徐静

图 9-60 记账凭证 2

**业务 31**：1 月 14 日，收到天成公司以电汇方式结算的扣除现金折扣后的销货款 825552 元，票号为 53022。

借：银行存款/工行　　　　825552

　　贷：应收账款　　　　　825552

借：财务费用　　　　　　16848

　　贷：应收账款　　　　　16848

**操作向导：**

（1）以 203 赵敏的身份登录企业应用平台，登录时间为“2017-01-14”。

（2）业务工作→财务会计→应收款管理→→收款单据处理→收款单据录入→增加（客户、金额、票据号、结算方式电汇、结算科目 100201）→保存→审核，如图 9-61 所示。

收款单

打印模版

表体排序

单据编号 0000000003　日期 2017-01-14　客户 天成公司

结算方式 电汇结算　结算科目 100201　币种 人民币

汇率 1　金额 825552.00　本币金额 825552.00

客户银行 中国工商银行　客户账号 622208663258　票据号 53022

部门 销售部　业务员 朱丹　项目

摘要

| | 款项类型 | 客户 | 部门 | 业务员 | 金额 | 本币金额 | 科目 |
|---|---|---|---|---|---|---|---|
| 1 | 应收款 | 天成公司 | 销售部 | 朱丹 | 825552.00 | 825552.00 | 1122 |
| 2 | | | | | | | |
| 3 | | | | | | | |
| 4 | | | | | | | |
| 5 | | | | | | | |

图 9-61 收款单

（3）以 202 徐静的身份登录企业应用平台，登录时间为“2017-01-14”。

（4）业务工作→财务会计→应收款管理→制单处理→收付款单制单→确定→全选→制单→保存，如图 9-62 所示。

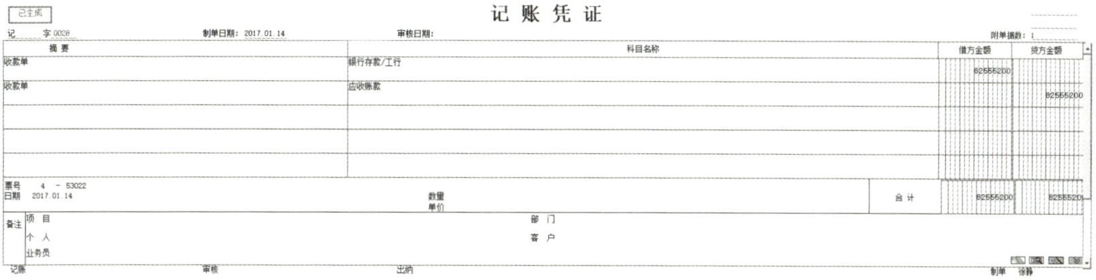
已生成

记账凭证

记 字 0028 制单日期：2017.01.14 审核日期： 附单据数：1

| 摘要 | 科目名称 | 借方金额 | 贷方金额 |
|---|---|---|---|
| 收款单 | 银行存款/工行 | 82555200 | |
| 收款单 | 应收账款 | | 82555200 |
| 票号 4 - 53022<br>日期 2017.01.14 | 数量<br>单价 合计 | 82555200 | 82555200 |

备注 项目 部门 个人 客户 业务员

记账 审核 出纳 制单 徐静

图 9-62 记账凭证

（5）应收款管理→核销处理→手工核销→客户→确定→选择第二行收款单，同时在销售专用发票第二行输入本次结算金额 825552.00（如图 9-63 所示）→保存→退出→制单处理→核销制单→确定→全选→制单→保存，如图 9-64 所示。

简易桌面 单据核销

| 单据日期 | 单据类型 | 单据编号 | 客户 | 款项类型 | 结算方式 | 币种 | 汇率 | 原币金额 | 原币余额 | 本次结算金额 | 订单号 |
|---|---|---|---|---|---|---|---|---|---|---|---|
| 2017-01-05 | 收款单 | 0000000001 | 天成公司 | 应收款 | 电汇结算 | 人民币 | 1.00000000 | 210,600.00 | 210,600.00 | | |
| 2017-01-14 | 收款单 | 0000000003 | 天成公司 | 应收款 | 电汇结算 | 人民币 | 1.00000000 | 825,552.00 | 825,552.00 | 825,552.00 | |
| 合计 | | | | | | | | 1,036,152.00 | 1,036,152.00 | 825,552.00 | |

| 单据日期 | 单据类型 | 单据编号 | 到期日 | 客户 | 币种 | 原币金额 | 原币余额 | 可享受折扣 | 本次折扣 | 本次结算 | 订单号 | 凭证号 |
|---|---|---|---|---|---|---|---|---|---|---|---|---|
| 2016-12-05 | 销售专... | 32145 | 2017-01-04 | 天成公司 | 人民币 | 210,600.00 | 210,600.00 | 0.00 | | | | |
| 2017-01-08 | 销售专... | 92001 | 2017-02-07 | 天成公司 | 人民币 | 842,400.00 | 842,400.00 | 16,848.00 | 16,848.00 | 825,552.00 | 0000000001 | 记-0012 |
| 合计 | | | | | | 1,053,000.00 | 1,053,000.00 | 16,848.00 | 16,848.00 | 825,552.00 | | |

图 9-63 单据核销

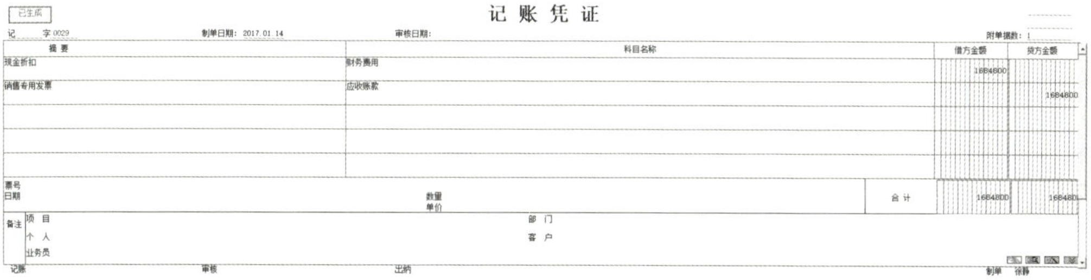
已生成

记账凭证

记 字 0029 制单日期：2017.01.14 审核日期： 附单据数：1

| 摘要 | 科目名称 | 借方金额 | 贷方金额 |
|---|---|---|---|
| 现金折扣 | 财务费用 | 1684800 | |
| 销售专用发票 | 应收账款 | | 1684800 |
| 票号<br>日期 | 数量<br>单价 合计 | 1684800 | 1684800 |

备注 项目 部门 个人 客户 业务员

记账 审核 出纳 制单 徐静

图 9-64 记账凭证

**业务 32**：1 月 14 日，科远公司商业汇票到期，面值为 421200 元，收存银行。结算方式：其他；票号：52076。

借：银行存款/工行　　　　421200

　　贷：应收账款　　　　　　421200

**操作向导：**

（1）以 202 徐静的身份登录企业应用平台，登录时间为“2017-01-14”。

（2）业务工作→财务会计→应收款管理→票据管理→确定→选择科远公司商业汇票→结算（结算科目 100201）→确定→弹出“是否立即制单”窗口，单击“是”→对记账凭证进行补充（结算方式、票号）→保存，如图 9-65 所示。

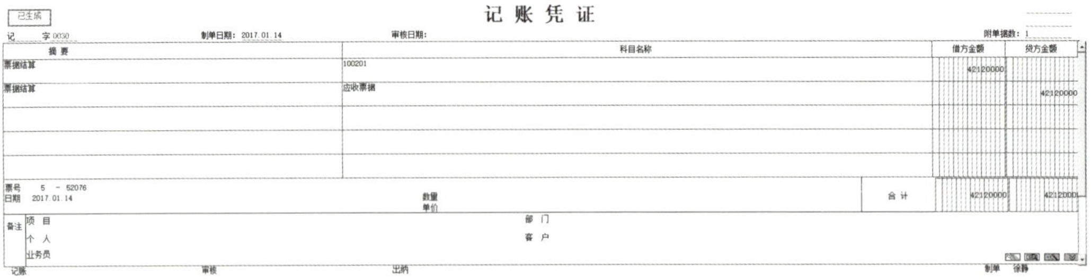


图 9-65 记账凭证

**业务 33**：1 月 15 日，开出销售专用发票，票号为 92002，向同达公司发出甲产品 20 件、乙产品 100 件。

借：应收账款　　　　　　　　　　631800

　　贷：主营业务收入　　　　　　　　540000

　　　　应交税费/应交增值税/销项税额　　91800

借：主营业务成本　　　　　　　　360000

　　贷：库存商品　　　　　　　　　　360000

**操作向导**：

（1）以 401 朱丹的身份登录企业应用平台，登录时间为“2017-01-15”。

（2）供应链→销售管理→销售开票→销售专用发票→增加→取消→生单（参照订单）→客户编码→确认→全选→确定→录入发票号、仓库名称→保存→复核，如图 9-66 所示。

图 9-66 销售专用发票

（3）以 601 董乐的身份登录企业应用平台，登录时间为“2017-01-15”。

（4）供应链→库存管理→出库业务→销售出库单→单击“下一张”按钮找到出库单→审核。

（5）以 202 徐静的身份登录企业应用平台，登录时间为“2017-01-15”。业务工作→财务会计→应收款管理→应收单据处理→应收单据审核→销售发票→确定→全选→审核→确定。

（6）制单处理→发票制单→确定→全选→制单→保存，如图 9-67 所示。

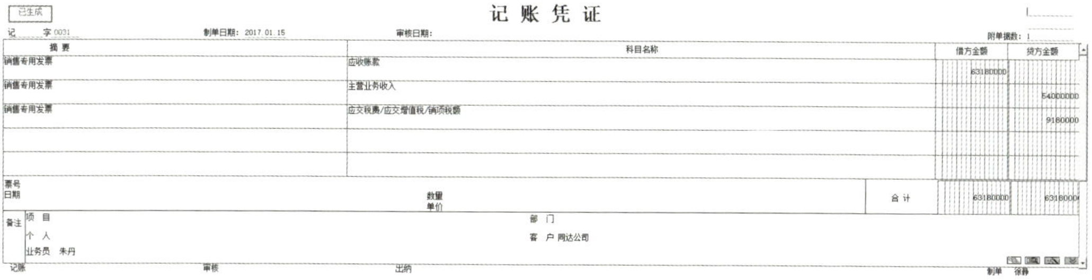


图 9-67 记账凭证 1

（7）供应链→存货核算→业务核算→正常单据记账→仓库（产成品库）→确定→全选→记账→财务核算→生成凭证→选择销售专用发票→确定→选择→确定→生成→保存，如图 9-68 所示。

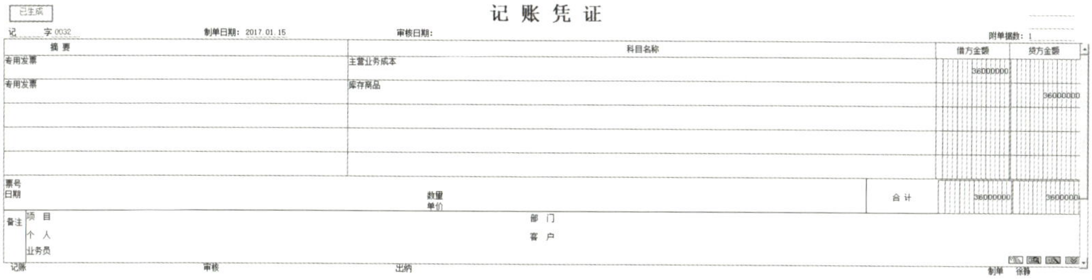


图 9-68 记账凭证 2

**业务 34：**1 月 16 日，收到中原公司开出的采购专用发票，票号为 61532。发票列明：A 材料 20 吨，无税单价为 3980 元；B 材料 80 吨，无税单价为 2980 元。另代垫运费 1960 元，增值税税率为 11%，票号为 32391。验收发现 B 材料短缺 2 吨，系运输部门责任，速达运输公司（开户行：建设银行；账号：323654789）同意按采购含税价赔偿。附单据数 1 张。

| | | |
|---|---|---|
| 借：其他应收款/应收单位款 | 6973.20 | |
| 原材料 | 314000 | |
| 应交税费/应交增值税/进项税额 | 54275.60 | |
| 应交税费/应交增值税/进项税额转出（红字） | 1013.20 | |
| 贷：应付账款/一般应付款 | | 374235.60 |

**操作向导：**

（1）以 301 王辉的身份登录企业应用平台，登录时间为“2017-01-16”。

（2）供应链→采购管理→采购到货→到货单→增加→生单（采购订单）→订货日期（2017-01-04）→确定→全选→确定→保存→审核。

（3）以 601 董乐的身份登录企业应用平台，登录时间为“2017-01-16”。

（4）供应链→库存管理→入库业务→采购入库单→生单（采购到货单蓝字）→确定→全选→确定→仓库（原材料库、B 材料数量为 78）→保存→审核，如图 9-69 所示。

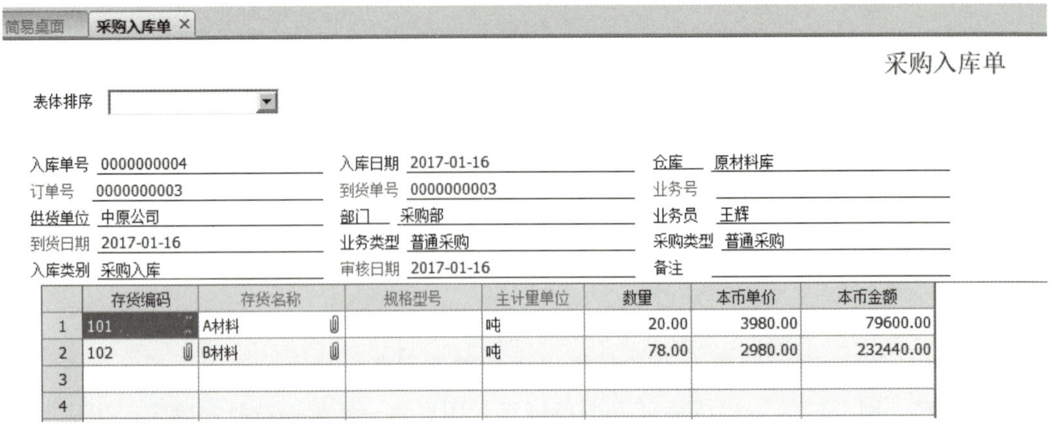

简易桌面 | 采购入库单 ×

采购入库单

表体排序

入库单号 0000000004　入库日期 2017-01-16　仓库 原材料库
订单号 0000000003　到货单号 0000000003　业务号
供货单位 中原公司　部门 采购部　业务员 王辉
到货日期 2017-01-16　业务类型 普通采购　采购类型 普通采购
入库类别 采购入库　审核日期 2017-01-16　备注

| | 存货编码 | 存货名称 | 规格型号 | 主计量单位 | 数量 | 本币单价 | 本币金额 |
|---|---|---|---|---|---|---|---|
| 1 | 101 | A材料 | | 吨 | 20.00 | 3980.00 | 79600.00 |
| 2 | 102 | B材料 | | 吨 | 78.00 | 2980.00 | 232440.00 |
| 3 | | | | | | | |
| 4 | | | | | | | |

图 9-69　采购入库单

（5）以 301 王辉的身份登录企业应用平台，登录时间为“2017-01-16”。在业务工作选项卡中，选择“供应链→采购管理→采购发票→采购专用发票”按钮，打开“采购专用发票”窗口。单击“增加”按钮，输入发票号、供应商、存货编码、数量、原币单价，单击“保存”按钮，如图 9-70 所示。

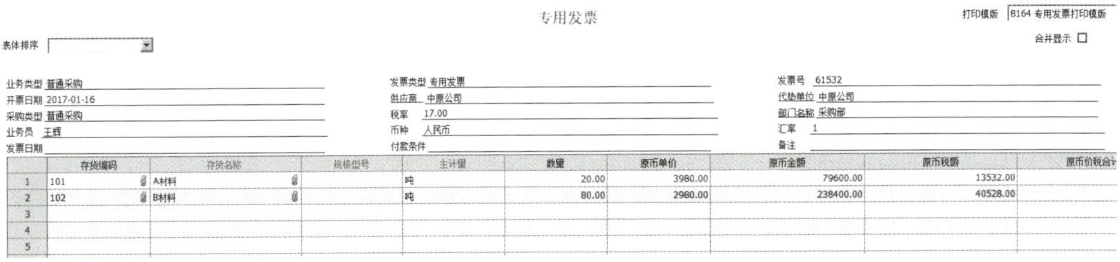

专用发票

打印模版 8164 专用发票打印模版
合并显示

表体排序

业务类型 普通采购　发票类型 专用发票　发票号 61532
开票日期 2017-01-16　供应商 中原公司　代垫单位 中原公司
采购类型 普通采购　税率 17.00　部门名称 采购部
业务员 王辉　币种 人民币　汇率 1
发票日期　付款条件　备注

| | 存货编码 | 存货名称 | 规格型号 | 主计量 | 数量 | 原币单价 | 原币金额 | 原币税额 | 原币价税合计 |
|---|---|---|---|---|---|---|---|---|---|
| 1 | 101 | A材料 | | 吨 | 20.00 | 3980.00 | 79600.00 | 13532.00 | |
| 2 | 102 | B材料 | | 吨 | 80.00 | 2980.00 | 238400.00 | 40528.00 | |
| 3 | | | | | | | | | |
| 4 | | | | | | | | | |
| 5 | | | | | | | | | |

图 9-70　专用发票

（6）以 301 王辉的身份登录企业应用平台，登录时间为“2017-01-16”。在业务工作选项卡中，选择“供应链→采购管理→采购发票→运费发票”按钮。单击“增加”按钮，输入发票号、供应商、税率、存货编码、原币金额，单击“保存”按钮，如图 9-71 所示。

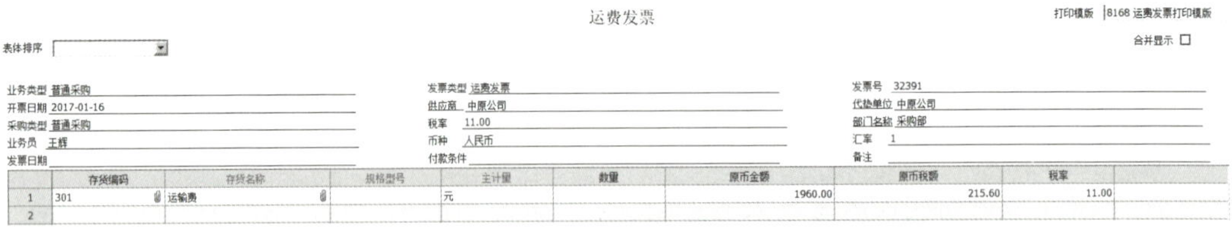

运费发票

打印模版 8168 运费发票打印模版
合并显示

表体排序

业务类型 普通采购　发票类型 运费发票　发票号 32391
开票日期 2017-01-16　供应商 中原公司　代垫单位 中原公司
采购类型 普通采购　税率 11.00　部门名称 采购部
业务员 王辉　币种 人民币　汇率 1
发票日期　付款条件　备注

| | 存货编码 | 存货名称 | 规格型号 | 主计量 | 数量 | 原币金额 | 原币税额 | 税率 |
|---|---|---|---|---|---|---|---|---|
| 1 | 301 | 运输费 | | 元 | | 1960.00 | 215.60 | 11.00 |
| 2 | | | | | | | | |

图 9-71　运费发票

（7）基础设置→基础档案→业务→非合理损耗类型→增加，如图 9-72 所示。保存退出。

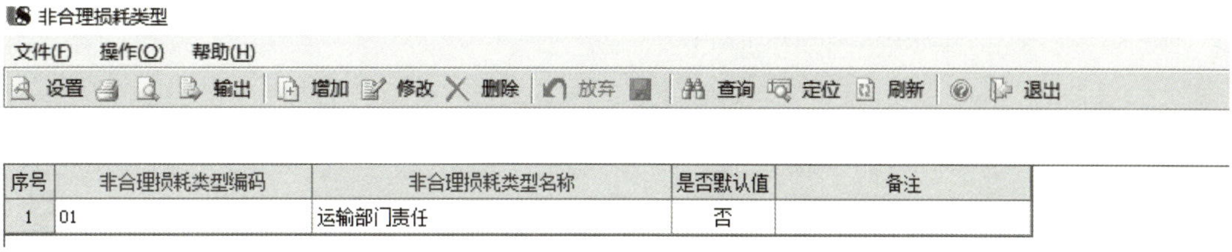


图 9-72　非合理损耗类型

（8）供应链→采购管理→采购结算→手工结算→选单→查询→确定→全选→确定→是→在B材料采购发票中录入非合理损耗数量和金额5980，选择“按数量分摊→分摊→是→确定→结算”按钮。

（9）以202徐静的身份登录企业应用平台，登录时间为“2017-01-16”。财务会计→应付款管理→应付单据处理→应付单据审核→选择“采购发票”并勾选“包含已现结发票”复选框→确定→全选→审核。

（10）在客户档案中新增编号为0005、简称为速达运输的客户档案，如图9-73所示。

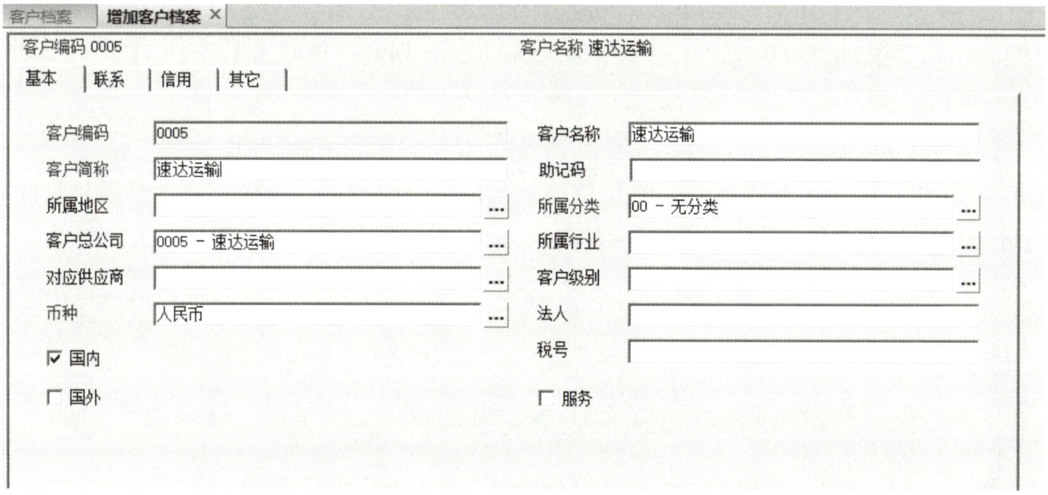


图 9-73　增加客户档案

（11）供应链→存货核算→正常单据记账→确定→全选→记账→确定→退出→财务核算→生成凭证→选择采购入库单（报销）→确定→全选（勾选“已结算采购入库单”）→确定→补充科目（如图9-74所示）→生成凭证→补充应收单位款客户信息→保存，如图9-75所示。

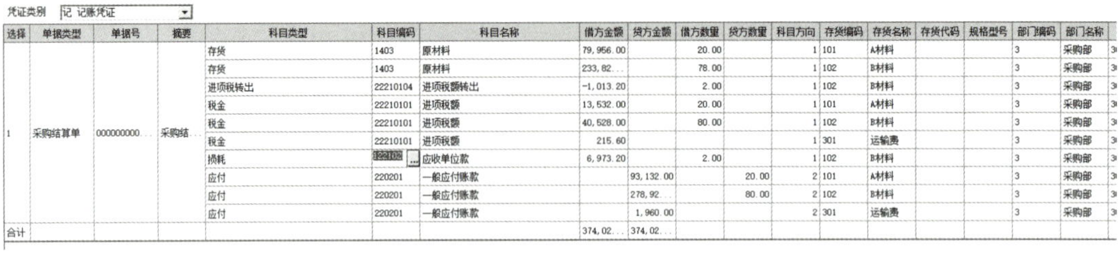

凭证类别 记 记账凭证

| 选择 | 单据类型 | 单据号 | 摘要 | 科目类型 | 科目编码 | 科目名称 | 借方金额 | 贷方金额 | 借方数量 | 贷方数量 | 科目方向 | 存货编码 | 存货名称 | 存货代码 | 规格型号 | 部门编码 | 部门名称 |
|---|---|---|---|---|---|---|---|---|---|---|---|---|---|---|---|---|---|
| 1 | 采购结算单 | 000000000... | 采购结... | 存货 | 1403 | 原材料 | 79,956.00 | | 20.00 | | 1 | 101 | A材料 | | | 3 | 采购部 |
| | | | | 存货 | 1403 | 原材料 | 233,82... | | 78.00 | | 1 | 102 | B材料 | | | 3 | 采购部 |
| | | | | 进项税转出 | 22210104 | 进项税额转出 | -1,013.20 | | 2.00 | | 1 | 102 | B材料 | | | 3 | 采购部 |
| | | | | 税金 | 22210101 | 进项税额 | 13,532.00 | | 20.00 | | 1 | 101 | A材料 | | | 3 | 采购部 |
| | | | | 税金 | 22210101 | 进项税额 | 40,528.00 | | 80.00 | | 1 | 102 | B材料 | | | 3 | 采购部 |
| | | | | 税金 | 22210101 | 进项税额 | 215.60 | | | | 1 | 301 | 运输费 | | | 3 | 采购部 |
| | | | | 损耗 | 122102 | 应收单位款 | 6,973.20 | | 2.00 | | 1 | 102 | B材料 | | | 3 | 采购部 |
| | | | | 应付 | 220201 | 一般应付账款 | | 93,132.00 | | 20.00 | 2 | 101 | A材料 | | | 3 | 采购部 |
| | | | | 应付 | 220201 | 一般应付账款 | | 278,92... | | 80.00 | 2 | 102 | B材料 | | | 3 | 采购部 |
| | | | | 应付 | 220201 | 一般应付账款 | | 1,960.00 | | | 2 | 301 | 运输费 | | | 3 | 采购部 |
| 合计 | | | | | | | 374,02... | 374,02... | | | | | | | | | |

图 9-74　补充科目

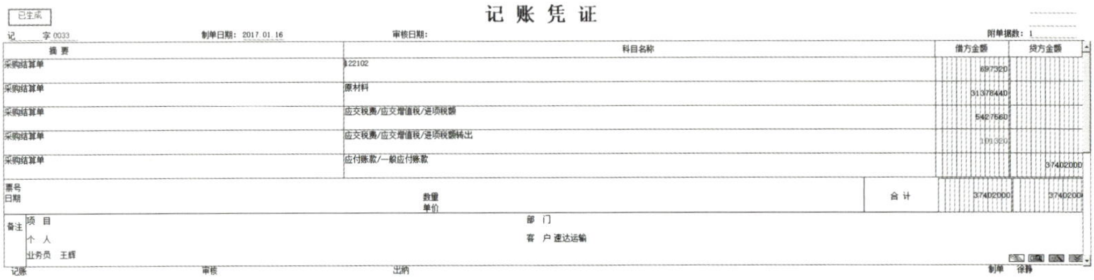

已生成

记账凭证

记 字 0033　制单日期：2017.01.16　审核日期：　附单据数：1

| 摘要 | 科目名称 | 借方金额 | 贷方金额 |
|---|---|---|---|
| 采购结算单 | 122102 | 697320 | |
| 采购结算单 | 原材料 | 31378440 | |
| 采购结算单 | 应交税费/应交增值税/进项税额 | 5427560 | |
| 采购结算单 | 应交税费/应交增值税/进项税额转出 | 101320 | |
| 采购结算单 | 应付账款/一般应付账款 | | 37402000 |
| 票号 日期　数量 单价 | 合计 | 37402000 | 37402000 |

备注　项目　部门

个人　客户 速达运输

业务员 王辉

记账　审核　出纳　制单 徐静

图 9-75　记账凭证

**业务 35：** 1 月 16 日，与华兴公司签订购销合同，订购C材料 80 吨，无税单价为 1990 元，订购D材料 60 吨，无税单价为 1190 元，计划到货日期为 1 月 19 日。

**操作向导：**

（1）以 301王辉的身份登录企业应用平台，登录时间为“2017-01-16”。

（2）供应链→采购管理→采购订货→采购订单→增加（供应商、存货编码、数量、原币单价、计划到货日期）→保存→审核，如图 9-76 所示。

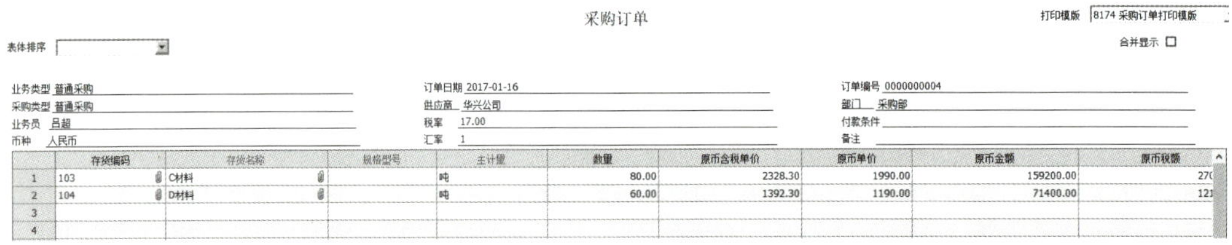

采购订单

打印模版 8174 采购订单打印模版

表体排序　合并显示 □

业务类型 普通采购　订单日期 2017-01-16　订单编号 0000000004

采购类型 普通采购　供应商 华兴公司　部门 采购部

业务员 吕超　税率 17.00　付款条件

币种 人民币　汇率 1　备注

| | 存货编码 | 存货名称 | 规格型号 | 主计量 | 数量 | 原币含税单价 | 原币单价 | 原币金额 | 原币税额 |
|---|---|---|---|---|---|---|---|---|---|
| 1 | 103 | C材料 | | 吨 | 80.00 | 2328.30 | 1990.00 | 159200.00 | 27( |
| 2 | 104 | D材料 | | 吨 | 60.00 | 1392.30 | 1190.00 | 71400.00 | 121 |
| 3 | | | | | | | | | |
| 4 | | | | | | | | | |

图 9-76　采购订单

**业务 36：** 1 月 16 日，与科远公司签订购销合同，销售乙产品 200 件，无税单价为 3000 元，要求 1 月 18 日发出 100 件，另 100 件于 1 月 25 日发出，收到预付款 200000 元。结算方式：电汇结算；票号：62308。

**操作向导：**

（1）以 401 朱丹的身份登录企业应用平台，登录时间为“2017-01-16”。

（2）供应链→销售管理→销售订货→销售订单→增加（订单日期、客户简称、税率、存货编码、数量、无税单价、预发货日期）→保存→审核，如图 9-76 所示。

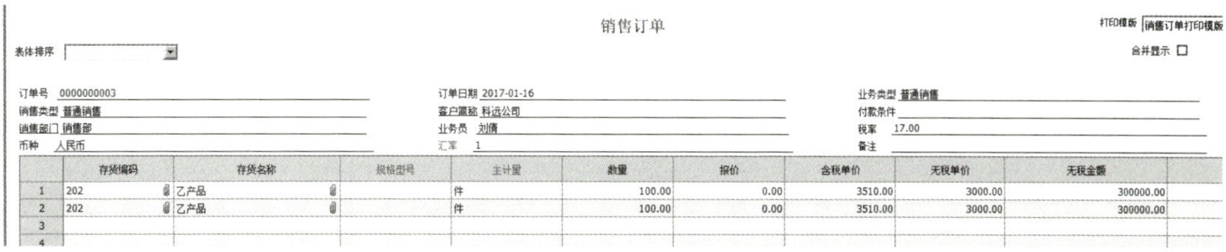


图 9-77　销售订单

（3）以 203赵敏的身份登录企业应用平台，登录时间为“2017-01-16”。

（4）业务工作→财务会计→应收款管理→收款单据录入→增加（客户、金额、票据号、结算方式电汇、结算科目 100201、款项类型选择预收款、科目 2203）→保存→审核，如图 9-78 所示。

图 9-78　收款单

（5）以 202 徐静的身份登录企业应用平台，登录时间为“2017-01-16”。

（6）业务工作→财务会计→应收款管理→制单处理→收付款单制单→确定→全选→制单→保存，如图 9-79 所示。

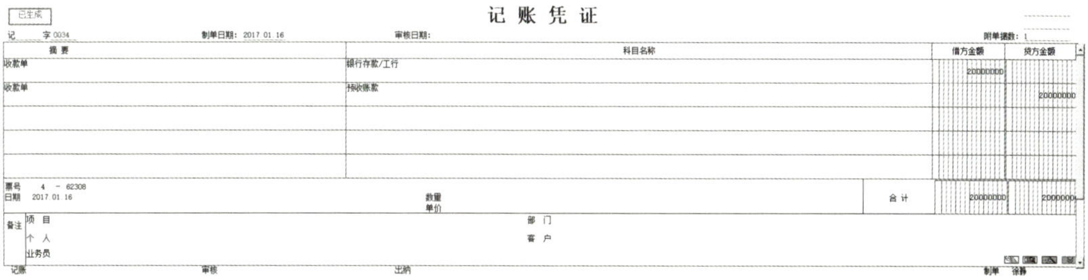


图 9-79　记账凭证

**业务 37**：1 月 17 日，销售给同达公司的乙产品中有 2 件存在质量问题，已退回仓库，开出红字专用发票，票号为 92003。

**操作向导：**

（1）以 401 朱丹的身份登录企业应用平台，登录时间为“2017-01-17”。

（2）供应链→销售管理→销售开票→红字专用销售发票→增加→取消→填写发票内容（发票号、客户、仓库名称、存货编码、数量 -2、无税单价 3000）→保存→复核，如图 9-79 所示。

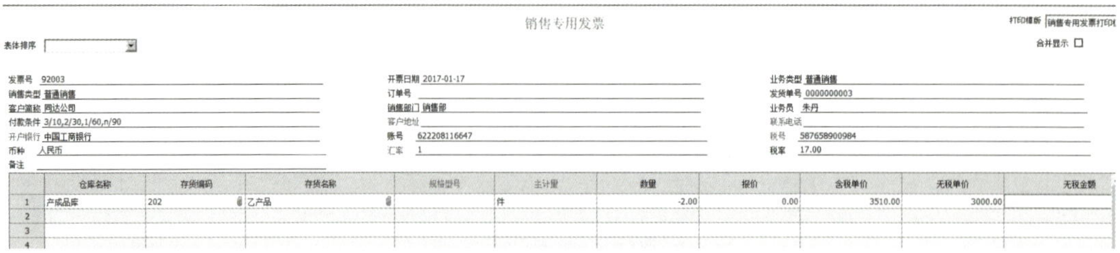

销售专用发票

打印模版 销售专用发票打印

表体排序

合并显示 □

发票号 92003　开票日期 2017-01-17　业务类型 普通销售

销售类型 普通销售　订单号　发货单号 0000000003

客户简称 同达公司　销售部门 销售部　业务员 朱丹

付款条件 3/10,2/30,1/60,n/90　客户地址　联系电话

开户银行 中国工商银行　账号 622208116647　税号 587658900984

币种 人民币　汇率 1　税率 17.00

备注

| | 仓库名称 | 存货编码 | 存货名称 | 规格型号 | 主计量 | 数量 | 报价 | 含税单价 | 无税单价 | 无税金额 |
|---|---|---|---|---|---|---|---|---|---|---|
| 1 | 产成品库 | 202 | 乙产品 | | 件 | -2.00 | 0.00 | 3510.00 | 3000.00 | |
| 2 | | | | | | | | | | |
| 3 | | | | | | | | | | |
| 4 | | | | | | | | | | |

图 9-80　销售专用发票

（3）以 601 董乐的身份登录企业应用平台，登录时间为“2017-01-17”。

（4）供应链→库存管理→出库业务→销售出库单→单击“下一张”按钮找到出库单→审核，如图 9-80 所示。

销售出库单

表体排序

出库单号 0000000003　出库日期 2017-01-17　仓库 产成品库

出库类别 销售出库　业务类型 普通销售　业务号 92003

销售部门 销售部　业务员 朱丹　客户 同达公司

审核日期 2017-01-17　备注

| | 存货编码 | 存货名称 | 规格型号 | 主计量单位 | 数量 | 单价 | 金额 |
|---|---|---|---|---|---|---|---|
| 1 | 202 | 乙产品 | | 件 | -2.00 | | |
| 2 | | | | | | | |
| 3 | | | | | | | |
| 4 | | | | | | | |
| 5 | | | | | | | |

图 9-81　销售出库单

（5）以 202 徐静的身份登录企业应用平台，登录时间为“2017-01-17”。业务工作→财务会计→应收款管理→应收单据处理→应收单据审核→销售发票→确定→全选→审核→确定。

（6）制单处理→发票制单→确定→全选→制单→保存，如图 9-81 所示。

已生成

记 账 凭 证

记 字 0035　制单日期：2017.01.17　审核日期：　附单据数：1

| 摘要 | 科目名称 | 借方金额 | 贷方金额 |
|---|---|---|---|
| 销售专用发票 | 应收账款 | 702000 | |
| 销售专用发票 | 主营业务收入 | | 600000 |
| 销售专用发票 | 应交税费/应交增值税/销项税额 | | 102000 |
| | | | |
| | | | |
| 票号 日期 | 数量 单价 合计 | 702000 | 702000 |

备注　项目　部门

个人　客户 同达公司

业务员 朱丹

记账　审核　出纳　制单 徐静

图 9-82　记账凭证 1

（7）应收款管理→转账→红票对冲→手工对冲→客户（同达）→确定→输入对冲金额 7020 →保存。

（8）供应链→存货核算→业务核算→正常单据记账→仓库（产成品库）→确定→全选→记账→财务核算→生成凭证→选择销售专用发票→确定→全选→确定→生成→保

存，如图 9-82 所示。

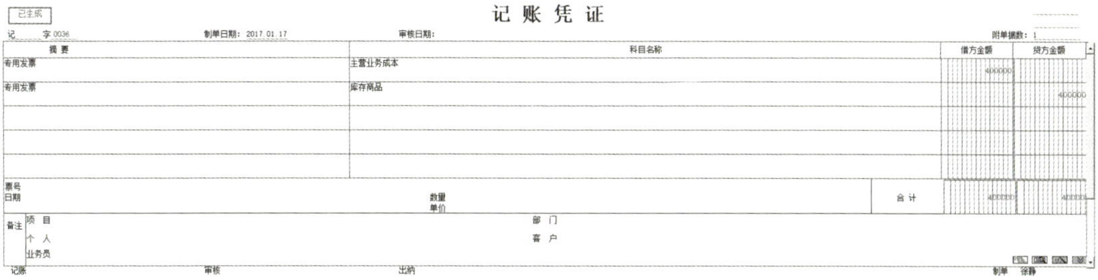
已生成

记 账 凭 证

记 字 0036 制单日期：2017.01.17 审核日期： 附单据数：1

| 摘要 | 科目名称 | 借方金额 | 贷方金额 |
|---|---|---|---|
| 专用发票 | 主营业务成本 | 400000 | |
| 专用发票 | 库存商品 | | 400000 |
| 票号 日期 | 数量 单价 合计 | 400000 | 400000 |

备注 项目 部门 个人 客户 业务员

记账 审核 出纳 制单 徐静

图 9-83 记账凭证 2

**业务 38：** 1 月 18 日，开出销售专用发票，票号为 92004，销售给科远公司乙产品 200 件，无税单价为 3000 元，当天发出 100 件。除预收货款外其余货税款以电汇（票号：85116）方式进行结清。

借：应收账款　　200000

　银行存款/工行　　502000

　贷：主营业务收入　　600000

　　应交税费/应交增值税/销项税额　　102000

借：预收账款　　（红字）200000

　贷：应收账款　　200000

借：主营业务成本　　400000

　贷：库存商品　　400000

**操作向导：**

（1）以 401 朱丹的身份登录企业应用平台，登录时间为“2017-01-18”。

（2）供应链→销售管理→设置→销售选项→业务控制→去掉“销售生成出库单”前的“√”，单击“确定”按钮。

（3）供应链→销售管理→销售开票→销售专用发票→增加→取消→生单（参照订单）→客户编码→确认→全选→确定→录入发票号、仓库名称→保存→现结（结算方式、结算金额 502000、票号）→复核，如图 9-84 所示。

现结

销售专用发票

打印模版 销售专用发票打印模

表体排序

合并显示 □

发票号 92004　开票日期 2017-01-18　业务类型 普通销售

销售类型 普通销售　订单号 0000000003　发货单号 0000000005

客户简称 科远公司　销售部门 销售部　业务员 刘倩

付款条件　客户地址　联系电话

开户银行 中国工商银行　账号 622206153678　税号 102227896542

币种 人民币　汇率 1　税率 17.00

备注

| | 仓库名称 | 存货编码 | 存货名称 | 规格型号 | 主计量 | 数量 | 报价 | 含税单价 | 无税单价 | 无税金额 |
|---|---|---|---|---|---|---|---|---|---|---|
| 1 | 产成品库 | 202 | 乙产品 | | 件 | 100.00 | 0.00 | 3510.00 | 3000.00 | |
| 2 | 产成品库 | 202 | 乙产品 | | 件 | 100.00 | 0.00 | 3510.00 | 3000.00 | |
| 3 | | | | | | | | | | |
| 4 | | | | | | | | | | |

图 9-84 销售专用发票

（4）以 601 董乐的身份登录企业应用平台，登录时间为“2017-01-18”。

（5）供应链→库存管理→出库业务→销售出库单→生单→销售生单→确定→全选→确定→出库数量为 100→保存→审核，如图 9-85 所示。

图 9-85 销售出库单

（6）以 202 徐静的身份登录企业应用平台，登录时间为“2017-01-18”。业务工作→财务会计→应收款管理→应收单据处理→应收单据审核→选择“销售发票”并勾选“包含已现结发票”→确定→全选→审核→确定

（7）制单处理→现结制单→确定→全选→制单→保存，如图 9-86 所示。

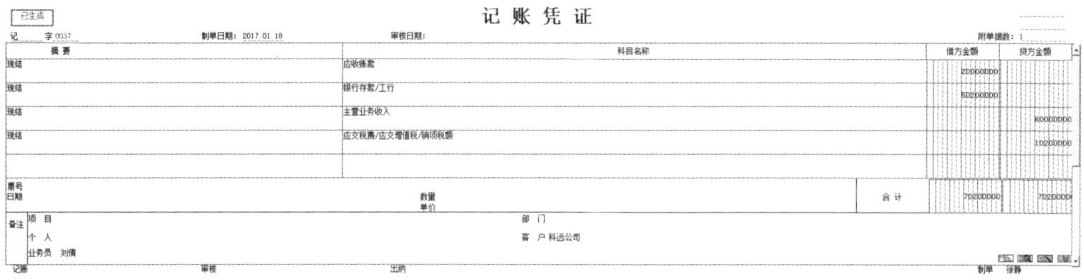


图 9-86 记账凭证 1

（8）应收款管理→转账→预收冲应收→客户（科远公司）→预收款过滤→全选→应收款过滤→全选→确定→弹出“是否立即制单”对话框，单击“是”→保存生成凭证，如图 9-87 所示。

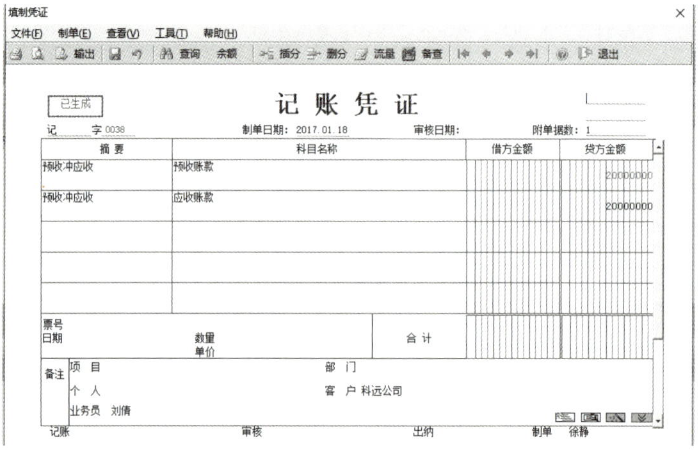


图 9-87 记账凭证 2

（9）供应链→存货核算→业务核算→正常单据记账→仓库（产成品库）→确定→全选→记账→确定→退出→财务核算→生成凭证→选择销售专用发票→确定→全选→确定→生成→保存，如图 9-88 所示。

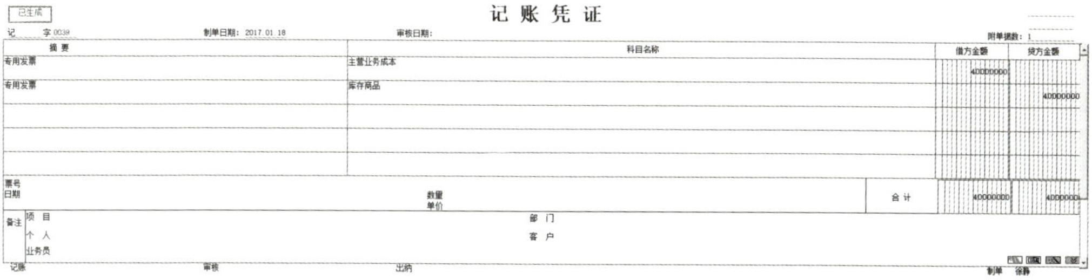


图 9-88 记账凭证 3

**业务 39**：1 月 18 日，采购部吕超借支差旅费 2000 元，开出票号为 21634 的现金支票支付。附单据 2 张。

借：其他应收款/应收个人款　　　　2000

　　贷：银行存款/工行　　　　2000

**操作向导：**

（1）以 202 徐静的身份登录企业应用平台，登录时间为“2017-01-18”。

（2）业务工作→财务会计→总账→凭证→填制凭证→增加→保存，如图 9-89 所示。

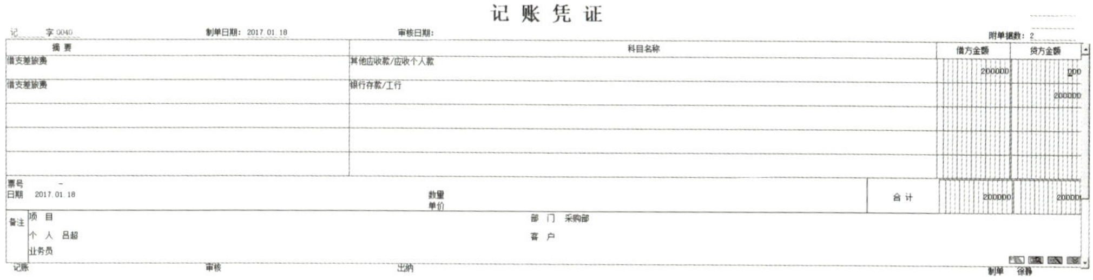


图 9-89 记账凭证

**业务 40**：1 月 19 日，开出 12309 号转账支票，归还到期的短期借款本金 300000 元和利息 3000 元。附单据 1 张。

借：短期借款　　　　300000

　　财务费用　　　　3000

　　贷：银行存款/工行　　　　303000

**操作向导：**

（1）以 202 徐静的身份登录企业应用平台，登录时间为“2017-01-19”。

（2）业务工作→财务会计→总账→凭证→填制凭证→增加→保存，如图 9-90 所示。

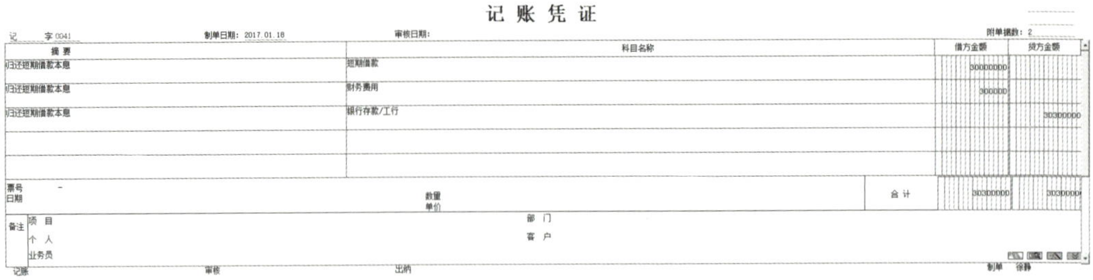

记账凭证

记 字 0041 制单日期：2017.01.18 审核日期： 附单据数：2

| 摘要 | 科目名称 | 借方金额 | 贷方金额 |
|---|---|---|---|
| 归还短期借款本息 | 短期借款 | 30000000 | |
| 归还短期借款本息 | 财务费用 | 300000 | |
| 归还短期借款本息 | 银行存款/工行 | | 30300000 |
| | | | |
| | | | |
| 票号 日期 | 数量 单价 合计 | 30300000 | 30300000 |

备注 项目 个人 业务员 部门 客户

记账 审核 出纳 制单 徐静

图 9-90 记账凭证

**业务 41**：1 月 19 日，16 日订购的材料到货并验收入库。收到华兴开出的采购专用发票，票号为：73612。发票列明：C材料 80 吨，无税单价为 1990 元；D材料 60 吨，无税单价为 1190 元。另代垫运费 1400 元，增值税税率为 11%，票号为 47603。

借：原材料　　231846

　　应交税费/应交增值税/进项税额　　39356

　　贷：应付账款/一般应付款　　271202

**操作向导：**

（1）以 301 王辉的身份登录企业应用平台，登录时间为"2017-01-19"。

（2）供应链→采购管理→采购到货→到货单→增加→生单（采购订单）→确定→确定→双击第一行→确定→保存→审核，如图 9-91 所示。

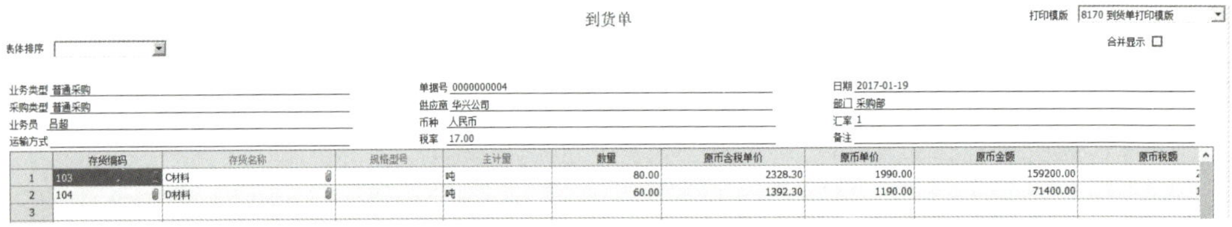

到货单

打印模版 8170 到货单打印模版 合并显示

表体排序

业务类型 普通采购　单据号 0000000004　日期 2017-01-19

采购类型 普通采购　供应商 华兴公司　部门 采购部

业务员 吕超　币种 人民币　汇率 1

运输方式　税率 17.00　备注

| | 存货编码 | 存货名称 | 规格型号 | 主计量 | 数量 | 原币含税单价 | 原币单价 | 原币金额 | 原币税额 |
|---|---|---|---|---|---|---|---|---|---|
| 1 | 103 | C材料 | | 吨 | 80.00 | 2328.30 | 1990.00 | 159200.00 | |
| 2 | 104 | D材料 | | 吨 | 60.00 | 1392.30 | 1190.00 | 71400.00 | |
| 3 | | | | | | | | | |

图 9-91 到货单

（3）以 601 董乐的身份登录企业应用平台，登录时间为"2017-01-19"。

（4）供应链→库存管理→入库业务→采购入库单→生单（采购到货单蓝字）→确定→双击选择华兴公司到货单→确定→仓库（原材料库）→保存→审核，如图 9-92 所示。

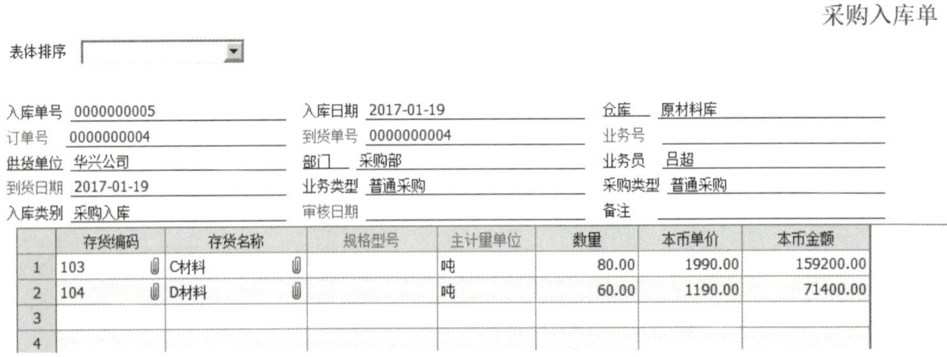

采购入库单

表体排序

入库单号 0000000005　入库日期 2017-01-19　仓库 原材料库

订单号 0000000004　到货单号 0000000004　业务号

供货单位 华兴公司　部门 采购部　业务员 吕超

到货日期 2017-01-19　业务类型 普通采购　采购类型 普通采购

入库类别 采购入库　审核日期　备注

| | 存货编码 | 存货名称 | 规格型号 | 主计量单位 | 数量 | 本币单价 | 本币金额 |
|---|---|---|---|---|---|---|---|
| 1 | 103 | C材料 | | 吨 | 80.00 | 1990.00 | 159200.00 |
| 2 | 104 | D材料 | | 吨 | 60.00 | 1190.00 | 71400.00 |
| 3 | | | | | | | |
| 4 | | | | | | | |

图 9-92 采购入库单

（4）以 301 王辉的身份登录企业应用平台，登录时间为“2017-01-19”。在业务工作选项卡中，选择“供应链→采购管理→采购发票→专用采购发票”按钮，打开“采购专用发票”窗口。单击“增加”按钮，输入发票号、供应商、存货编码、数量、原币单价，单击“保存”按钮，如图 9-93 所示。

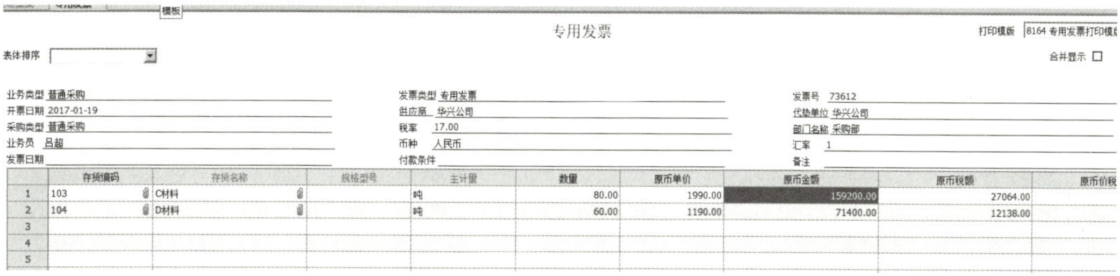
模板
专用发票
打印模版 8164 专用发票打印模版
表体排序
合并显示 □
业务类型 普通采购
开票日期 2017-01-19
采购类型 普通采购
业务员 吕超
发票日期
发票类型 专用发票
供应商 华兴公司
税率 17.00
币种 人民币
付款条件
发票号 73612
代垫单位 华兴公司
部门名称 采购部
汇率 1
备注

| | 存货编码 | 存货名称 | 规格型号 | 主计量 | 数量 | 原币单价 | 原币金额 | 原币税额 | 原币价税 |
|---|---|---|---|---|---|---|---|---|---|
| 1 | 103 | C材料 | | 吨 | 80.00 | 1990.00 | 159200.00 | 27064.00 | |
| 2 | 104 | D材料 | | 吨 | 60.00 | 1190.00 | 71400.00 | 12138.00 | |
| 3 | | | | | | | | | |
| 4 | | | | | | | | | |
| 5 | | | | | | | | | |

图 9-93　专用发票

（5）以 301 王辉的身份登录企业应用平台，登录时间为“2017-01-19”。在业务工作选项卡中，选择“供应链→采购管理→采购发票→运费发票”按钮。单击“增加”按钮，输入发票号、供应商、税率、存货编码、原币金额，单击“保存”按钮，如图 9-94 所示。

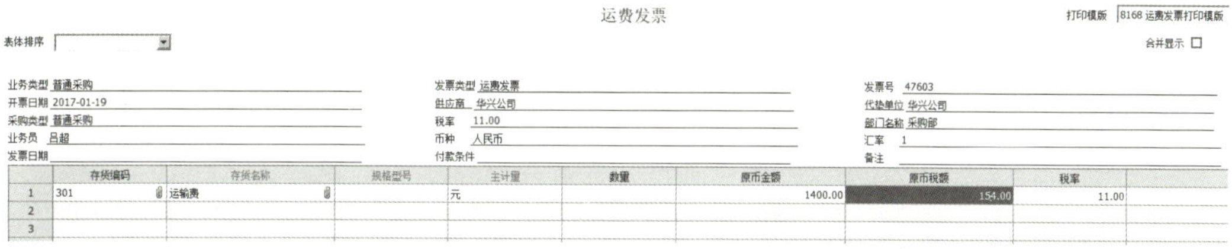
运费发票
打印模版 8168 运费发票打印模版
表体排序
合并显示 □
业务类型 普通采购
开票日期 2017-01-19
采购类型 普通采购
业务员 吕超
发票日期
发票类型 运费发票
供应商 华兴公司
税率 11.00
币种 人民币
付款条件
发票号 47603
代垫单位 华兴公司
部门名称 采购部
汇率 1
备注

| | 存货编码 | 存货名称 | 规格型号 | 主计量 | 数量 | 原币金额 | 原币税额 | 税率 |
|---|---|---|---|---|---|---|---|---|
| 1 | 301 | 运输费 | | 元 | | 1400.00 | 154.00 | 11.00 |
| 2 | | | | | | | | |
| 3 | | | | | | | | |

图 9-94　运费发票

（7）在业务工作选项卡中，选择“供应链→采购管理→采购结算”按钮，打开“手工结算”窗口，单击“选单”按钮，打开“结算选单”窗口，单击“查询→确定→全选（结算发票和结算入库单要对应）→确定”按钮，弹出提示信息，点击“是”按钮，选择“按数量分摊运费”，单击“分摊”按钮，弹出“选择按数量分量，是否开始计算”窗口，单击“是”按钮。弹出“费用分摊（按数量）完毕，请检查”，单击“确定”按钮，再单击“结算”按钮，弹出“完成结算”窗口，然后单击“确定”按钮。

（8）以 202 徐静的身份登录企业应用平台，登录时间为“2017-01-19”。财务会计→应付款管理→应付单据处理→应付单据审核→选择采购发票→确定→全选→审核。

（9）供应链→存货核算→业务核算→正常单据记账→确定→全选→记账→确定→退出→财务核算→生成凭证→选择采购入库单（报销）→确定→全选（勾选“已结算采购入库单”复选框）→确定→生成凭证→保存，如图 9-95 所示。

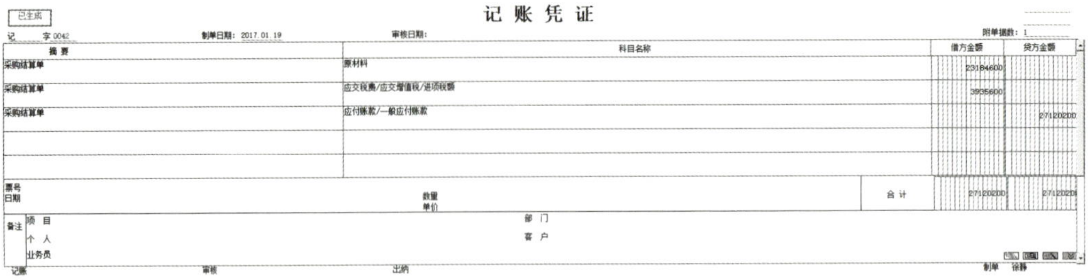

已生成

记账凭证

记 字 0042 制单日期：2017.01.19 审核日期： 附单据数：1

| 摘要 | 科目名称 | 借方金额 | 贷方金额 |
|---|---|---|---|
| 采购结算单 | 原材料 | 23184600 | |
| 采购结算单 | 应交税费/应交增值税/进项税额 | 3935600 | |
| 采购结算单 | 应付账款/一般应付账款 | | 27120200 |
| | | | |
| | | | |
| 票号 日期 | 数量 单价 合计 | 27120200 | 27120200 |

备注 项目 部门 个人 客户 业务员

记账 审核 出纳 制单 徐静

图 9-95 记账凭证

**业务 42**：1 月 20 日，购入不需要安装的生产用数控机床一台，价款为 320000 元，增值税为 54400 元，当日投入使用。开出转账支票（票号：12310）付讫。

借：固定资产 320000

应交税费/应交增值税/进项税额 54400

贷：银行存款/工行 274400

**操作向导：**

（1）以 202 徐静的身份登录企业应用平台，登录时间为“2017-01-20”。

（2）业务工作→财务会计→固定资产→卡片→资产增加→选择生产设备→增加（固定资产卡片）→退出→固定资产→处理→批量制单→业务类型（新增资产）→确定→全选→在制单选择选项卡界面单击“合并”→在制单设置选项卡界面单击“凭证”→保存生成凭证，如图 9-96 所示。

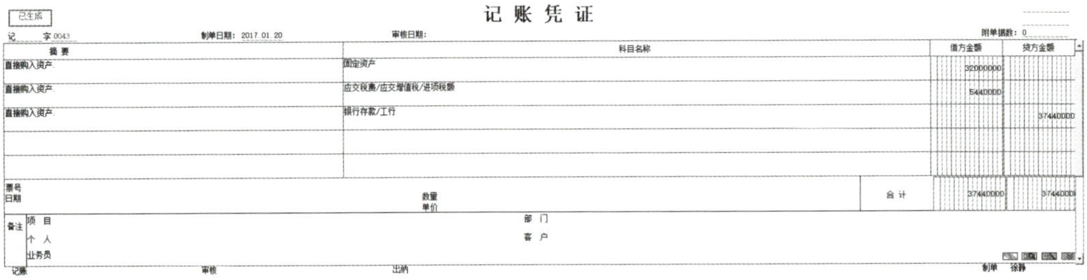

已生成

记账凭证

记 字 0043 制单日期：2017.01.20 审核日期： 附单据数：0

| 摘要 | 科目名称 | 借方金额 | 贷方金额 |
|---|---|---|---|
| 直接购入资产 | 固定资产 | 32000000 | |
| 直接购入资产 | 应交税费/应交增值税/进项税额 | 5440000 | |
| 直接购入资产 | 银行存款/工行 | | 37440000 |
| | | | |
| | | | |
| 票号 日期 | 数量 单价 合计 | 37440000 | 37440000 |

备注 项目 部门 个人 客户 业务员

记账 审核 出纳 制单 徐静

图 9-96 记账凭证

中旬凭证后续处理：

（1）赵敏进行出纳签字。

①以 203 赵敏的身份登录企业应用平台，登录时间为“2017-01-20”。

②业务工作→财务会计→总账→凭证→出纳签字→确定→双击打开凭证签字，全部签字完成后如图 9-97 所示。

简易桌面 | 出纳签字列表 ×

凭证共 12张 已签字 12张 未签字 0张 ⊙ 凭证号排序 ○ 制单日期排序

| 制单日期 | 凭证编号 | 摘要 | 借方金额合计 | 贷方金额合计 | 制单人 | 签字人 | 系统名 | 备注 | 审核日期 | 年度 |
|---|---|---|---|---|---|---|---|---|---|---|
| 2017-01-11 | 记 - 0021 | 票据贴现 | 175,500.00 | 175,500.00 | 徐静 | 赵敏 | 应收系统 | | | 2017 |
| 2017-01-12 | 记 - 0022 | 支付业务招待费 | 1,280.00 | 1,280.00 | 徐静 | 赵敏 | | | | 2017 |
| [illegible] | 记 - 0023 | 提取现金 | 2,000.00 | 2,000.00 | 徐静 | 赵敏 | | | | 2017 |
| 2017-01-12 | 记 - 0024 | 预借差旅费 | 3,000.00 | 3,000.00 | 徐静 | 赵敏 | | | | 2017 |
| 2017-01-13 | 记 - 0025 | 直接购入资产. | 17,550.00 | 17,550.00 | 徐静 | 赵敏 | 固定资产系统 | | | 2017 |
| 2017-01-14 | 记 - 0028 | 收款单 | 825,552.00 | 825,552.00 | 徐静 | 赵敏 | 应收系统 | | | 2017 |
| 2017-01-14 | 记 - 0030 | 票据结算 | 421,200.00 | 421,200.00 | 徐静 | 赵敏 | 应收系统 | | | 2017 |
| 2017-01-16 | 记 - 0034 | 收款单 | 200,000.00 | 200,000.00 | 徐静 | 赵敏 | 应收系统 | | | 2017 |
| 2017-01-18 | 记 - 0037 | 现结 | 702,000.00 | 702,000.00 | 徐静 | 赵敏 | 应收系统 | | | 2017 |
| 2017-01-18 | 记 - 0040 | 借支差旅费 | 2,000.00 | 2,000.00 | 徐静 | 赵敏 | | | | 2017 |
| 2017-01-18 | 记 - 0041 | 归还短期借款本息 | 303,000.00 | 303,000.00 | 徐静 | 赵敏 | | | | 2017 |
| 2017-01-20 | 记 - 0043 | 直接购入资产. | 374,400.00 | 374,400.00 | 徐静 | 赵敏 | 固定资产系统 | | | 2017 |

图 9-97 出纳签字列表

（2）罗强进行凭证审核。

①以 201 罗强的身份登录企业应用平台，登录时间为“2017-01-20”。

②业务工作→财务会计→总账→凭证→审核凭证→确定→双击打开凭证审核，全部审核完成后如图 9-98 所示。

简易桌面 | 凭证审核列表 ×

凭证共 23张 已审核 23 张 未审核 0 张 ⊙ 凭证号排序 ○ 制单日期排序

| 制单日期 | 凭证编号 | 摘要 | 借方金额合计 | 贷方金额合计 | 制单人 | 审核人 | 系统名 | 备注 | 审核日期 | 年度 |
|---|---|---|---|---|---|---|---|---|---|---|
| 2017-01-11 | 记 - 0021 | 票据贴现 | 175,500.00 | 175,500.00 | 徐静 | 罗强 | 应收系统 | | 2017-01-20 | 2017 |
| 2017-01-12 | 记 - 0022 | 支付业务招待费 | 1,280.00 | 1,280.00 | 徐静 | 罗强 | | | 2017-01-20 | 2017 |
| 2017-01-12 | 记 - 0023 | 提取现金 | 2,000.00 | 2,000.00 | 徐静 | 罗强 | | | 2017-01-20 | 2017 |
| 2017-01-12 | 记 - 0024 | 预借差旅费 | 3,000.00 | 3,000.00 | 徐静 | 罗强 | | | 2017-01-20 | 2017 |
| 2017-01-13 | 记 - 0025 | 直接购入资产. | 17,550.00 | 17,550.00 | 徐静 | 罗强 | 固定资产系统 | | 2017-01-20 | 2017 |
| 2017-01-13 | 记 - 0026 | 其他出库单 | 2,998.89 | 2,998.89 | 徐静 | 罗强 | 存货核算系统 | | 2017-01-20 | 2017 |
| 2017-01-13 | 记 - 0027 | 盘亏处理 | 3,508.70 | 3,508.70 | 徐静 | 罗强 | | | 2017-01-20 | 2017 |
| 2017-01-14 | 记 - 0028 | 收款单 | 825,552.00 | 825,552.00 | 徐静 | 罗强 | 应收系统 | | 2017-01-20 | 2017 |
| 2017-01-14 | 记 - 0029 | 现金折扣 | 16,848.00 | 16,848.00 | 徐静 | 罗强 | 应收系统 | | 2017-01-20 | 2017 |
| 2017-01-14 | 记 - 0030 | 票据结算 | 421,200.00 | 421,200.00 | 徐静 | 罗强 | 应收系统 | | 2017-01-20 | 2017 |
| 2017-01-15 | 记 - 0031 | 销售专用发票 | 631,800.00 | 631,800.00 | 徐静 | 罗强 | 应收系统 | | 2017-01-20 | 2017 |
| 2017-01-15 | 记 - 0032 | 专用发票 | 360,000.00 | 360,000.00 | 徐静 | 罗强 | 存货核算系统 | | 2017-01-20 | 2017 |
| 2017-01-16 | 记 - 0033 | 采购结算单 | 374,020.00 | 374,020.00 | 徐静 | 罗强 | 存货核算系统 | | 2017-01-20 | 2017 |
| 2017-01-16 | 记 - 0034 | 收款单 | 200,000.00 | 200,000.00 | 徐静 | 罗强 | 应收系统 | | 2017-01-20 | 2017 |
| 2017-01-17 | 记 - 0035 | 销售专用发票 | -7,020.00 | -7,020.00 | 徐静 | 罗强 | 应收系统 | | 2017-01-20 | 2017 |
| 2017-01-17 | 记 - 0036 | 专用发票 | -4,000.00 | -4,000.00 | 徐静 | 罗强 | 存货核算系统 | | 2017-01-20 | 2017 |
| 2017-01-18 | 记 - 0037 | 现结 | 702,000.00 | 702,000.00 | 徐静 | 罗强 | 应收系统 | | 2017-01-20 | 2017 |
| 2017-01-18 | 记 - 0038 | 预收冲应收 | 0.00 | 0.00 | 徐静 | 罗强 | 应收系统 | | 2017-01-20 | 2017 |
| 2017-01-18 | 记 - 0039 | 专用发票 | 400,000.00 | 400,000.00 | 徐静 | 罗强 | 存货核算系统 | | 2017-01-20 | 2017 |
| 2017-01-18 | 记 - 0040 | 借支差旅费 | 2,000.00 | 2,000.00 | 徐静 | 罗强 | | | 2017-01-20 | 2017 |
| 2017-01-18 | 记 - 0041 | 归还短期借款本息 | 303,000.00 | 303,000.00 | 徐静 | 罗强 | | | 2017-01-20 | 2017 |
| 2017-01-19 | 记 - 0042 | 采购结算单 | 271,202.00 | 271,202.00 | 徐静 | 罗强 | 存货核算系统 | | 2017-01-20 | 2017 |
| 2017-01-20 | 记 - 0043 | 直接购入资产. | 374,400.00 | 374,400.00 | 徐静 | 罗强 | 固定资产系统 | | 2017-01-20 | 2017 |

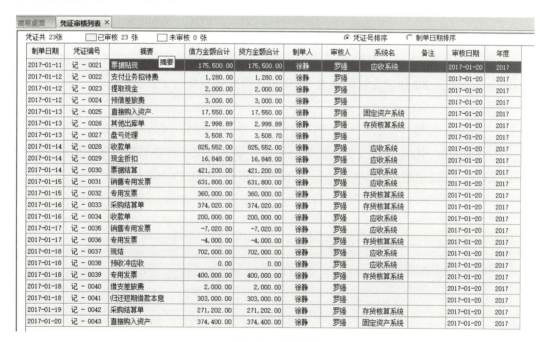

图 9-98 凭证审核

（3）徐静对记 0021——记 0043号凭证进行记账，查询上旬科目汇总表，输出“2017 年 1 月中旬科目汇总表.xls”到文件夹。

①以 202 徐静的身份登录企业应用平台，登录时间为“2017-01-20”。

②业务工作→财务会计→总账→凭证→记账→全选→记账→确定。

③业务工作→财务会计→总账→凭证→科目汇总→汇总→输出，如图 9-99 所示。

简易桌面 | 科目汇总表

| 科目编码 | 科目名称 | 外币名称 | 计量单位 | 金额合计 | | 外币合计 | | 数量合计 | |
|---|---|---|---|---|---|---|---|---|---|
| | | | | 借方 | 贷方 | 借方 | 贷方 | 借方 | 贷方 |
| 1001 | 库存现金 | | | 2,720.00 | 2,320.00 | | | | |
| 1002 | 银行存款 | | | 2,678,313.30 | 2,546,990.57 | | | | |
| 1121 | 应收票据 | | | | 596,700.00 | | | | |
| 1122 | 应收账款 | | | 1,667,180.00 | 1,604,000.00 | | | | |
| 1221 | 其他应收款 | | | 11,973.20 | 8,000.00 | | | | |
| 1403 | 原材料 | | | 1,137,168.40 | 684,681.89 | | | | |
| 1405 | 库存商品 | | | | 1,236,000.00 | | | | |
| 1601 | 固定资产 | | | 335,000.00 | | | | | |
| 1901 | 待处理财产损溢 | | | 2,998.89 | 2,998.89 | | | | |
| 资产 小计 | | | | 5,835,353.79 | 6,681,691.35 | | | | |
| 2001 | 短期借款 | | | 300,000.00 | | | | | |
| 2201 | 应付票据 | | | 300,000.00 | | | | | |
| 2202 | 应付账款 | | | 292,500.00 | 670,552.00 | | | | |
| 2203 | 预收账款 | | | | | | | | |
| 2211 | 应付职工薪酬 | | | 101,810.00 | | | | | |
| 2221 | 应交税费 | | | 707,456.40 | 317,188.24 | | | | |
| 2241 | 其他应付款 | | | | 21,867.00 | | | | |
| 负债 小计 | | | | 1,701,766.40 | 1,009,607.24 | | | | |
| 5001 | 生产成本 | | | 681,683.00 | | | | | |
| 成本 小计 | | | | 681,683.00 | | | | | |
| 6001 | 主营业务收入 | | | | 1,854,000.00 | | | | |
| 6401 | 主营业务成本 | | | 1,236,000.00 | | | | | |
| 6601 | 销售费用 | | | 34,280.00 | | | | | |
| 6602 | 管理费用 | | | 5,320.00 | | | | | |
| 6603 | 财务费用 | | | 27,386.70 | | | | | |
| 6711 | 营业外支出 | | | 23,508.70 | | | | | |
| 损益 小计 | | | | 1,326,495.40 | 1,854,000.00 | | | | |
| 合计 | | | | 9,545,298.59 | 9,545,298.59 | | | | |

图 9-99　科目汇总

**业务 43:** 1 月 22 日，与鸿丰公司签订购销合同，销售甲产品 40 件，无税单价为 12000 元，乙产品 80 件，无税单价为 3000 元，预发货日期为 1 月 26 日。

**操作向导:**

（1）以 401 朱丹的身份登录企业应用平台，登录时间为“2017-01-22”。

（2）供应链→销售管理→销售订货→销售订单→增加（订单日期、客户简称、存货编码、数量、无税单价、预发货日期）→保存→审核，如图 9-100 所示。

销售订单

打印模版 销售订单打印模版

表体排序

合并显示 □

订单号 0000000004　订单日期 2017-01-22　业务类型 普通销售

销售类型 普通销售　客户简称 鸿丰公司　付款条件

销售部门 销售部　业务员 刘倩　税率 17.00

币种 人民币　汇率 1　备注

| | 存货编码 | 存货名称 | 规格型号 | 主计量 | 数量 | 报价 | 含税单价 | 无税单价 | 无税金额 |
|---|---|---|---|---|---|---|---|---|---|
| 1 | 201 | 甲产品 | | 件 | 40.00 | 0.00 | 14040.00 | 12000.00 | 480000.00 |
| 2 | 202 | 乙产品 | | 件 | 80.00 | 0.00 | 3510.00 | 3000.00 | 240000.00 |
| 3 | | | | | | | | | |
| 4 | | | | | | | | | |
| 5 | | | | | | | | | |
| 6 | | | | | | | | | |
| 7 | | | | | | | | | |

图 9-100　销售订单

**业务 44:** 1 月 22 日，收到同达公司扣除现金折扣后的销货款 606036.60 元。结算方式：电汇；票号：53329。

借：银行存款/工行　　606036.60

　　贷：应收账款　　606036.60

借：财务费用　　18743.40

　　贷：应收账款　　18743.40

**操作向导：**

（1）以 203 赵敏的身份登录企业应用平台，登录时间为“2017-01-22”。

（2）业务工作→财务会计→应收款管理→收款单据处理→收款单据录入→增加（客户、金额、票据号、结算方式电汇、结算科目 100201）→保存→审核，如图 9-101 所示。

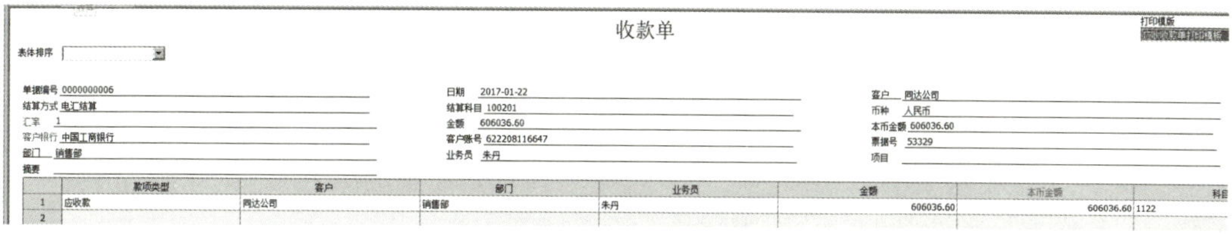


图 9-101　收款单

（3）以 202 徐静的身份登录企业应用平台，登录时间为“2017-01-22”。

（4）业务工作→财务会计→应收款管理→制单处理→收付款单制单→确定→全选→制单→保存，如图 9-102 所示。

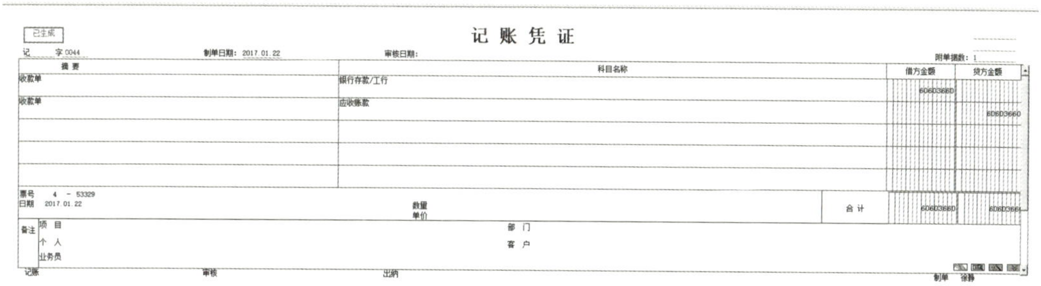


图 9-102　记账凭证 1

（5）应收款管理→核销处理→手工核销→客户→确定→输入本次结算金额→保存→制单处理→核销制单→确定→全选→制单→保存，如图 9-103 所示。

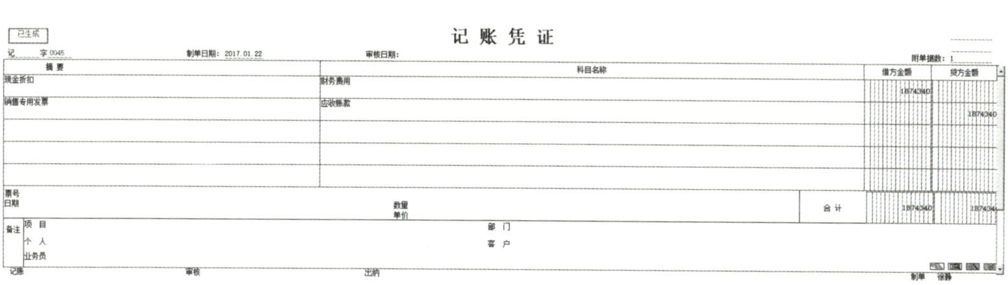


图 9-103　记账凭证 2

**业务 45：** 1 月 24 日，销售部刘倩报销差旅费 2860 元，交回现金 140 元。附单据 2 张。

| | |
|---|---|
| 借：销售费用/差旅费 | 2860 |
| 　　库存现金 | 140 |

贷：其他应收款/应收个人款　　　　　　　3000

**操作向导：**

（1）以 202 徐静的身份登录企业应用平台，登录时间为“2017-01-24”。

（2）业务工作→财务会计→总账→凭证→填制凭证→增加→保存，如图 9-104 所示。

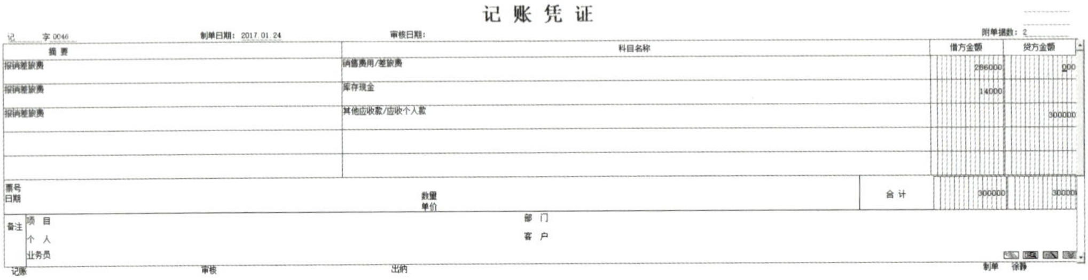


图 9-104　记账凭证

**业务 46**：1 月 25 日，向科远公司发出乙产品 100 件。

**操作向导：**

（1）以 601 董乐的身份登录企业应用平台，登录时间为“2017-01-25”。

（2）供应链→库存管理→出库业务→销售出库单→生单→销售生单→确定→全选→确定→保存→审核，如图 9-105 所示。

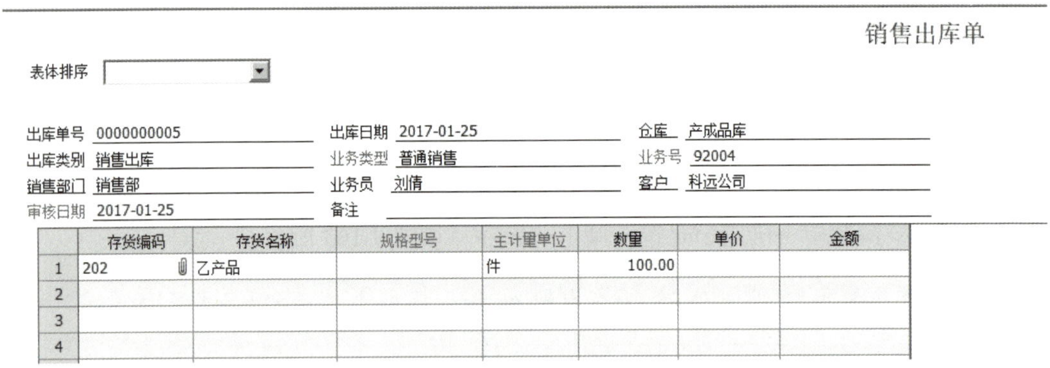


图 9-105　销售出库单

**业务 47**：1 月 26 日，开出销售专用发票，票号为 92005，向鸿丰公司发出甲产品 40 件、乙产品 80 件。鸿丰公司开出期限为 2 个月的无息商业承兑汇票 300000 元（票号：12086）用于抵付货款。

借：应收账款　　　　　　　　　　842400

　　贷：主营业务收入　　　　　　　　　720000

　　　　应交税费/应交增值税/销项税额　　122400

借：应收票据　　　　　　　　　　300000

　　贷：应收账款　　　　　　　　　　　300000

借：主营业务成本　　　　　　　　　　　480000

　　贷：库存商品　　　　　　　　　　　　480000

（1）以 401 朱丹的身份登录企业应用平台，登录时间为“2017-01-26”。

（2）供应链→销售管理→销售开票→销售专用发票→增加→取消→生单（参照订单）→客户编码→确认→选择→确定→录入发票号、仓库名称→保存→复核，如图 9-106 所示。

销售专用发票

表体排序　　　　打印模版 销售专用发票打印模　合并显示 □

发票号 92005　　开票日期 2017-01-26　　业务类型 普通销售
销售类型 普通销售　　订单号 0000000004　　发货单号 0000000005
客户简称 鸿丰公司　　销售部门 销售部　　业务员 刘倩
付款条件　　客户地址　　联系电话
开户银行 中国工商银行　　账号 622203477346　　税号 288945659876
币种 人民币　　汇率 1　　税率 17.00
备注

| | 仓库名称 | 存货编码 | 存货名称 | 规格型号 | 主计量 | 数量 | 报价 | 含税单价 | 无税单价 | 无税金额 |
|---|---|---|---|---|---|---|---|---|---|---|
| 1 | 产成品库 | 201 | 甲产品 | | 件 | 40.00 | 0.00 | 14040.00 | 12000.00 | |
| 2 | 产成品库 | 202 | 乙产品 | | 件 | 80.00 | 0.00 | 3510.00 | 3000.00 | |
| 3 | | | | | | | | | | |
| 4 | | | | | | | | | | |
| 5 | | | | | | | | | | |

图 9-106　销售专用发票

（3）以 601 董乐的身份登录企业应用平台，登录时间为“2017-01-16”。

（4）供应链→库存管理→出库业务→销售出库单→生单→销售生单→确定→全选→确定→保存→审核，如图 9-107 所示。

销售出库单

表体排序

出库单号 0000000006　　出库日期 2017-01-26　　仓库 产成品库
出库类别 销售出库　　业务类型 普通销售　　业务号 92005
销售部门 销售部　　业务员 刘倩　　客户 鸿丰公司
审核日期 2017-01-26　　备注

| | 存货编码 | 存货名称 | 规格型号 | 主计量单位 | 数量 | 单价 | 金额 |
|---|---|---|---|---|---|---|---|
| 1 | 201 | 甲产品 | | 件 | 40.00 | | |
| 2 | 202 | 乙产品 | | 件 | 80.00 | | |
| 3 | | | | | | | |

图 9-107　销售出库单

（5）以 202 徐静的身份登录企业应用平台，登录时间为“2017-01-26”。业务工作→财务会计→应收款管理→应收单据处理→应收单据审核→销售发票→确定→全选→审核→确定。

（6）制单处理→发票制单→确定→全选→制单→保存，如图 9-108 所示。

已生成

**记 账 凭 证**

记 字 0047　制单日期：2017.01.26　审核日期：　附单据数：1

| 摘要 | 科目名称 | 借方金额 | 贷方金额 |
|---|---|---|---|
| 销售专用发票 | 应收账款 | 84240000 | |
| 销售专用发票 | 主营业务收入 | | 72000000 |
| 销售专用发票 | 应交税费/应交增值税/销项税额 | | 12240000 |
| | | | |
| | | | |
| 票号 日期 | 数量 单价　合计 | 84240000 | 84240000 |

备注　项目　部门

个人　客户 鸿丰公司

业务员 刘倩

记账　审核　出纳　制单 徐静

图 9-108　记账凭证 1

（7）以 203 赵敏的身份登录企业应用平台，登录时间为“2017-01-26”。应收款管理→票据管理→增加（票据编号、票据类型、出票日期、出票人、金额、结算方式、到期日）→保存（如图 9-109 所示）→退出→应收款管理→收款单据处理→收款单据审核→确定→全选→审核。

显示模版组：30656 商业汇票显示模版

**商业汇票**

银行名称　票据类型 商业承兑汇票

方向 收款　票据编号 12086　结算方式 商业汇票

收到日期 2017-01-26　出票日期 2017-01-26　到期日 2017-03-26

出票人 鸿丰公司　出票人账号 622203477346　付款人银行 中国工商银行

收款人 众德实业有限公司　收款人账号 622202315816　收款人开户银行 中国工商银行楚州分行人民路分理处

币种 人民币　金额 300000.00　票面利率 0.00000000

汇率 1.000000　付款行行号　付款行地址

背书人　背书金额　备注

业务员 刘倩　部门 销售部　票据摘要

交易合同号码　制单人 赵敏

| | 处理方式 | 处理日期 | 贴现银行 | 被背书人 | 贴现率 | 利息 | 费用 | 处理金额 | 汇 |
|---|---|---|---|---|---|---|---|---|---|
| 1 | | | | | | | | | |

图 9-109　商业汇票

（8）以 202 徐静的身份登录企业应用平台，登录时间为“2017-01-26”。制单处理→收付款单制单→确定→双击选择→制单→保存，如图 9-110 所示。

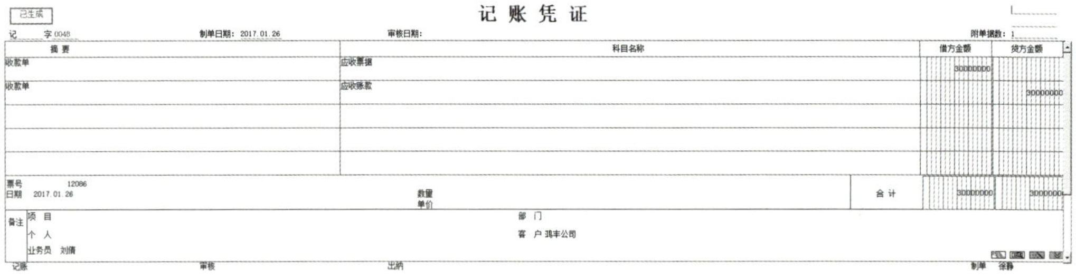

已生成

**记 账 凭 证**

记 字 0048　制单日期：2017.01.26　审核日期：　附单据数：1

| 摘要 | 科目名称 | 借方金额 | 贷方金额 |
|---|---|---|---|
| 收款单 | 应收票据 | 30000000 | |
| 收款单 | 应收账款 | | 30000000 |
| | | | |
| | | | |
| | | | |
| 票号 12086 日期 2017.01.26 | 数量 单价　合计 | 30000000 | 30000000 |

备注　项目　部门

个人　客户 鸿丰公司

业务员 刘倩

记账　审核　出纳　制单 徐静

图 9-110　记账凭证 2

（9）供应链→存货核算→业务核算→正常单据记账→仓库（产成品库）→确定→选择→记账→确定→退出→财务核算→生成凭证→选择销售专用发票→确定→选择→确定→生成→保存，如图 9-111 所示。

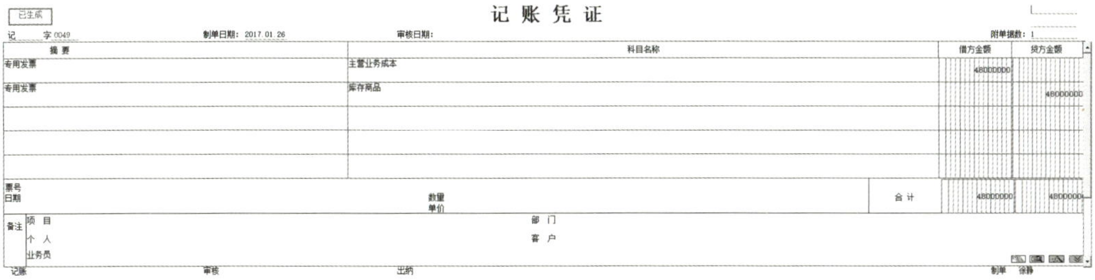


图 9-111 记账凭证 3

**业务 48：**1 月 28 日，收到楚州自来水公司开来的增值税专用发票，票号为 65703，本月共耗用自来水 5000 吨，无税单价为 3 元，增值税税率为 13%。其中：生产部门耗用占 70%，销售部门耗用占 20%，管理部门耗用占 10%。开出转账支票付讫，票号为 12311。

借：制造费用/水电费　　　　　　　10500

　　销售费用/水电费　　　　　　　3000

　　管理费用/水电费　　　　　　　1500

　　应交税费/应交增值税/进项税额　　1950

　贷：银行存款/工行　　　　　　　　　16950

**操作向导：**

（1）以 301 王辉的身份登录企业应用平台，登录时间为“2017-01-28”。

（2）供应链→采购管理→采购发票→专用采购发票→增加（发票号、供应商、税率、存货编码、数量、原币单价）→保存→现付，如图 9-112 所示。

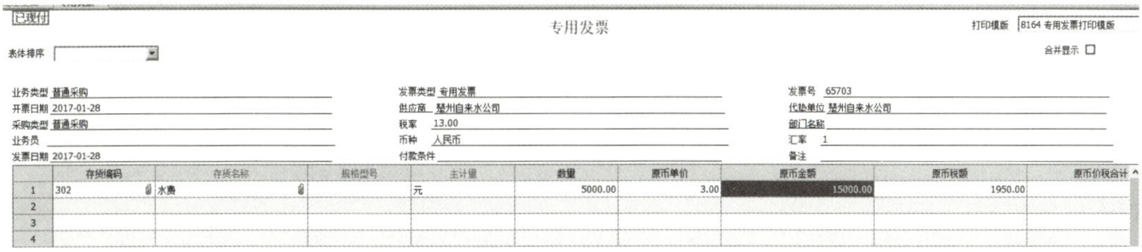


图 9-112 专用发票

（3）以 202徐静的身份登录企业应用平台，登录时间为“2017-01-28”。财务会计→应付款管理→应付单据处理→应付单据审核→选择“采购发票”并勾选“包含已现结发票”复选框，同时勾选“未完全报销”复选框→确定→全选→审核。

（4）制单处理→现结制单→确定→全选→制单→借方科目点击插入，补充完成凭证后保存，如图 9-113 所示。

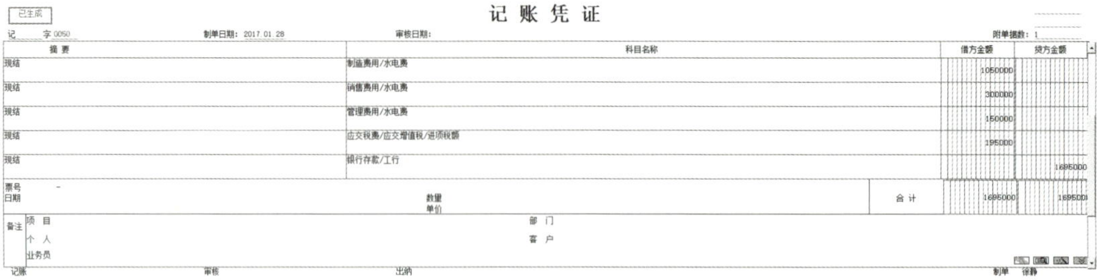


图 9-113 记账凭证

**业务 49**：1 月 28 日，收到楚州电业公司开来的增值税专用发票，票号 85462，本月共用电 60000 度，无税单价为 1.25 元，增值税税率为 17%。其中：生产部门耗用占 70%，销售部门耗用占 20%，管理部门耗用占 10%。开出转账支票付讫，票号为 12312。

借：制造费用/水电费　　52500
　　销售费用/水电费　　15000
　　管理费用/水电费　　7500
　　应交税费/应交增值税/进项税额　　12750
　　贷：银行存款/工行　　87750

**操作向导：**

（1）以 301 王辉的身份登录企业应用平台，登录时间为“2017-01-28”。

（2）供应链→采购管理→采购发票→专用采购发票→增加（发票号、供应商、税率、存货编码、数量、原币单价）→保存→现付，如图 9-114 所示。

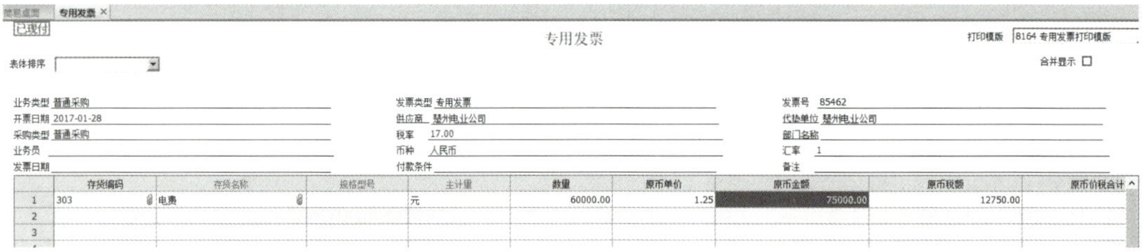


图 9-114 专用发票

（3）以 202 徐静的身份登录企业应用平台，登录时间为“2017-01-28”。财务会计→应付款管理→应付单据处理→应付单据审核→选择“采购发票”并勾选“包含已现结发票”复选框，同时勾选“未完全报销”复选框→确定→全选→审核。

（4）制单处理→现结制单→确定→全选→制单→借方科目点击插入，补充完成凭证后保存，如图 9-115 所示。

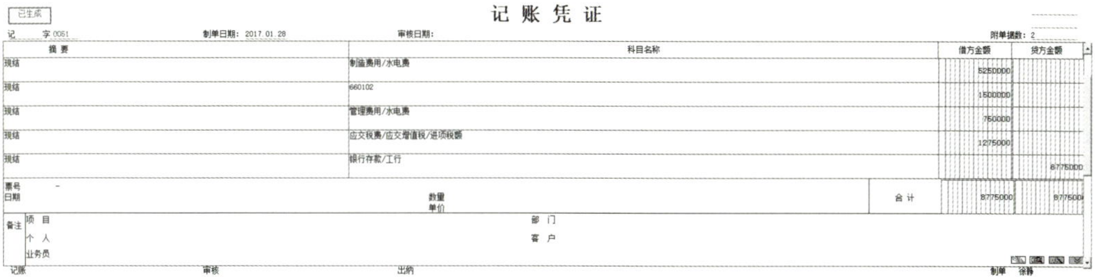

记 账 凭 证

已生成

记 字 0051 制单日期：2017.01.28 审核日期： 附单据数：2

| 摘要 | 科目名称 | 借方金额 | 贷方金额 |
| --- | --- | --- | --- |
| 现结 | 制造费用/水电费 | 5250000 | |
| 现结 | 660102 | 1500000 | |
| 现结 | 管理费用/水电费 | 750000 | |
| 现结 | 应交税费/应交增值税/进项税额 | 1275000 | |
| 现结 | 银行存款/工行 | | 8775000 |
| 票号 - 日期 | 数量 单价 合计 | 8775000 | 8775000 |

备注 项目 部门 个人 客户 业务员

记账 审核 出纳 制单 徐静

图 9-115　记账凭证

**业务 50**：1 月 28 日，开出 12313 号转账支票，支付生产设备修理费用 2881 元。附单据 2 张。

借：制造费用/修理费　　　　　　　　2881

　　贷：银行存款/工行　　　　　　　　2881

**操作向导：**

（1）以 202 徐静的身份登录企业应用平台，登录时间为“2017-01-28”。

（2）业务工作→财务会计→总账→凭证→填制凭证→增加→保存，如图 9-116 所示。

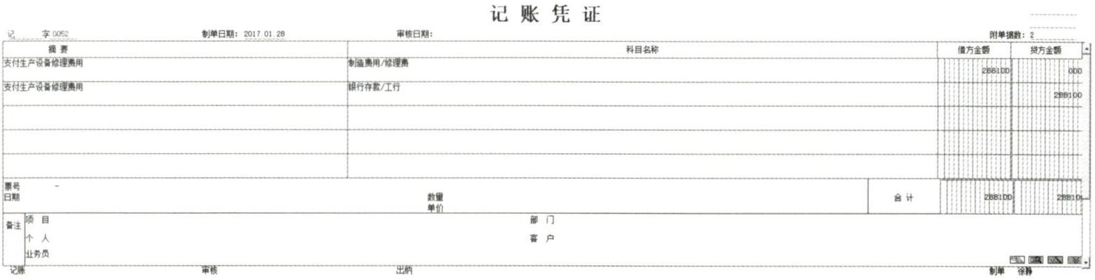

记 账 凭 证

记 字 0052 制单日期：2017.01.28 审核日期： 附单据数：2

| 摘要 | 科目名称 | 借方金额 | 贷方金额 |
| --- | --- | --- | --- |
| 支付生产设备修理费用 | 制造费用/修理费 | 288100 | 000 |
| 支付生产设备修理费用 | 银行存款/工行 | | 288100 |
| | | | |
| | | | |
| | | | |
| 票号 - 日期 | 数量 单价 合计 | 288100 | 288100 |

备注 项目 部门 个人 客户 业务员

记账 审核 出纳 制单 徐静

图 9-116　记账凭证

**业务 51**：1 月 28 日，仓管部报来材料领用汇总表，生产部生成甲产品领用 A 材料 50 吨、B 材料 50 吨，生成乙产品领用 C 材料 70 吨、D 材料 70 吨。

借：生产成本/直接材料/甲产品　　　　349797.50

　　生产成本/直接材料/乙产品　　　　223857.2

　　贷：原材料　　　　　　　　　　　　573654.7

**操作向导：**

（1）以 601 董乐的身份登录企业应用平台，登录时间为“2017-01-28”。

（2）供应链→库存管理→出库业务→材料出库单→增加（仓库、部门、出库类别→材料编码、数量）→保存→审核，如图 9-117、图 9-118 所示。

材料出库单

表体排序

| | | | | | |
|---|---|---|---|---|---|
| 出库单号 | 0000000002 | 出库日期 | 2017-01-28 | 仓库 | 原材料库 |
| 订单号 | | 产品编码 | | 产量 | 0.00 |
| 生产批号 | | 业务类型 | 领料 | 业务号 | |
| 出库类别 | 生产领用出库 | 部门 | 生产部 | 委外商 | |
| 审核日期 | 2017-01-28 | 备注 | | | |

| | 材料编码 | 材料名称 | 规格型号 | 主计量单位 | 数量 | 单价 | 金额 | 子件补料申请单号 |
|---|---|---|---|---|---|---|---|---|
| 1 | 101 | A材料 | | 吨 | 50.00 | | | |
| 2 | 102 | B材料 | | 吨 | 50.00 | | | |
| 3 | | | | | | | | |

图 9-117 材料出库单 1

材料出库单

表体排序

| | | | | | |
|---|---|---|---|---|---|
| 出库单号 | 0000000003 | 出库日期 | 2017-01-28 | 仓库 | 原材料库 |
| 订单号 | | 产品编码 | | 产量 | 0.00 |
| 生产批号 | | 业务类型 | 领料 | 业务号 | |
| 出库类别 | 生产领用出库 | 部门 | 生产部 | 委外商 | |
| 审核日期 | 2017-01-28 | 备注 | | | |

| | 材料编码 | 材料名称 | 规格型号 | 主计量单位 | 数量 | 单价 | 金额 | 子件补料申请单号 |
|---|---|---|---|---|---|---|---|---|
| 1 | 103 | C材料 | | 吨 | 70.00 | | | |
| 2 | 104 | D材料 | | 吨 | 70.00 | | | |
| 3 | | | | | | | | |
| 4 | | | | | | | | |

图 9-118 材料出库单 2

（3）以 202 徐静的身份登录企业应用平台，登录时间为“2017-01-28”。供应链→存货核算→业务核算→正常单据记账→选择仓库（原材料库）→确定→选择 4 张材料出库单→记账→财务核算→生成凭证→选择材料出库单→确定→全选→确定→输入项目大类和项目编码（如图 9-119 所示）→合成凭证→保存，如图 9-120 所示。

生成凭证

凭证类别 记 记账凭证

| 贷方金额 | 借方数量 | 贷方数量 | 科目方向 | 存货编码 | 存货名称 | 存货代码 | 规格型号 | 部门编码 | 部门名称 | 业务员编码 | 业务员名称 | 供应商编码 | 供应商名称 | 客户编码 | 客户名称 | 单据日期 | 线索号 | 币种 | 汇率 | 外币金额 | 项目大类 | 项目大类名称 | 项目编码 | 项目名称 |
|---|---|---|---|---|---|---|---|---|---|---|---|---|---|---|---|---|---|---|---|---|---|---|---|---|
| | 50.00 | | 1 | 101 | A材料 | | | 5 | 生产部 | | | | | | | 2017-0... | 2017IA... | | | | 00 | 生产成本 | 101 | 甲产品 |
| 199,90... | | 50.00 | 2 | 101 | A材料 | | | 5 | 生产部 | | | | | | | 2017-0... | 2017IA... | | | | | | | |
| | 50.00 | | 1 | 102 | B材料 | | | 5 | 生产部 | | | | | | | 2017-0... | 2017IA... | | | | 00 | 生产成本 | 101 | 甲产品 |
| 149,89... | | 50.00 | 2 | 102 | B材料 | | | 5 | 生产部 | | | | | | | 2017-0... | 2017IA... | | | | | | | |
| | 70.00 | | 1 | 103 | C材料 | | | 5 | 生产部 | | | | | | | 2017-0... | 2017IA... | | | | 00 | 生产成本 | 102 | 乙产品 |
| 139,92... | | 70.00 | 2 | 103 | C材料 | | | 5 | 生产部 | | | | | | | 2017-0... | 2017IA... | | | | | | | |
| | 70.00 | | 1 | 104 | D材料 | | | 5 | 生产部 | | | | | | | 2017-0... | 2017IA... | | | | 00 | 生产成本 | 102 | 乙产品 |
| 83,927.90 | | 70.00 | 2 | 104 | D材料 | | | 5 | 生产部 | | | | | | | 2017-0... | 2017IA... | | | | | | | |
| 573,65... | | | | | | | | | | | | | | | | | | | | | | | | |

图 9-119 输入项目大类和项目编码

已生成

记账凭证

记 字 0053 制单日期：2017.01.28 审核日期： 附单据数：2

| 摘要 | 科目名称 | 借方金额 | 贷方金额 |
|---|---|---|---|
| 材料出库单 | 生产成本/直接材料 | 34979750 | |
| 材料出库单 | 生产成本/直接材料 | 22385720 | |
| 材料出库单 | 1403 | | 57365470 |
| | | | |
| | | | |
| 票号 日期 | 数量 单价 合计 | 57365470 | 57365470 |

备注 项目 部门
个人 客户
业务员

记账 审核 出纳 制单 徐静

图 9-120 记账凭证

**业务 52：** 1 月 30 日，财产清查发现生产部账外铣床一台，原值为 100000 元，估计四成新，预计未来尚可使用年限为 3 年，经分管领导批准对盘盈的铣床进行处理。按 10% 计提法定盈余公积。

借：固定资产　　40000

　　贷：以前年度损益调整　　40000

借：以前年度损益调整　　40000

　　贷：应交税费 / 应交企业所得税　　10000

　　　　盈余公积　　3000

　　　　利润分配 / 未分配利润　　27000

**操作向导：**

（1）以 202 徐静的身份登录企业应用平台，登录时间为“2017-01-30”。财务会计→固定资产管理→卡片→资产盘点→增加→栏目选择“固定资产编号”及“固定资产名称”（如图 9-121 所示），范围选择“按使用状态盘点 使用状态：在用”（如图 9-122 所示）。增行录入盘盈固定资产信息，固定资产编号为“025003”，固定资产名称为“铣床”，部门编号“5”，类别编号“02”，使用年限为“36 个月”，开始使用日期及录入日期为“2017-01-30”，增加方式为“盘盈”（如图 9-123 所示），保存后核对结果如图 9-124 所示。

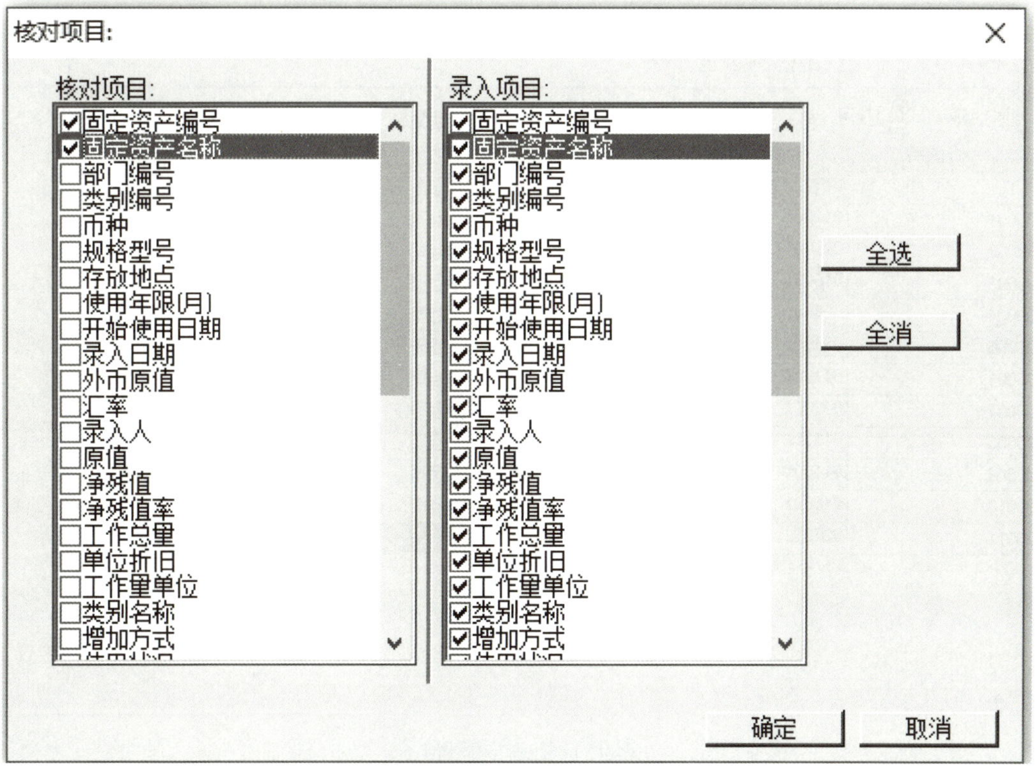


图 9-121　选择固定资产编号、固定资产名称

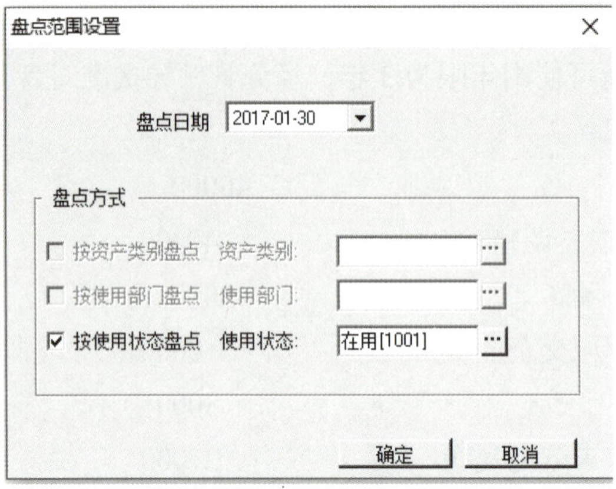


图 9-122　盘点范围

| 选择 | 固定资产编号 | 固定资产名称 | 部门编号 | 类别编号 | 币种 | 规格型号 | 存放地点 | 使用年限(月) | 开始使… | 录入日期 | 外币原值 | 汇率 |
|---|---|---|---|---|---|---|---|---|---|---|---|---|
| | 011001 | 办公楼 | 1/2/3/4 | 01 | 人民币 | | | 360 | 2013-05-22 | 2017-01-01 | 0 | 1 |
| | 015001 | 厂房 | 5 | 01 | 人民币 | | | 360 | 2013-03-13 | 2017-01-01 | 0 | 1 |
| | 016001 | 库房 | 6 | 01 | 人民币 | | | 360 | 2013-05-25 | 2017-01-01 | 0 | 1 |
| | 025001 | 机床 | 5 | 02 | 人民币 | | | 120 | 2013-03-20 | 2017-01-01 | 0 | 1 |
| | 025002 | 生产设备 | 5 | 02 | 人民币 | | | 120 | 2017-01-20 | 2017-01-20 | 0 | 1 |
| | 034001 | 汽车 | 4 | 03 | 人民币 | | | 72 | 2013-07-20 | 2017-01-01 | 0 | 1 |
| | 041001 | 复印机 | 1 | 04 | 人民币 | | | 60 | 2015-10-28 | 2017-01-01 | 0 | 1 |
| | 042001 | 计算机 | 2 | 04 | 人民币 | | | 60 | 2015-09-16 | 2017-01-01 | 0 | 1 |
| | 043001 | 联想电脑 | 3 | 04 | 人民币 | | | 60 | 2017-01-13 | 2017-01-12 | 0 | 1 |
| | 044001 | 联想电脑 | 4 | 04 | 人民币 | | | 60 | 2017-01-13 | 2017-01-12 | 0 | 1 |
| | 046001 | 联想电脑 | 6 | 04 | 人民币 | | | 60 | 2017-01-13 | 2017-01-12 | 0 | 1 |
| | 025003 | 铣床 | 5 | 02 | | | | 36 | 2017-01-30 | 2017-01-30 | | |

| 固定资产编号 | 录入人 | 原值 | 净残值 | 净残值率 | 工作总量 | 单位折旧 | 工作量单位 | 类别名称 | 增加方式 | 使用状况 | 折旧方法 | 已计提… |
|---|---|---|---|---|---|---|---|---|---|---|---|---|
| 011001 | 罗强 | 5000000 | 250000 | 0.05 | 0 | | | 房屋及… | 在建工… | 在用 | 平均年… | |
| 015001 | 罗强 | 2000000 | 100000 | 0.05 | 0 | | | 房屋及… | 在建工… | 在用 | 平均年… | |
| 016001 | 罗强 | 1000000 | 50000 | 0.05 | 0 | | | 房屋及… | 在建工… | 在用 | 平均年… | |
| 025001 | 罗强 | 650000 | 32500 | 0.05 | 0 | | | 生产设备 | 直接购入 | 在用 | 平均年… | |
| 025002 | 徐静 | 320000 | 16000 | 0.05 | 0 | | | 生产设备 | 直接购入 | 在用 | 平均年… | |
| 034001 | 罗强 | 350000 | 14000 | 0.04 | 0 | | | 运输设备 | 直接购入 | 在用 | 平均年… | |
| 041001 | 罗强 | 15000 | 450 | 0.03 | 0 | | | 办公设备 | 直接购入 | 在用 | 平均年… | |
| 042001 | 罗强 | 20000 | 600 | 0.03 | 0 | | | 办公设备 | 直接购入 | 在用 | 平均年… | |
| 043001 | 徐静 | 5000 | 150 | 0.03 | 0 | | | 办公设备 | 直接购入 | 在用 | 平均年… | |
| 044001 | 徐静 | 5000 | 150 | 0.03 | 0 | | | 办公设备 | 直接购入 | 在用 | 平均年… | |
| 046001 | 徐静 | 5000 | 150 | 0.03 | 0 | | | 办公设备 | 直接购入 | 在用 | 平均年… | |
| 025003 | | 40000 | | | | | | 生产设备 | 盘盈 | | | |

图 9-123　增加方式“盘盈”

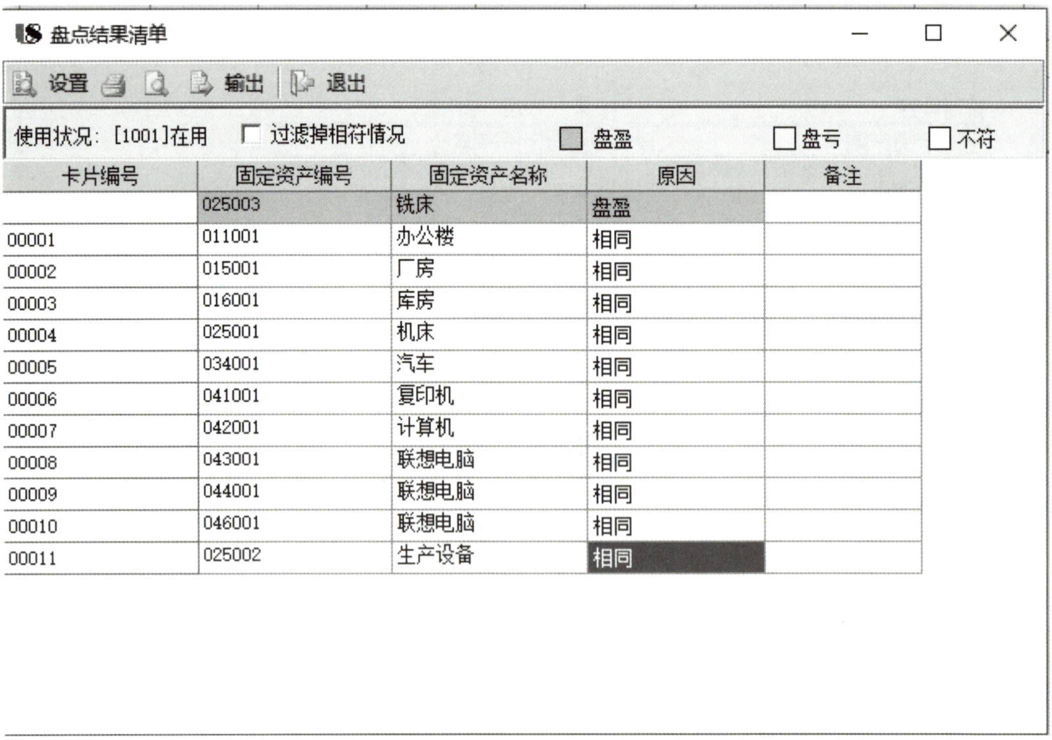


| 卡片编号 | 固定资产编号 | 固定资产名称 | 原因 | 备注 |
|---|---|---|---|---|
| | 025003 | 铣床 | 盘盈 | |
| 00001 | 011001 | 办公楼 | 相同 | |
| 00002 | 015001 | 厂房 | 相同 | |
| 00003 | 016001 | 库房 | 相同 | |
| 00004 | 025001 | 机床 | 相同 | |
| 00005 | 034001 | 汽车 | 相同 | |
| 00006 | 041001 | 复印机 | 相同 | |
| 00007 | 042001 | 计算机 | 相同 | |
| 00008 | 043001 | 联想电脑 | 相同 | |
| 00009 | 044001 | 联想电脑 | 相同 | |
| 00010 | 046001 | 联想电脑 | 相同 | |
| 00011 | 025002 | 生产设备 | 相同 | |

图 9-124　重点结果清单

（2）固定资产管理→卡片→盘点盈亏确认，录入处理意见并保存。选择→审核（同意）→保存，如图 9-125 所示。

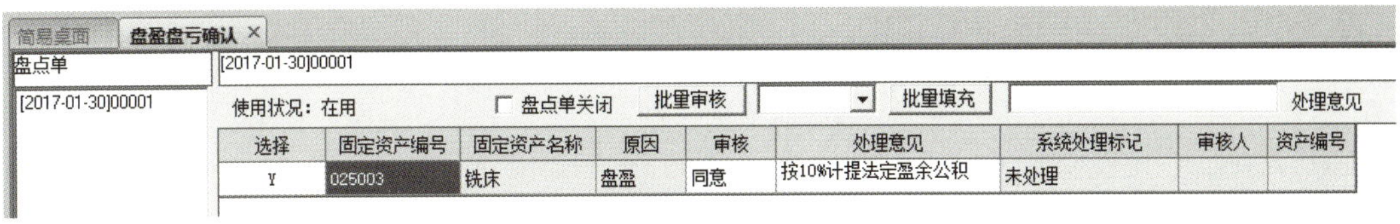


| 选择 | 固定资产编号 | 固定资产名称 | 原因 | 审核 | 处理意见 | 系统处理标记 | 审核人 | 资产编号 |
|---|---|---|---|---|---|---|---|---|
| Y | 025003 | 铣床 | 盘盈 | 同意 | 按10%计提法定盈余公积 | 未处理 | | |

图 9-125　盘点盈亏确认

（3）卡片→资产盘盈→录入开始使用日期“2017 年 1 月 30 日”和资产类别，单击“盘盈处理”进入固定资产卡片界面，补充完整卡片，保存如图 9-126 所示。

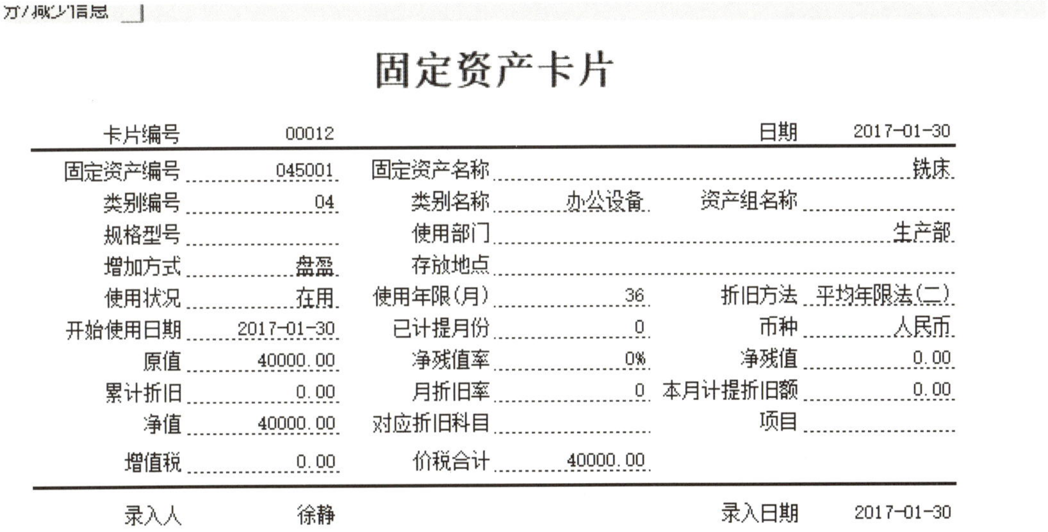

固定资产卡片

卡片编号 00012　　日期 2017-01-30

| | | | | | |
|---|---|---|---|---|---|
| 固定资产编号 | 045001 | 固定资产名称 | 铣床 | | |
| 类别编号 | 04 | 类别名称 | 办公设备 | 资产组名称 | |
| 规格型号 | | 使用部门 | 生产部 | | |
| 增加方式 | 盘盈 | 存放地点 | | | |
| 使用状况 | 在用 | 使用年限(月) | 36 | 折旧方法 | 平均年限法(二) |
| 开始使用日期 | 2017-01-30 | 已计提月份 | 0 | 币种 | 人民币 |
| 原值 | 40000.00 | 净残值率 | 0% | 净残值 | 0.00 |
| 累计折旧 | 0.00 | 月折旧率 | 0 | 本月计提折旧额 | 0.00 |
| 净值 | 40000.00 | 对应折旧科目 | | 项目 | |
| 增值税 | 0.00 | 价税合计 | 40000.00 | | |

录入人 徐静　　录入日期 2017-01-30

图 9-126　固定资产卡片

（4）固定资产→处理→批量制单→→确定→全选→在制单选择选项卡界面单击“合并”→在制单设置选项卡界面单击“凭证”→保存生成凭证，如图 9-127 所示。

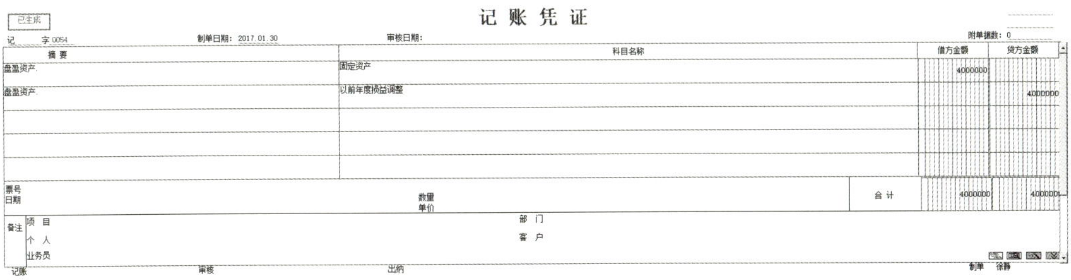

记账凭证

已生成
记　字 0054　制单日期：2017.01.30　审核日期：　附单据数：0

| 摘要 | 科目名称 | 借方金额 | 贷方金额 |
|---|---|---|---|
| 盘盈资产 | 固定资产 | 4000000 | |
| 盘盈资产 | 以前年度损益调整 | | 4000000 |
| 票号 日期 | 数量 单价 | 合计 4000000 | 4000000 |

备注　项目　部门　个人　客户　业务员
记账　审核　出纳　制单　徐静

图 9-127　记账凭证 1

（5）业务工作→财务会计→总账→凭证→填制凭证→增加→保存，如图 9-128 所示。

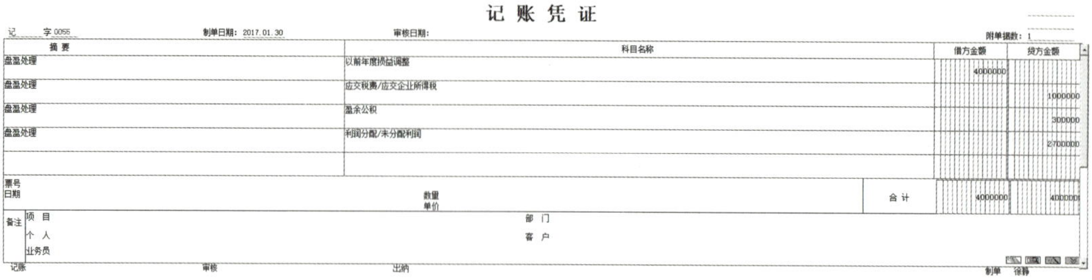

记账凭证

记 字 0055 制单日期：2017.01.30 审核日期： 附单据数：1

| 摘要 | 科目名称 | 借方金额 | 贷方金额 |
| --- | --- | --- | --- |
| 盘盈处理 | 以前年度损益调整 | 4000000 | |
| 盘盈处理 | 应交税费/应交企业所得税 | | 1000000 |
| 盘盈处理 | 盈余公积 | | 300000 |
| 盘盈处理 | 利润分配/未分配利润 | | 2700000 |
| | | | |
| 票号 日期 | 数量 单价 合计 | 4000000 | 4000000 |

备注 项目 部门 个人 客户 业务员

记账 审核 出纳 制单 徐静

图 9-128　记账凭证 2

**业务 53：** 1 月 31 日，计提本月固定资产折旧。

借：管理费用/折旧费　　1543

　　管理费用/折旧费　　2924

　　管理费用/折旧费　　3900

　　管理费用/折旧费　　2600

　　销售费用/折旧费　　9855

　　制造费用/折旧费　　10335

　　贷：累计折旧　　31157

**操作向导：**

（1）以 202 徐静的身份登录企业应用平台，登录时间为“2017-01-31”。财务会计→固定资产→处理→计提本月折旧→是→是→退出→确定→凭证→保存，如图 9-129 所示。

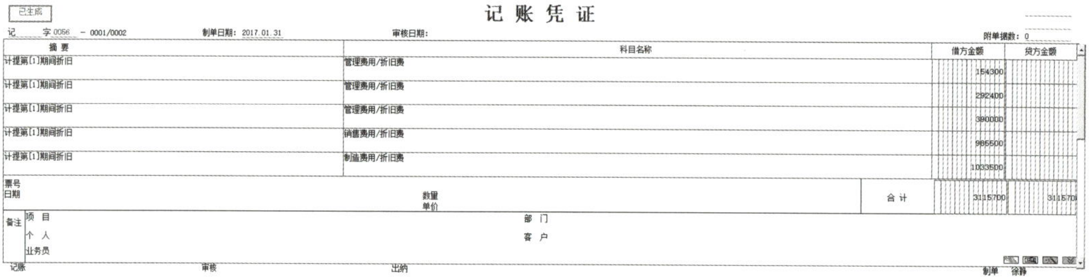

已生成

记账凭证

记 字 0056 - 0001/0002 制单日期：2017.01.31 审核日期： 附单据数：0

| 摘要 | 科目名称 | 借方金额 | 贷方金额 |
| --- | --- | --- | --- |
| 计提第[1]期间折旧 | 管理费用/折旧费 | 154300 | |
| 计提第[1]期间折旧 | 管理费用/折旧费 | 292400 | |
| 计提第[1]期间折旧 | 管理费用/折旧费 | 390000 | |
| 计提第[1]期间折旧 | 销售费用/折旧费 | 985500 | |
| 计提第[1]期间折旧 | 制造费用/折旧费 | 1033500 | |
| 票号 日期 | 数量 单价 合计 | 3115700 | 311570 |

备注 项目 部门 个人 客户 业务员

记账 审核 出纳 制单 徐静

图 9-129　记账凭证

**业务 54：** 1 月 31 日，分摊本月工资，计提五险一金。李涛为生产车间管理人员，张浩、孙莉为甲产品生产工人，陈伟、杨依为乙产品生产工人。

借：制造费用/职工薪酬　　8200

　　销售费用/职工薪酬　　13100

　　管理费用/职工薪酬　　57710

　　生产成本/直接人工/甲产品　　11400

　　生产成本/直接人工/乙产品　　11400

　　贷：应付职工薪酬/工资　　101810

借：制造费用/五险一金　　　　3854
　　销售费用/五险一金　　　　5600
　　管理费用/五险一金　　　　25088
　　生产成本/直接人工/甲产品　　4928
　　生产成本/直接人工/乙产品　　4928
　　贷：应付职工薪酬/五险一金　　44128

**操作向导：**

（1）以 202 徐静的身份登录企业应用平台，登录时间为“2017-01-31”。人力资源→薪资管理→业务处理→工资分摊（选择计提费用类型“工资分摊”“五险一金”，部门全选，计提分配方式为“分配到个人”，选择“明细到工资项目”“按项目核算”）→确定→在工资分摊一览表界面勾选“合并科目相同、辅助项相同的分录”（如图 9-130 所示），将陈伟、杨依的借方项目修改为“乙产品”→制单生成凭证，保存如图 9-131 所示。

**工资分摊一览表**

☑ 合并科目相同、辅助项相同的分录

类型 工资分摊

| 部门名称 | 人员类别 | 人员姓名 | 应付工资 | | | | | | |
|---|---|---|---|---|---|---|---|---|---|
| | | | 分配金额 | 借方科目 | 借方项目大类 | 借方项目 | 贷方科目 | 贷方项目大类 | 贷方项目 |
| 经理办 | 正式工 | 林峰 | 11200.00 | 660201 | | | 221101 | | |
| | | 叶芳 | 7150.00 | 660201 | | | 221101 | | |
| 财务部 | | 罗强 | 7200.00 | 660201 | | | 221101 | | |
| | | 徐静 | 6200.00 | 660201 | | | 221101 | | |
| | | 赵敏 | 5660.00 | 660201 | | | 221101 | | |
| 采购部 | | 王辉 | 7300.00 | 660201 | | | 221101 | | |
| | | 吕超 | 5800.00 | 660201 | | | 221101 | | |
| 销售部 | | 朱丹 | 7300.00 | 660101 | | | 221101 | | |
| | 合同工 | 刘倩 | 5800.00 | 660101 | | | 221101 | | |
| 生产部 | 正式工 | 李涛 | 8200.00 | 510101 | | | 221101 | | |
| | 合同工 | 张浩 | 5700.00 | 500102 | 生产成本 | 甲产品 | 221101 | | |
| | | 孙莉 | 5700.00 | 500102 | 生产成本 | 甲产品 | 221101 | | |
| | | 陈伟 | 5700.00 | 500102 | 生产成本 | 乙产品 | 221101 | | |
| | | 杨依 | 5700.00 | 500102 | 生产成本 | 乙产品 | 221101 | | |
| 仓管部 | | 董乐 | 7200.00 | 660201 | | | 221101 | | |

图 9-130　工资分摊

已生成

**记 账 凭 证**

记 字 0057 － 0001/0002　　制单日期：2017.01.31　　审核日期：　　附单据数：0

| 摘要 | 科目名称 | 借方金额 | 贷方金额 |
|---|---|---|---|
| 工资分摊 | 制造费用/职工薪酬 | 820000 | |
| 工资分摊 | 销售费用/职工薪酬 | 1310000 | |
| 工资分摊 | 管理费用/职工薪酬 | 5771000 | |
| 工资分摊 | 生产成本/直接人工 | 1140000 | |
| 工资分摊 | 生产成本/直接人工 | 1140000 | |
| 票号 日期 | 数量 单价 合计 | 10181000 | 10181000 |

备注　项　目　　　　部　门
　　　个　人　　　　客　户
　　　业务员

记账　　审核　　出纳　　制单　徐静

图 9-131　记账凭证 1

（2）在五险一金一览表界面勾选“合并科目相同、辅助项相同的分录”，将陈伟、杨依的借方项目修改为“乙产品”（如图 9-132 所示）→制单生成凭证，保存后如图 9-133 所示。

☑ 合并科目相同、辅助项相同的分录

类型 五险一金

五险一金一览表

| 部门名称 | 人员类别 | 人员姓名 | 五险一金计提基数 | | | | | | | | |
|---|---|---|---|---|---|---|---|---|---|---|---|
| | | | 计提基数 | 计提比例 | 计提金额 | 借方科目 | 借方项目大类 | 借方项目 | 贷方科目 | 贷方项目大类 | 贷方项目 |
| 经理办 | 正式工 | 林峰 | 11000.00 | 44.80% | 4928.00 | 660204 | | | 221102 | | |
| | | 叶芳 | 7000.00 | 44.80% | 3136.00 | 660204 | | | 221102 | | |
| 财务部 | | 罗强 | 7000.00 | 44.80% | 3136.00 | 660204 | | | 221102 | | |
| | | 徐静 | 6000.00 | 44.80% | 2688.00 | 660204 | | | 221102 | | |
| | | 赵敏 | 5500.00 | 44.80% | 2464.00 | 660204 | | | 221102 | | |
| 采购部 | | 王辉 | 7000.00 | 44.80% | 3136.00 | 660204 | | | 221102 | | |
| | | 吕超 | 5500.00 | 44.80% | 2464.00 | 660204 | | | 221102 | | |
| 销售部 | | 朱丹 | 7000.00 | 44.80% | 3136.00 | 660104 | | | 221102 | | |
| | 合同工 | 刘倩 | 5500.00 | 44.80% | 2464.00 | 660104 | | | 221102 | | |
| 生产部 | 正式工 | 李涛 | 8000.00 | 44.80% | 3584.00 | 510104 | | | 221102 | | |
| | 合同工 | 张浩 | 5500.00 | 44.80% | 2464.00 | 500102 | 生产成本 | 甲产品 | 221102 | | |
| | | 孙莉 | 5500.00 | 44.80% | 2464.00 | 500102 | 生产成本 | 甲产品 | 221102 | | |
| | | 陈伟 | 5500.00 | 44.80% | 2464.00 | 500102 | 生产成本 | 乙产品 | 221102 | | |
| | | 杨依 | 5500.00 | 44.80% | 2464.00 | 500102 | 生产成本 | 乙产品 | 221102 | | |
| 仓管部 | | 董乐 | 7000.00 | 44.80% | 3136.00 | 660204 | | | 221102 | | |

图 9-132　五险一金

已生成

记 账 凭 证

记　字 0058 － 0001/0002　制单日期：2017.01.31　审核日期：　附单据数：0

| 摘要 | 科目名称 | 借方金额 | 贷方金额 |
|---|---|---|---|
| 五险一金 | 制造费用/五险一金 | 358400 | |
| 五险一金 | 销售费用/五险一金 | 560000 | |
| 五险一金 | 管理费用/五险一金 | 2508800 | |
| 五险一金 | 生产成本/直接人工 | 492800 | |
| 五险一金 | 生产成本/直接人工 | 492800 | |
| 票号 日期 | 数量 单价　合计 | 4412800 | 4412800 |

备注　项目　部门

个人　客户

业务员

记账　审核　出纳　制单　徐静

图 9-133　记账凭证 2

**业务 55：**1 月 31 日，设置自定义结转，分摊制造费用，甲产品分配 40%，乙产品分配 60%。

借：生产成本/制造费用/甲产品　　35200

　　生产成本/制造费用/乙产品　　52800

　　贷：制造费用/职工薪酬　　8200

　　　　制造费用/水电费　　63000

　　　　制造费用/折旧费　　10335

　　　　制造费用/五险一金　　3584

　　　　制造费用/修理费　　2881

**操作向导：**

（1）以 202 徐静的身份登录企业应用平台，登录时间为“2017-01-31”。在总账系统进行自定义转账设置，转账序号“0004”，转账说明“分摊制造费用”，借方科目为“500103”，项目为“甲产品”，金额公式为“CE（ ）”，借方科目为“500103”，项目为“乙产品”，金额公式为“QM（5101，月*0.6）”，贷方科目为“510101”“510102”“510103”“510104”

“510105”，金额公式分别取其期末余额，如图 9-134 所示。

自定义转账设置

设置 输出 增加 修改 删除 复制 放弃 增行 插行 删行 复制行 粘贴行 退出

转账序号 0004　　转账说明 分摊制造费用　　凭证类别 记账凭证

| 摘要 | 科目编码 | 部门 | 个人 | 客户 | 供应商 | 项目 | 方向 | 金额公式 | 外币公式 |
|---|---|---|---|---|---|---|---|---|---|
| 分摊制造费用 | 500103 | | 个人 | | | 甲产品 | 借 | CE() | |
| 分摊制造费用 | 500103 | | | | | 乙产品 | 借 | QM(5101,月)*0.6 | |
| 分摊制造费用 | 510101 | | | | | | 贷 | QM(510101,月) | |
| 分摊制造费用 | 510102 | | | | | | 贷 | QM(510102,月) | |
| 分摊制造费用 | 510103 | | | | | | 贷 | QM(510103,月) | |
| 分摊制造费用 | 510104 | | | | | | 贷 | QM(510104,月) | |
| 分摊制造费用 | 510105 | | | | | | 贷 | QM(510105,月) | |

图 9-134　自定义转账设置

（2）以 203 赵敏的身份登录企业应用平台，登录时间为“2017-01-31”。业务工作→财务会计→总账→凭证→出纳签字→确定→双击打开凭证签字，全部签字完成后如图 9-135 所示。

简易桌面　出纳签字列表

凭证共 5张　已签字 5张　未签字 0张　凭证号排序　制单日期排序

| 制单日期 | 凭证编号 | 摘要 | 借方金额合计 | 贷方金额合计 | 制单人 | 签字人 | 系统名 | 备注 | 审核日期 | 年度 |
|---|---|---|---|---|---|---|---|---|---|---|
| 2017-01-22 | 记 - 0044 | 收款单 | 606,036.60 | 606,036.60 | 徐静 | 赵敏 | 应收系统 | | | 2017 |
| 2017-01-24 | 记 - 0046 | 报销差旅费 | 3,000.00 | 3,000.00 | 徐静 | 赵敏 | | | | 2017 |
| 2017-01-28 | 记 - 0050 | 现结 | 16,950.00 | 16,950.00 | 徐静 | 赵敏 | 应付系统 | | | 2017 |
| 2017-01-28 | 记 - 0051 | 现结 | 87,750.00 | 87,750.00 | 徐静 | 赵敏 | 应付系统 | | | 2017 |
| 2017-01-28 | 记 - 0052 | 支付生产设备修理费用 | 2,881.00 | 2,881.00 | 徐静 | 赵敏 | | | | 2017 |

图 9-135　出纳签字列表

（3）以 201 罗强的身份登录企业应用平台，登录时间为“2017-01-31”。业务工作→财务会计→总账→凭证→审核凭证→确定→双击打开凭证审核，全部审核完成后如图 9-136 所示。

简易桌面　凭证审核列表

凭证共 15张　已审核 15 张　未审核 0 张　凭证号排序　制单日期排序

| 制单日期 | 凭证编号 | 摘要 | 借方金额合计 | 贷方金额合计 | 制单人 | 审核人 | 系统名 | 备注 | 审核日期 | 年度 |
|---|---|---|---|---|---|---|---|---|---|---|
| 2017-01-22 | 记 - 0044 | 收款单 | 606,036.60 | 606,036.60 | 徐静 | 罗强 | 应收系统 | | 2017-01-31 | 2017 |
| 2017-01-22 | 记 - 0045 | 现金折扣 | 18,743.40 | 18,743.40 | 徐静 | 罗强 | 应收系统 | | 2017-01-31 | 2017 |
| 2017-01-24 | 记 - 0046 | 报销差旅费 | 3,000.00 | 3,000.00 | 徐静 | 罗强 | | | 2017-01-31 | 2017 |
| 2017-01-26 | 记 - 0047 | 销售专用发票 | 842,400.00 | 842,400.00 | 徐静 | 罗强 | 应收系统 | | 2017-01-31 | 2017 |
| 2017-01-26 | 记 - 0048 | 收款单 | 300,000.00 | 300,000.00 | 徐静 | 罗强 | 应收系统 | | 2017-01-31 | 2017 |
| 2017-01-26 | 记 - 0049 | 专用发票 | 480,000.00 | 480,000.00 | 徐静 | 罗强 | 存货核算系统 | | 2017-01-31 | 2017 |
| 2017-01-28 | 记 - 0050 | 现结 | 16,950.00 | 16,950.00 | 徐静 | 罗强 | 应付系统 | | 2017-01-31 | 2017 |
| 2017-01-28 | 记 - 0051 | 现结 | 87,750.00 | 87,750.00 | 徐静 | 罗强 | 应付系统 | | 2017-01-31 | 2017 |
| 2017-01-28 | 记 - 0052 | 支付生产设备修理费用 | 2,881.00 | 2,881.00 | 徐静 | 罗强 | | | 2017-01-31 | 2017 |
| 2017-01-28 | 记 - 0053 | 材料出库单 | 573,654.70 | 573,654.70 | 徐静 | 罗强 | 存货核算系统 | | 2017-01-31 | 2017 |
| 2017-01-30 | 记 - 0054 | 盘盈资产 | 40,000.00 | 40,000.00 | 徐静 | 罗强 | 固定资产系统 | | 2017-01-31 | 2017 |
| 2017-01-30 | 记 - 0055 | 盘盈处理 | 40,000.00 | 40,000.00 | 徐静 | 罗强 | | | 2017-01-31 | 2017 |
| 2017-01-31 | 记 - 0056 | 计提第[1]期间折旧 | 31,157.00 | 31,157.00 | 徐静 | 罗强 | 固定资产系统 | | 2017-01-31 | 2017 |
| 2017-01-31 | 记 - 0057 | 工资分摊 | 101,810.00 | 101,810.00 | 徐静 | 罗强 | 薪资管理系统 | | 2017-01-31 | 2017 |
| 2017-01-31 | 记 - 0058 | 五险一金 | 44,128.00 | 44,128.00 | 徐静 | 罗强 | 薪资管理系统 | | 2017-01-31 | 2017 |

图 9-136　凭证审核列表

（4）徐静对记 0044——记 0058 号凭证进行记账。

（5）财务会计→总账→期末→转账生成→选择“自定义转账”→0004（如图 9-137 所示）→单击“确定”按钮生成凭证，保存如图 9-138 所示。

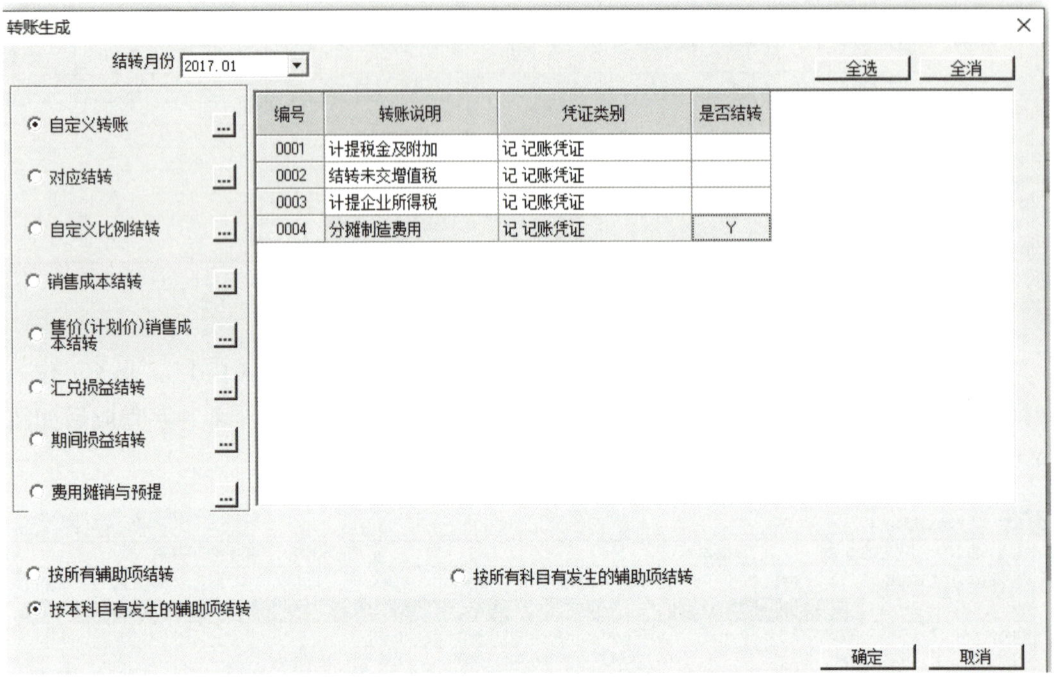


图 9-137　转账生成

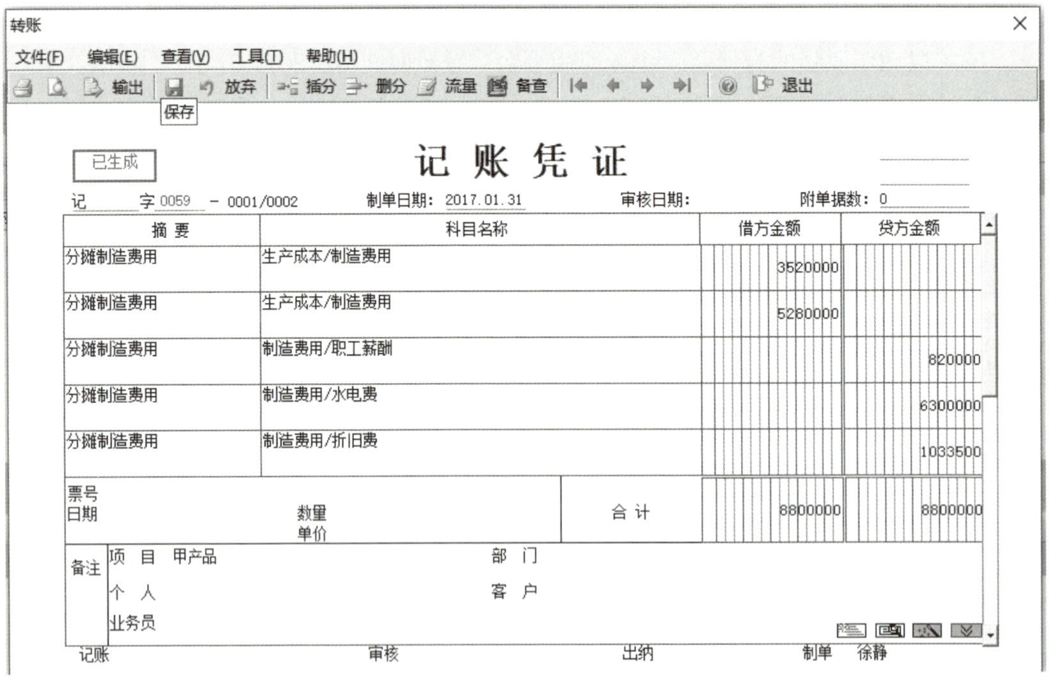


图 9-138　记账凭证

**业务 56**：1 月 31 日，甲产品完工 110 件，乙产品完工 250件，验收入产成品库。

操作向导：董乐在库存管理系统中填制产成品入库单并审核。

（1）以 601 董乐的身份登录企业应用平台，登录时间为“2017-01-31”。

（2）供应链→库存管理→入库业务→产成品入库→增加（仓库、入库类别、产品编码、数量）→保存→审核，如图 9-139 所示。

产成品入库单

表体排序

入库单号 0000000001　入库日期 2017-01-31　仓库 产成品库

生产订单号　生产批号　部门

入库类别 产成品入库　审核日期 2017-01-31　备注

| | 产品编码 | 产品名称 | 规格型号 | 主计量单位 | 数量 | 单价 | 金额 |
|---|---|---|---|---|---|---|---|
| 1 | 201 | 甲产品 | | 件 | 110.00 | | |
| 2 | 202 | 乙产品 | | 件 | 250.00 | | |
| 3 | | | | | | | |

图 9-139　产品成品入库单

**业务 57**：1 月 31 日，结转本月完工产品成本。甲产品完工 110 件，结转生产成本 880000 元，其中直接材料 798820 元、直接人工 18150 元、制造费用 63030 元。乙产品完工 250 件，结转生产成本 50000 元，其中直接材料 409000 元、直接人工 18750 元，制造费用 72250 元。

| | |
|---|---|
| 借：库存商品 | 1380000 |
| 　贷：生产成本/直接材料/甲产品 | 798820 |
| 　　生产成本/直接人工/甲产品 | 29260 |
| 　　生产成本/制造费用/甲产品 | 63030 |
| 　　生产成本/直接材料/乙产品 | 409000 |
| 　　生产成本/直接人工/乙产品 | 18750 |
| 　　生产成本/制造费用/乙产品 | 72250 |

**操作向导：**

（1）以 202 徐静的身份登录企业应用平台，登录时间为“2017-01-31”。供应链→存货核算→业务核算→产成品成本分配，点击“查询”按钮，选择“产成品库”，单击“确定”按钮，录入甲产品金额 880000 元，乙产品金额 500000 元，点击“分配”按钮完成分配，如图 9-140 所示。

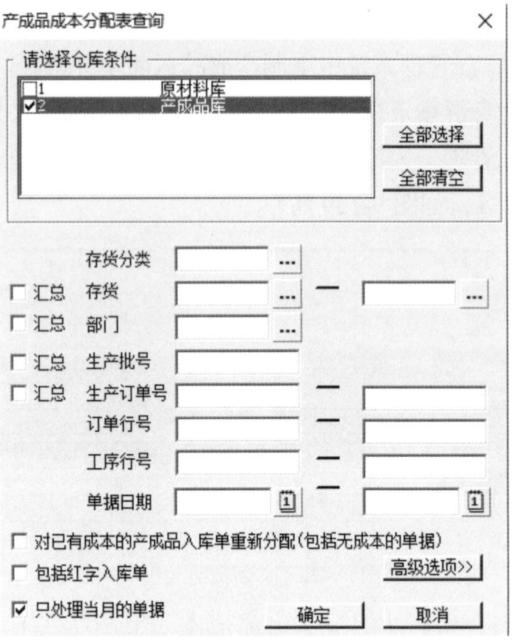


图 9-140　产成品成本分配

（2）供应链→存货核算→业务核算→正常单据记账→选择仓库（产成品库）→确定→全选→记账→确定→退出→财务核算→生成凭证→选择产成品入库单→确定→全选→确定→生成凭证（贷方科目按成本项目分甲、乙产品分别录入）→保存，如图 9-141 所示。

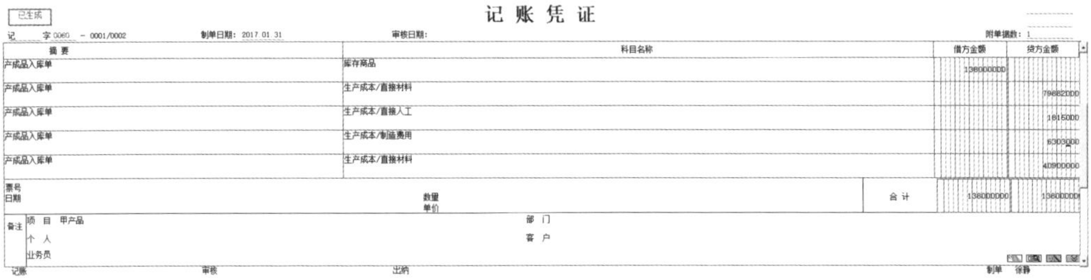

记 账 凭 证
摘要
科目名称
借方金额
贷方金额
产成品入库单
库存商品
生产成本/直接材料
生产成本/直接人工
生产成本/制造费用
合计


图 9-141　记账凭证

**业务 58：**1 月 31 日，计提本月应缴纳的城市维护建设税和教育费附加。

借：税金及附加　　　　　　　　　　　　14793.36

　　贷：应交税费/应交城市维护建设税　　　　10355.35

　　　　应交税费/应交教育法附加　　　　　　4438.01

**操作向导：**

（1）以 202 徐静的身份登录企业应用平台，登录时间为“2017-01-31”。

（2）财务会计→总账→期末→转账生成→选择“自定义转账”→ 0001（如图 9-142 所示）→单击“确定”按钮生成凭证，保存后如图 9-143 所示。

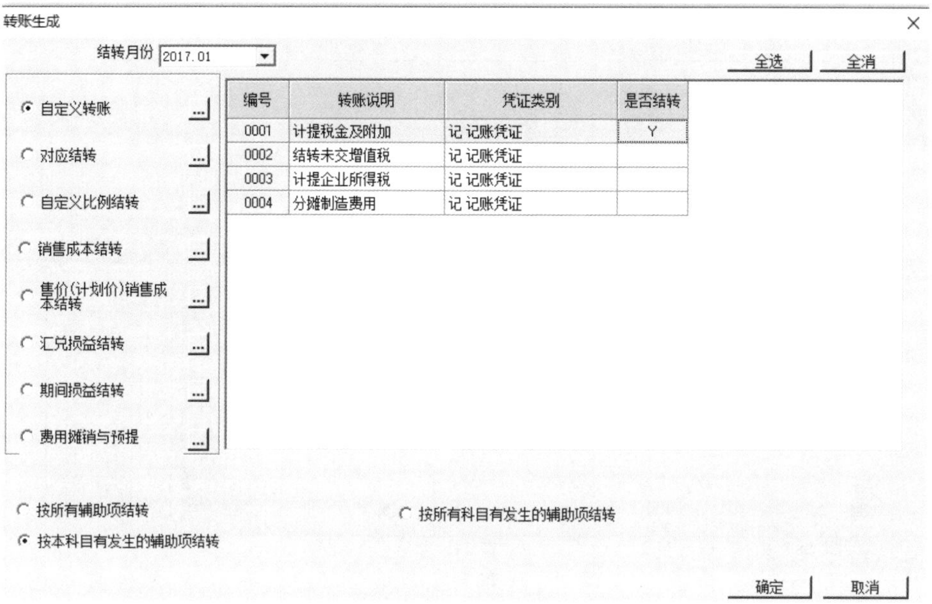


图 9-142　转账生成

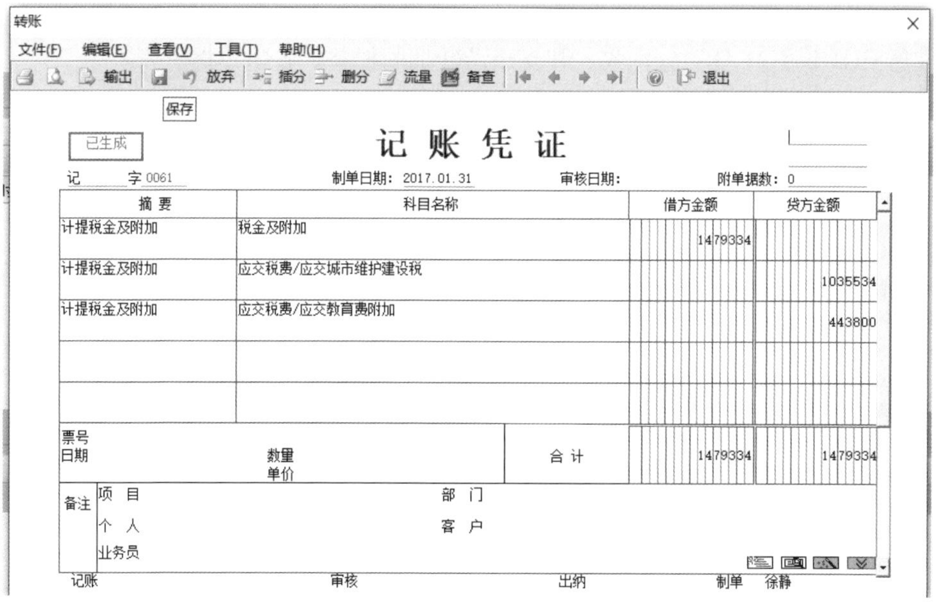


图 9-143　记账凭证

**业务 59**：1 月 31 日，结转未交增值税。

借：应交税费/应交增值税/转出未交增值税　　　　147933.60

　　贷：应交税费/未交增值税　　　　147933.60

**操作向导：**

（1）以 202 徐静的身份登录企业应用平台，登录时间为“2017-01-31”。

（2）财务会计→总账→期末→转账生成→选择“自定义转账”→ 0002 →单击“确

定”按钮生成凭证，保存如图 9-144 所示。

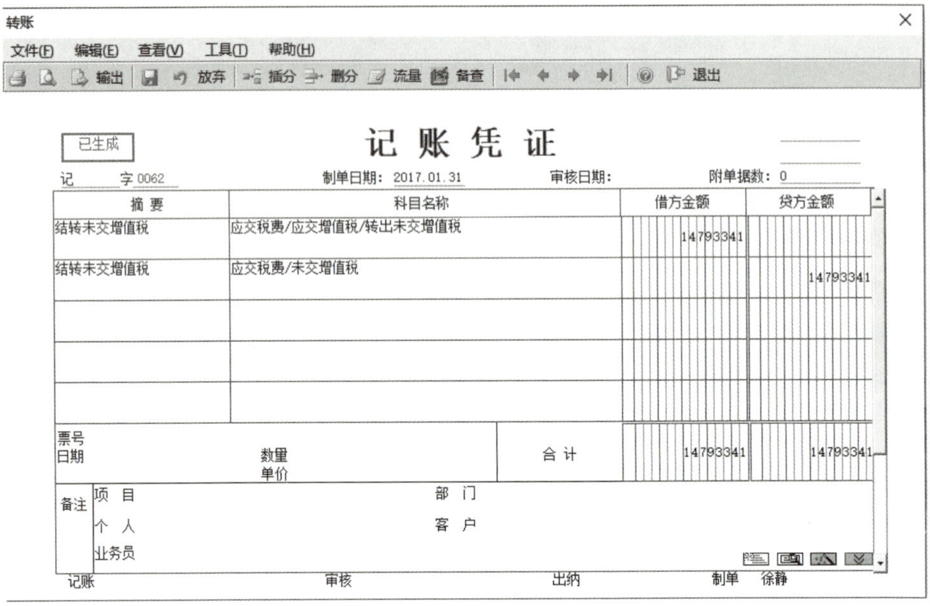


图 9-144 记账凭证

业务 60：1 月 31 日，分别收入和支出结转期间损益。各附单据 1 张。

借：主营业务收入　　2574000.00

　　贷：本年利润　　2574000.00

选择支出类，生成记 0064 号凭证。附单据 1 张。

借：本年利润　　1992213.46

　　贷：主营业务成本　　1716000.00

　　　　税金及附加　　14793.36

　　　　销售费用/职工薪酬　　13100.00

　　　　销售费用/水电费　　18000.00

　　　　销售费用/折旧费　　9855.00

　　　　销售费用/五险一金　　5600.00

　　　　销售费用/广告费　　30000.00

　　　　销售费用/差旅费　　7140.00

　　　　管理费用/职工薪酬　　57710.00

　　　　管理费用/水电费　　9000.00

　　　　管理费用/折旧费　　10976.00

　　　　管理费用/五险一金　　25088.00

　　　　管理费用/业务招待费　　1280.00

　　　　管理费用/办公费　　780.00

管理费用/其他费用　　　　3260.00

财务费用　　　　46130.10

营业外支出　　　　23510.00

**操作向导：**

（1）以 201 罗强的身份登录企业应用平台，登录时间为“2017-01-31”。业务工作→财务会计→总账→凭证→审核凭证→确定→双击打开凭证审核，全部审核完成后如图 9-145 所示。

简易桌面　凭证审核列表

凭证共 4张　已审核 4 张　未审核 0 张　凭证号排序　制单日期排序

| 制单日期 | 凭证编号 | 摘要 | 借方金额合计 | 贷方金额合计 | 制单人 | 审核人 | 系统名 | 备注 | 审核日期 | 年度 |
|---|---|---|---|---|---|---|---|---|---|---|
| 2017-01-31 | 记 - 0059 | 分摊制造费用 | 88,000.00 | 88,000.00 | 徐静 | 罗强 | | | 2017-01-31 | 2017 |
| 2017-01-31 | 记 - 0060 | 产成品入库单 摘要 | 1,380,000.00 | 1,380,000.00 | 徐静 | 罗强 | 存货核算系统 | | 2017-01-31 | 2017 |
| 2017-01-31 | 记 - 0061 | 计提税金及附加 | 14,793.34 | 14,793.34 | 徐静 | 罗强 | | | 2017-01-31 | 2017 |
| 2017-01-31 | 记 - 0062 | 结转未交增值税 | 147,933.41 | 147,933.41 | 徐静 | 罗强 | | | 2017-01-31 | 2017 |

图 9-145　凭证审核列表

（2）徐静对记 0059—记 0062 号凭证进行记账。

（3）财务会计→总账→期末→转账生成→选择“期间损益结转”和收入类（如图 9-146 所示）→全选→单击“确定”按钮生成凭证，保存如图 9-147 所示。

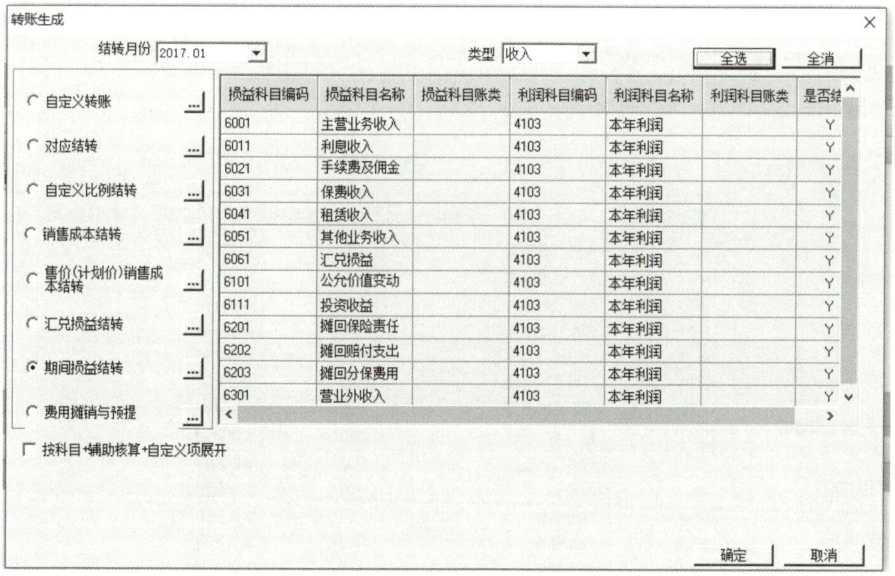


| 损益科目编码 | 损益科目名称 | 损益科目账类 | 利润科目编码 | 利润科目名称 | 利润科目账类 | 是否结 |
|---|---|---|---|---|---|---|
| 6001 | 主营业务收入 | | 4103 | 本年利润 | | Y |
| 6011 | 利息收入 | | 4103 | 本年利润 | | Y |
| 6021 | 手续费及佣金 | | 4103 | 本年利润 | | Y |
| 6031 | 保费收入 | | 4103 | 本年利润 | | Y |
| 6041 | 租赁收入 | | 4103 | 本年利润 | | Y |
| 6051 | 其他业务收入 | | 4103 | 本年利润 | | Y |
| 6061 | 汇兑损益 | | 4103 | 本年利润 | | Y |
| 6101 | 公允价值变动 | | 4103 | 本年利润 | | Y |
| 6111 | 投资收益 | | 4103 | 本年利润 | | Y |
| 6201 | 摊回保险责任 | | 4103 | 本年利润 | | Y |
| 6202 | 摊回赔付支出 | | 4103 | 本年利润 | | Y |
| 6203 | 摊回分保费用 | | 4103 | 本年利润 | | Y |
| 6301 | 营业外收入 | | 4103 | 本年利润 | | Y |

图 9-146　转账生成—收入类

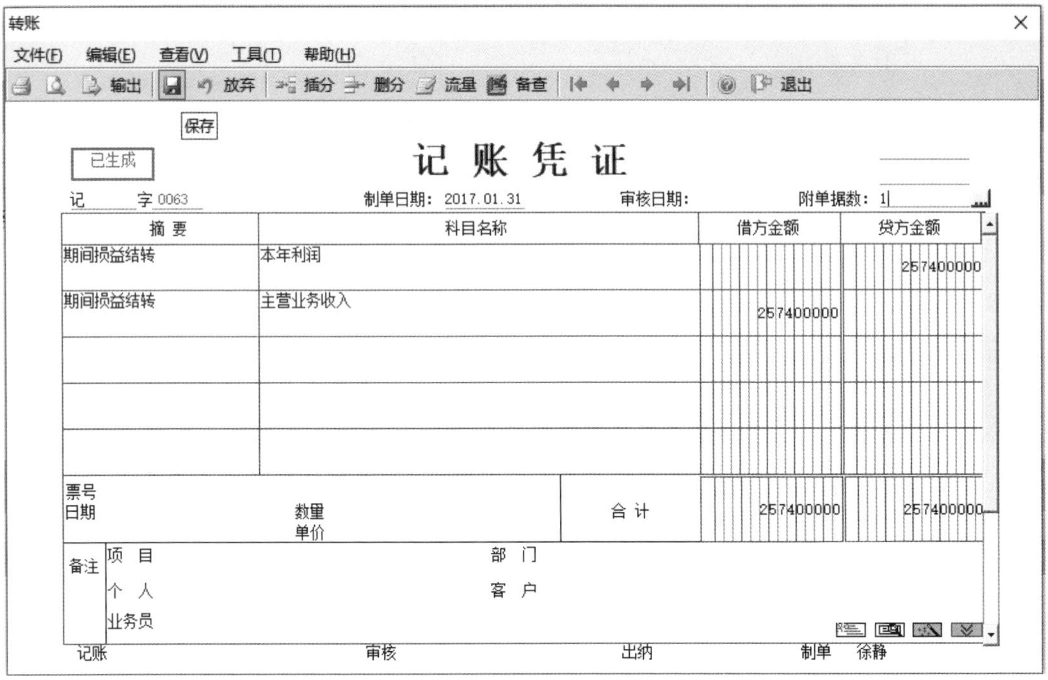


图 9-147 记账凭证 1

（4）财务会计→总账→期末→转账生成→选择“期间损益结转”和支出类（如图 9-148所示）→全选→单击“确定”按钮生成凭证，保存如图 9-149 所示。

图 9-148 转账生成—支出类

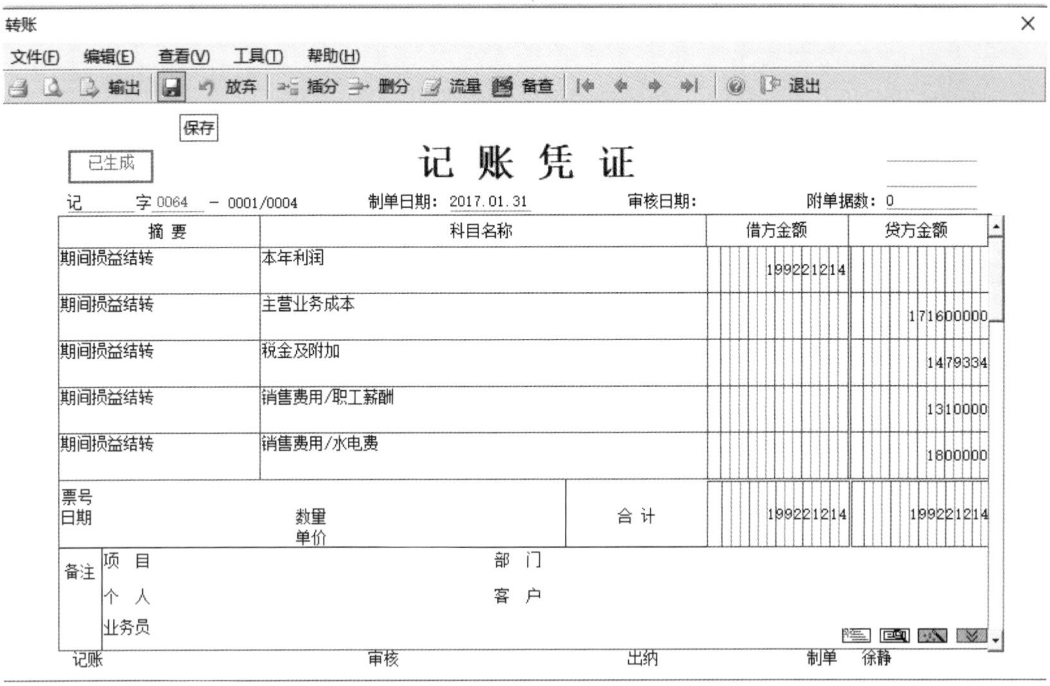


图 9-149　记账凭证 2

**业务 61:** 1 月 31 日，计提应交企业所得税。附单据 1 张。

借：所得税费用　　　　　　　　　　145446.64

　　贷：应交税费 / 应交企业所得税　　　　145446.64

**操作向导:**

（1）以 201 罗强的身份登录企业应用平台，登录时间为“2017-01-31”。业务工作→财务会计→总账→凭证→审核凭证→确定→双击打开凭证审核，全部审核完成后如图 9-150 所示。

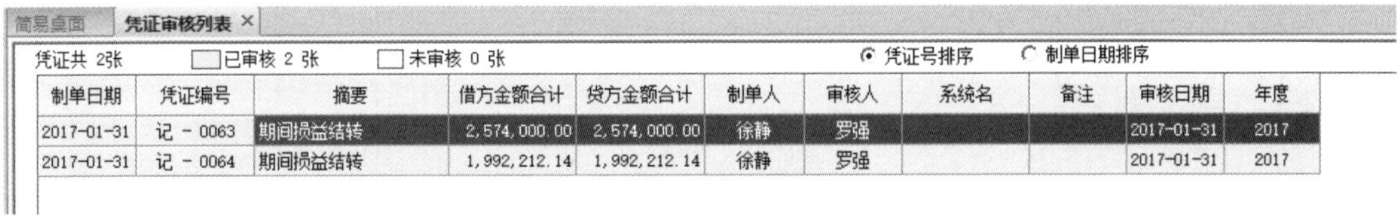


图 9-150　凭证审核列表

（2）徐静对记 0063—记 0064 号凭证进行记账。

（3）财务会计→总账→期末→转账生成→选择“自定义转账”→ 0003（如图 9-151 所示）→单击“确定”按钮生成凭证，保存如图 9-152 所示。

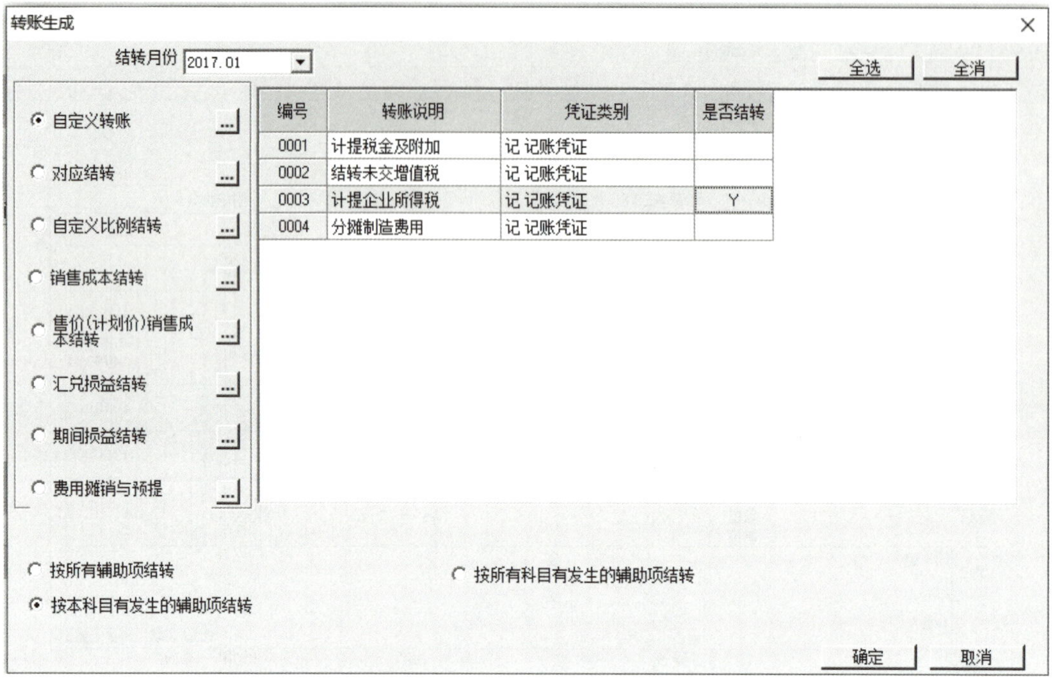


图 9-151　转账生成

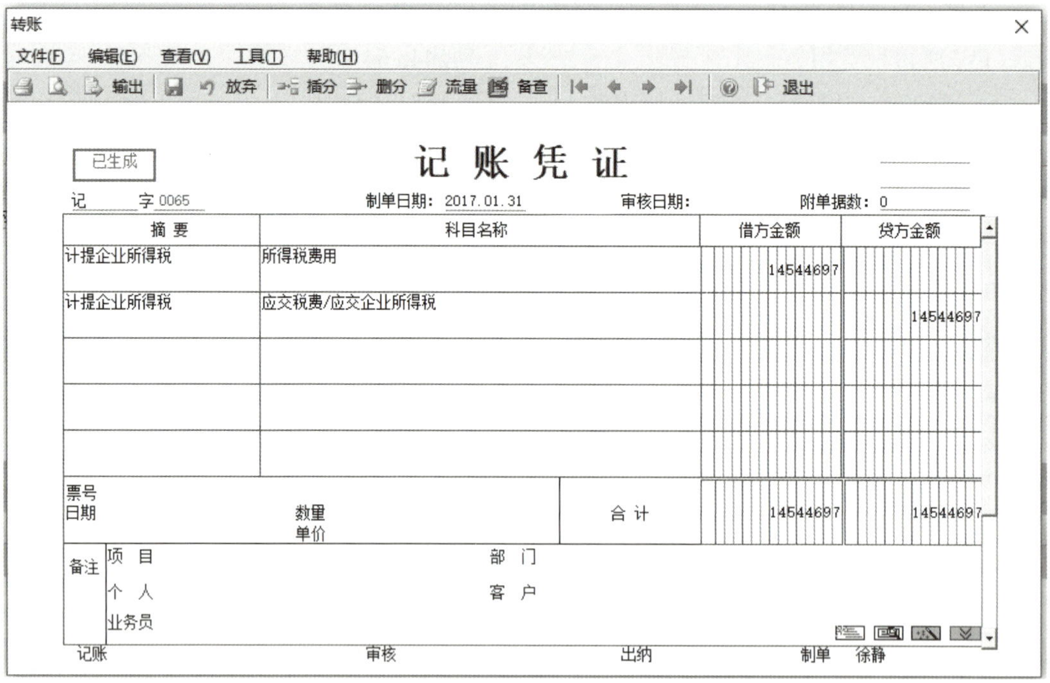


图 9-152　记账凭证

**业务 62**：1 月 31 日，结转所得税费用。

借：本年利润　　　　　　　　　　　　　　145446.64

　　贷：所得税费用　　　　　　　　　　　　　145446.64

（1）以 201 罗强的身份登录企业应用平台，登录时间为“2017-01-31”。业务工作→财务会计→总账→凭证→审核凭证→确定→双击打开凭证审核，全部审核完成后退出。

（2）徐静对记 0065 号凭证进行记账。

（3）财务会计→总账→期末→转账生成→选择“期间损益结转”和支出类→全选→单击“确定”按钮生成凭证→保存，如图 9-153 所示。

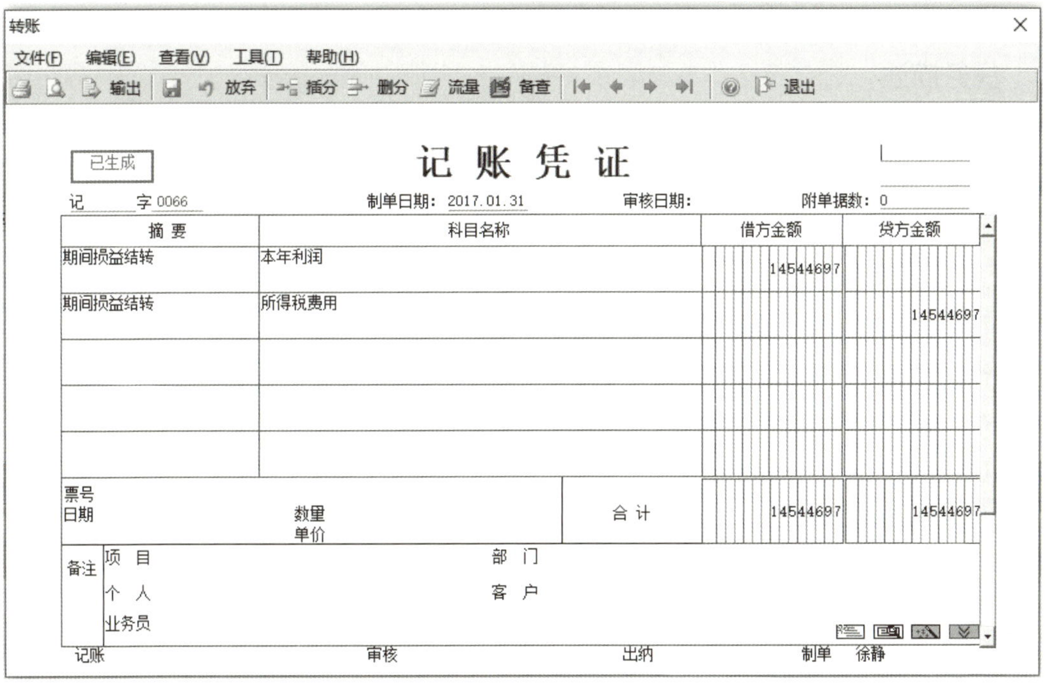


图 9-153　记账凭证

（4）以 201 罗强的身份登录企业应用平台，登录时间为“2017-01-31”。业务工作→财务会计→总账→凭证→审核凭证→确定→双击打开凭证审核，全部审核完成后退出。

（5）徐静对记 0066 号凭证进行记账。

# 项目十 UFO报表

## 职业能力目标

1. 能力目标：能够利用报表模板生成企业资产负债表和利润表。
2. 知识目标：了解用友UFO报表的主要功能。
3. 素质目标：帮助学生树立正确的价值观。

## 任务描述

（1）采购管理月末结账。
（2）销售管理月末结账。
（3）库存管理月末结转。
（4）存货核算月末结转。
（5）应付款管理月末结账。
（6）应收款管理月末结账。
（7）固定资产系统、薪资管理系统、总账系统结账。
（8）编制资产负债表。
（9）编制利润表。

## 操作指导

### 1. 采购管理月末结账

以301王辉的身份登录企业应用平台，登录时间为“2017-01-31”。采购管理→月末结账。

### 2. 销售管理月末结账

以401朱丹的身份登录企业应用平台，登录时间为“2017-01-31”。销售管理→月末结账。

### 3. 库存管理月末结转

以601董乐的身份登录企业应用平台，登录时间为“2017-01-31”。库存管理→月末结账。

### 4. 存货核算月末结转

（1）以202徐静的身份登录企业应用平台，登录时间为“2017-01-31”。库存管理→

业务核算→期末处理→选择仓库→处理。

（2）库存管理→业务核算→月末结账。

### 5. 应付款管理月末结账

以 202 徐静的身份登录企业应用平台，登录时间为“2017-01-31”。应付款管理→期末处理→月末结账。

### 6. 应收款管理月末结账

以 202徐静的身份登录企业应用平台，登录时间为“2017-01-31”。应收款管理→期末处理→月末结账。

### 7. 总账系统结账

（1）以 202 徐静的身份登录企业应用平台，登录时间为“2017-01-31”。固定资产→处理→月末结账。

（2）以 202 徐静的身份登录企业应用平台，登录时间为“2017-01-31”。人力资源→业务处理→月末处理。

（3）以 202 徐静的身份登录企业应用平台，登录时间为“2017-01-31”。总账→期末→对账→结账。

### 8. 资产负债表

（1）以 201 罗强的身份登录企业应用平台，登录时间为“2017-01-31”。

（2）在业务工作选项卡中。选择“财务会计→UFO 报表”按钮，进入“UFO 报表”窗口，单击日积月累中的“关闭”按钮。

（3）单击工具栏中的“新建”按钮，建立一张空白报表。

（4）在该空白报表中选择“格式→报表模板”按钮，打开“报表模板”窗口，在您所在的行业栏中选择 2007 年新会计制度科目，在财务报表栏中选择资产负债表，单击“确定”按钮，系统提示“模板格式将覆盖本页格式！是否继续？”，单击“确定”按钮，生成资产负债表模板。

（5）此时报表处于格式状态，由于本年度 4104 科目有发生额，所以将期末未分配利润科目公式由原来的QM("4103"，月，，，年，，)+QC(“4104”，月，，，年，，)变更为QM(“4103”，月，，，年，，)+QM(“4104”，月，，，年，，)。

单击底部的“格式”按钮，将报表从格式状态切换到数据状态，选择“数据→关键字→录入关键字”按钮，录入 2017 年 1 月 31 日，单击“确定”按钮，系统提示“是否重算第 1 页”，然后单击“是”按钮，系统自动计算资产负债表中各项目的数据。计算结果如图 10-1、图 10-2 所示。

| | A | B | C | D | E | F | G | H |
|---|---|---|---|---|---|---|---|---|
| 4–5 | 资　产 | 行次 | 期末余额 | 年初余额 | 负债和所有者权益（或股东权益） | 行次 | 期末余额 | 年初余额 |
| 6 | 流动资产： | | | | 流动负债： | | | |
| 7 | 货币资金 | 1 | 2,233,090.33 | 1,602,772.00 | 短期借款 | 32 | 300,000.00 | 600,000.00 |
| 8 | 交易性金融资产 | 2 | | | 交易性金融负债 | 33 | | |
| 9 | 应收票据 | 3 | 300,000.00 | 596,700.00 | 应付票据 | 34 | 180,000.00 | 480,000.00 |
| 10 | 应收账款 | 4 | 542,400.00 | 561,600.00 | 应付账款 | 35 | 925,852.00 | 547,800.00 |
| 11 | 预付款项 | 5 | | | 预收款项 | 36 | | |
| 12 | 应收利息 | 6 | | | 应付职工薪酬 | 演示数据37 | 44,128.00 | |
| 13 | 应收股利 | 7 | | | 应交税费 | 38 | 319,672.15 | 432,000.00 |
| 14 | 其他应收款 | 8 | 8,973.20 | 8,000.00 | 应付利息 | 39 | | |
| 15 | 存货 | 9 | 1,842,725.51 | 2,303,900.00 | 应付股利 | 40 | | |
| 16 | 一年内到期的非流动资产 | 10 | | | 其他应付款 | 41 | 54,547.00 | 32,680.00 |
| 17 | 其他流动资产 | 11 | | | 一年内到期的非流动负债 | 42 | | |
| 18 | 流动资产合计 | 12 | 4,927,189.04 | 5,072,972.00 | 其他流动负债 | 43 | | |
| 19 | 非流动资产： | | | | 流动负债合计 | 44 | 1,824,199.15 | 2,092,480.00 |
| 20 | 可供出售金融资产 | 13 | | | 非流动负债： | | | |
| 21 | 持有至到期投资 | 14 | | | 长期借款 | 45 | 1000000.00 | 1000000.00 |
| 22 | 长期应收款 | 15 | | | 应付债券 | 46 | | |
| 23 | 长期股权投资 | 16 | | | 长期应付款 | 47 | | |
| 24 | 投资性房地产 | 17 | | | 专项应付款 | 48 | | |
| 25 | 固定资产 | 18 | 8,043,851.00 | 7,700,008.00 | 预计负债 | 49 | | |
| 26 | 在建工程 | 19 | | | 递延所得税负债 | 50 | | |
| 27 | 工程物资 | 20 | | | 其他非流动负债 | 51 | | |
| 28 | 固定资产清理 | 21 | | | 非流动负债合计 | 52 | 1000000.00 | 1000000.00 |
| 29 | 生产性生物资产 | 22 | | | 负债合计 | 53 | 2824199.15 | 3092480.00 |
| 30 | 油气资产 | 23 | | | 所有者权益（或股东权益）： | | | |
| 31 | 无形资产 | 24 | | | 实收资本（或股本） | 54 | 8,000,000.00 | 8,000,000.00 |
| 32 | 开发支出 | 25 | | | 资本公积 | 55 | 529,000.00 | 529,000.00 |
| 33 | 商誉 | 26 | | | 减：库存股 | 56 | | |
| 34 | 长期待摊费用 | 27 | | | 盈余公积 | 57 | 654,500.00 | 651,500.00 |
| 35 | 递延所得税资产 | 28 | | | 未分配利润 | 58 | 963,340.89 | 500,000.00 |

图 10-1　计算结果 1

| | | | | | | | | |
|---|---|---|---|---|---|---|---|---|
| 36 | 其他非流动资产 | 29 | | | 所有者权益（或股东权益）合计 | 59 | 10,146,840.89 | 9,680,500.00 |
| 37 | 非流动资产合计 | 30 | 8043851.00 | 7700008.00 | | | | |
| 38 | 资产总计 | 31 | 12971040.04 | 12772980.00 | 负债和所有者权益(或股东权益)总计 | 60 | 12,971,040.04 | 12,772,980.00 |

图 10-2　计算结果 2

（5）单击“保存”按钮，将资产负债表命名为“资产负债表.rep”，保存到桌面。

## 9.利润表

同理编制利润表如图 10-3 所示。

# 利润表

会企02表

编制单位:众德实业有限公司　　2017 年　　1 月　　单位:元

| 项　　目 | 行数 | 本期金额 | 上期金额 |
|---|---|---|---|
| 一、营业收入 | 1 | 2,574,000.00 | |
| 减：营业成本 | 2 | 1,716,000.00 | |
| 营业税金及附加 | 3 | 14,793.34 | |
| 销售费用 | 4 | 83,695.00 | |
| 管理费用 | 5 | 108,085.00 | |
| 财务费用 | 6 | 46,130.10 | |
| 资产减值损失 | 7 | | |
| 加：公允价值变动收益（损失以“-”号填列） | 8 | | |
| 投资收益（损失以“-”号填列） | 9 | | |
| 其中:对联营企业和合营企业的投资收益 | 10 | | |
| 二、营业利润（亏损以“-”号填列） | 11 | 605296.56 | |
| 加：营业外收入 | 12 | | |
| 减：营业外支出 | 13 | 23,508.70 | |
| 其中：非流动资产处置损失 | 14 | | |
| 三、利润总额（亏损总额以“-”号填列） | 15 | 581787.86 | |
| 减：所得税费用 | 16 | 145,446.97 | |
| 四、净利润（净亏损以“-”号填列） | 17 | 436340.89 | |
| 五、每股收益： | 18 | | |
| （一）基本每股收益 | 19 | | |
| （二）稀释每股收益 | 20 | | |

图 10-3　利润表